U0348552

金融科技

FINANCIAL DATA
RISK CONTROL

Compliance and Application Logic of Data

金融数据风控

数据合规与应用逻辑

李可顺 ◎著

机械工业出版社
CHINA MACHINE PRESS

图书在版编目（CIP）数据

金融数据风控：数据合规与应用逻辑 / 李可顺著 . —北京：机械工业出版社，2023.2
（金融科技）
ISBN 978-7-111-72495-7

I. ①金…　 Ⅱ. ①李…　 Ⅲ. ①金融－数据处理－风险管理－研究　 Ⅳ. ① F830.41

中国国家版本馆 CIP 数据核字（2023）第 010900 号

金融数据风控：数据合规与应用逻辑

出版发行：机械工业出版社（北京市西城区百万庄大街 22 号　邮政编码：100037）
策划编辑：杨福川　　　　　　　　　　　　　责任编辑：陈　洁
责任校对：韩佳欣　　王　延　　　　　　　　责任印制：郜　敏
印　　刷：三河市国英印务有限公司　　　　　版　　次：2023 年 5 月第 1 版第 1 次印刷
开　　本：186mm×240mm　1/16　　　　　　印　　张：16.25
书　　号：ISBN 978-7-111-72495-7　　　　　定　　价：99.00 元

客服电话：（010）88361066　68326294

Praise 本书赞誉

本书全面介绍了金融风控数据源合规重要性、权威合规数据的来源、金融风控数据应用逻辑、金融数据要素发展展望，将理论框架与实践案例分析进行有效结合，突出了金融数据应用的实操性，语言通俗易懂，逻辑清晰。对于银行、保险、消费金融、汽车金融等风控部门、数据部门及模型部门人员来说，如何把金融数据在风控工作中用好是关键，本书对此有着非常重要的启发和指导意义，值得反复品味。

——百融云创风控专家　孙耀武（正阳）

进入数据要素时代后，国家对数据安全的监管政策日趋严格，合规的数据风控已成为金融机构的必然选择。本书作者在大数据风控领域具有丰富的实践经验，特别是在金融机构的数据合规应用方面有深刻、独到的见解。本书的角度新颖，案例翔实，论证严谨，深入浅出地为我们展示了风控数据合规应用的方法与路径，填补了国内大数据风控领域的空白，是新时代背景下从事金融风控相关工作的行动指南，值得大家仔细研读和学习。

——北京华隐熵策数据副总裁　黄小刚

数据的海量化、分散化、多样化，使得金融风控需要大量的外部数据才能够有效防范风险。作者深厚的金融业务底蕴和数据实践经验均浓缩在本书中。本书从数据的安全合规出发，围绕个人和小微企业金融风控的重要场景，详细阐述和分析了业界多个重要数据源的数据产品情况，并探索了业界新型数据源的价值，强烈推荐给每位金融业务从业者，可以提升对数据流通价值的理解。

——数牍科技副总裁　何东杰

金融企业寻求数字化转型，数据合规是刚性条件。从传统风控到智能风控都离不开数据，数据是金融风控的基础。本书结构化地讲解金融数据要素，既有金融风控，又有数据要素，加上丰富的案例拆解，是一本难得的实战指导书，值得每位金融人认真研读。在此推荐给金融企业及金融从业者阅读，您将从书中受益匪浅。

——华创微课创始人、原金融产品总监、《金融产品方法论》作者　朱学敏

风控是金融的核心，而数据则是风控的基础。数据帮助消除了信息不对称，为普惠金融创造了基本条件。当前介绍金融数据的书籍尚属空白，作者在金融数据领域深耕多年，始终致力于推动合规数据的开放流通，将丰富的实践经验浓缩在本书中。

本书内容全面、翔实，体系化地介绍了各类合规数据的来源、加工、应用和展望，值得每位金融数据从业者阅读，必能收获一些价值。

——360 数科算法技术专家　冯海杰

对于风险管理（特别是智能风控）而言，数据是核心稀缺资源，决定了模型效果上限，构成智能风控核心竞争力。本书从"数据来源"和"应用逻辑"两大角度详细介绍了十余类权威合规数据在消费金融、车险、物流金融、小微金融业务风控场景应用，全书逻辑清晰、结构完整、内容全面、可读性强、具备权威性，是智能风控领域值得一读的参考书，推荐相关从业者阅读。

——金融科技公司智能风控咨询总监和解决方案专家、《智能风控：
评分卡建模原理、方法与风控策略构建》作者　张伟

本书介绍了金融行业大数据风控的关键环节——合规数据源的获取与应用。在数字化时代的背景下，数据已经成为社会经济发展的核心资产，但同时也出现了非法数据产业链，给金融行业带来了严重威胁。本书从合规数据源的角度出发，分享金融风控策略，为金融企业使用大数据风控提供合规思路。深度剖析了大数据风控的实践操作，既有理论又有实务，具有较高的实用性和可操作性。无论您是从事金融行业还是其他行业，本书都值得一读，对于促进金融行业的大数据风控具有重要的意义。

——企业持续成功的"飞机理论"原创者　戴剑

金融数据风控的底层支撑就是"数据"。数据合规、数据可信、数据有效、数据可用，是实现金融数据风控的基础。本书作者从实践角度出发，详细阐述了数据风控背景下如何

高效地应用数据。本书具有很强的实操性，适合金融科技相关从业人员参考与学习。

——龙盈智达产业数字金融风控策略负责人　翟锟

金融的核心是风险管理，而在大数据时代，风险管理的核心是数据及相关分析应用。过去十年，我国陆续颁布多项数据相关的法律法规，市场也经历了由混乱到逐步规范的过程。当前正是数据要素市场蓬勃发展的关键时期，本书中谈及的金融数据合规化、各类型主要数据源及应用实践、未来趋势判断等内容贴合市场需求，注重实操，对希望从数据中挖掘价值、提升金融风险管理能力的管理者具有重要的应用价值。

——重庆富民银行风险管理部总经理助理　李钦

大数据风控是基于大数据技术进行的风控。大数据风控可以运用到很多行业和场景，尤其是金融行业，风控在很大程度上关乎金融企业的生死存亡，大数据风控的基础是数据，由于无法解释数据源的合规性问题，一些提供大数据风控的企业都尽量避免提及数据来源，导致很多金融企业不敢采用大数据风控技术。本书清晰地描述了在国家法律法规允许范围内合规使用的数据源，解决了行业的一大困惑，对促进金融行业的大数据风控有着重大的意义。

——萤火保联合创始人、嘉信保险代理有限公司总裁　林锦添

我们生活在一个全面数据化的时代，曾经比较模糊、不够清晰的信息以颗粒化、标签化、结构化、模块化和系统化的方式进行数字重构，这种数字化的进程正在以我们看不见的速度向前奔腾，数据已然成为社会经济发展的核心资产，而在全面数据化的基础上，我们正在建立一个数智化的智慧社会，未来已来！本书是业内首部从合规数据源角度出发，介绍和分享金融风控策略的书籍，既有丰富的理论，又兼顾了实务操作的落地，值得金融行业的人士细细品读。

——国任财产保险股份有限公司总精算师　高云

数字经济时代，金融机构已普遍运用大数据技术赋能线上业务。在营销、反欺诈、合规风控等领域，数据要素已成为推动金融数字化转型、提升业务效能的核心引擎。随着《数据安全法》的出台，外部多源、异构数据的合规引入与应用越来越重要。本书全面、翔实地介绍了数据合规政策、合规数据源选择、金融风控各类数据来源及数据应用逻辑，对金融行业从事数据化风控的从业人员具有较好的借鉴与参考意义。

—— 某大厂金融数字化专家/资深架构师　陈祖峰

前　言 *Preface*

为什么要写这本书

作为一位资深的金融数据要素应用专家，我深知大部分金融机构从业者至今依然不懂如何在市场上找到有效、合规的数据源，这无疑极大地阻碍了金融行业全业务流程的反欺诈及风险防控体系的建设。

即使到了2022年，《中华人民共和国数据安全法》等已落地多时，各地数据交易场所积极成立并开始对外提供服务，数据供需双方信息不对称导致的数据信息孤岛现象也依然普遍。

数据信息孤岛现象存在的主要原因有：一是金融机构反欺诈及风险防控相关部门（如技术、产品、策略及数据采购部门）人员的金融数据素质，与现今数据要素开放流通的速度不匹配。二是合规数据源方，如政府机构、国企等，因无专门的数据服务综合团队，不能充分满足实体经济发展的数据需求，导致各机构、企业均采取保守的数据开放策略。仅部分机构、企业在国家政策的引导下，陆续为金融等多行业提供数据产品服务，并不断挖掘数据要素潜能，研发更有竞争力的数据产品。

多年来，我通过"大数据猎人"订阅号陆续发布了数十篇与权威数据源、反欺诈及风险防控相关的原创分析文章，得到了保险、消费金融、互联网金融、金融科技等行业机构和人员的关注与认可。

但我之前分享的系列文章，内容体系还不够完善，更多与金融业务需求及数据应用逻辑相关的核心内容并未对外公开。另外，我发现市场上只有与技术模型相关的智能风控类书籍，缺少以合规数据源视角切入的智能风控类书籍。因此，我结合近几年的实际数据业务实践经验，编写了本书。我期望本书可以给金融机构供需双方人员提供一点参考和启示。

本书内容

本书分为四篇：

第一篇从政策及行业发展背景角度分享数据合规对于金融机构的意义，以及合规数据源的选择要点和合规数据采购的要点。

第二篇主要介绍 14 类权威数据来源情况，包括机构情况、开放背景及现有产品形态。

第三篇从业务数据应用实践角度出发，介绍消费金融、车险、物流金融及小微企业金融四大主流金融场景，目的是让读者了解各类合规数据源在不同场景下的反欺诈及风险防控应用逻辑。

第四篇从新数据和新逻辑两个方面展开讲解。新数据方面主要分享车联网及工业互联网两类新型数据源的情况；新逻辑方面主要围绕合规数据流通交易，对市场背景、政策背景、技术要求及交易场所进行介绍。

读者对象

本书适用于以下读者：

- ❑ 金融行业从业者及与金融行业相关的其他人员
- ❑ 各级数据管理部门中从事数据产品研发的人员
- ❑ 关注数据交易应用业务的律师事务所、产学研机构人员

勘误和支持

由于我的水平有限，书中难免会出现一些错误或者不准确的地方，恳请各领域专家和广大读者批评指正。大家可以通过订阅号"大数据猎人"或邮箱 305673669@qq.com 将发现的问题反馈给我，期待得到你们的真挚反馈。

致谢

感谢我的领导及同事，感谢汤寒林、张培、谭坤、叶玉婷、朱晨君、卢烨、江翔宇、苏子芳等数据交易行业中的大咖，是你们在日常交流中给予我指导和支持。感谢公众号"数据交易网"负责人张瑶对本书的大力支持，感谢各数据源相关方的无私奉献及支持。

谨以此书献给我最亲爱的家人，以及关注金融行业发展的朋友们！

目 录 *Contents*

金融风控数据源合规的重要性

金融的核心是风控，风控的核心是数据，不管是传统风控还是大数据智能风控，数据都是基础。金融风控是金融机构的核心工作。没有数据，金融风控无法实现，而技术是更好地利用数据实现金融风控的手段，数据和技术是金融场景可持续的两个要素，如图1所示。

金融风控需要通过分析内部数据、采购外部合规数据进行交叉比对及联合建模来获得更精确的结果，并使用人工智能方式挖掘或识别风险客群等方式实现。风控的高效离不开风控技术及各种风控模型，不同的风控环节对内外数据的依赖也不同，合规的、权威的数据是唯一可以验证用户身份准确性、区分用户资质水平、识别用户信用等级、了解用户负债情况的依据，如图2所示。

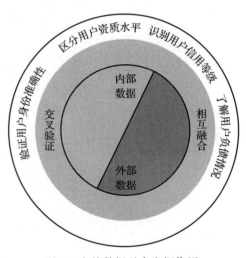

图 1 金融场景可持续的两个要素　　　图 2 内外数据融合发挥作用

数据作为金融风控的基础，其覆盖率、准确性、时效性等均对金融风控效果有最直接的影响。而合规数据在覆盖率、准确性、时效性等方面均比非合规数据更优，因此拥有合规的第三方数据来源是金融机构得到高质量风控结果的基础保障。

本篇阐述数据源合规的推动力及效能，以及合规数据源的选择与采购要点，目的是让金融行业从业者了解数据源合规对金融风控的价值。

第 1 章 *Chapter 1*

数据源合规的推动力及效能

本章主要分析数据源合规的五大推动力，以及数据源合规给金融风控带来的最大红利——权威数据领先效能。

1.1 数据源合规的五大推动力

数据成为第五大生产要素、数据安全关乎国家安全、权威数据开放流通成为趋势、数据交易市场有法可依、金融风控技术竞争白热化是数据源合规的五大推动力，如图 1-1 所示。

图 1-1 数据源合规的五大推动力

1. 数据成为第五大生产要素

2020 年 4 月 9 日，中共中央、国务院公布关于要素市场化配置的文件——《关于构建更加完善的要素市场化配置体制机制的意见》（以下简称《意见》）。《意见》指出了土地、劳动力、资本、技术、数据五大生产要素的改革方向和相关体制机制的建设要求。《意见》明确了数据作为生产要素，可以进行市场交换，形成各种生产要素价格与体系，并由此形成数据要素市场。数据要素市场需要有完备的数据确权、定价、开放、流通、交易、监管、安全保护等方面的体制机制保障。在数据要素市场化确权过程中，合规数据将是金融机构在数据要素市场采购的唯一产品，非合规数据不仅不利于数据要素发挥市场价值，还会影响数字经济的发展，是国家重点打击、金融机构禁止采购的对象。

2. 数据安全关乎国家安全

2021 年 6 月 10 日，第十三届全国人民代表大会常务委员会第二十九次会议审议通过了《中华人民共和国数据安全法》（以下简称《数据安全法》），该法于 2021 年 9 月 1 日起施行。《数据安全法》作为我国数据安全领域的基础性法律，明确了数据安全领域内治理体系的顶层设计，通过规制数据处理活动、保障数据安全、保护个人和组织合法权益、维护国家主权和安全，引领和促进数据的开发利用，要求企业强化依法合规建设，对数据提供方、数据处理方、数据服务商提出更高的数据合规要求。

《数据安全法》出台之前，市场上充斥着大量的无资质数据提供商，数据来源五花八门，主要有爬虫爬取数据、黑市购买数据、在移动设备上内嵌 SDK 非法采集数据等。另外，还存在一些第三方及第四方支付企业擅自将用户支付数据打包对外出售，一些短信服务商非法读取用户短信内容获取用户支付、理财、借贷等数据并基于此对外提供数据服务，如图 1-2 所示。这些机构的数据涉及公民个人敏感信息，如果国家不加以管控，流失到境外，将会对国家安全造成不可估量的影响。

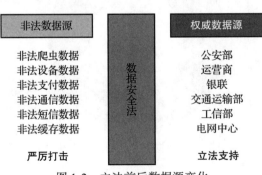

图 1-2　立法前后数据源变化

《中华人民共和国个人信息保护法》（以下简称《个人信息保护法》）也严格规定了个人敏感信息的采集、处理及应用合规要求。无资质数据提供商及数据服务商、数据来源不合规的数据提供商及数据服务商均无资格在市场上生存，而金融机构更应该意识到数据源合规的重要性，数据采购应远离非法数据机构。

3. 权威数据开放流通成为趋势

金融风控环节常用数据大致分为 4 类，即内部沉淀的数据、用户自填的数据、通过技术手段获取的数据、权威数据，如图 1-3 所示。

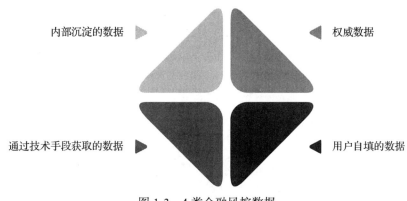

内部沉淀的数据　　　权威数据

通过技术手段获取的数据　　　用户自填的数据

图 1-3　4 类金融风控数据

1）内部沉淀的数据：主要指金融机构在运营过程中合理存储的数据，如金融机构提供金融服务时获取的用户身份数据、申请数据、借款数据、还款数据、存款数据、支付数据等。

2）用户自填的数据：主要包括申请贷款时用户填写的身份信息、学历信息、婚姻信息、家庭住址、单位及职务信息、紧急联系人信息。某些金融机构使用问卷型风控手段，用户填写的问卷答案也可以作为一种辅助数据。

3）通过技术手段获取的数据：分 3 种类型。第一种是 2019 年年底公安部门重点打击的金融科技企业提供的信用卡邮箱账单、运营商半年通话详单、社保公积金缴费信息、学籍网学历信息采集服务所依赖的数据，这类数据是非法缓存用户提供的登录账号和密码，通过缓存得到敏感数据；第二种是借助爬虫手段，采集政府相关部门公开的工商数据、信用黑名单、通缉名单等，以及互联网公开的所有与个人、企业相关的碎片数据；第三种是通过提供服务的设备、App 及 SDK 采集到的数据，包括移动设备中 App 下载情况、打开情况、使用情况及卸载情况，用户的各种生物特征（如人脸、指纹及声纹等）数据，用户的操作习惯及行为（如喜欢左滑、点击力度大等）信息。

4）权威数据：主要指政府机构、国企等提供的数据，如金融机构离不开的公安部身份实名数据、社保及公积金数据、央行征信数据、银联及运营商数据等。这些数据均涉及个人和企业，是相对敏感的非公开数据，因此对外服务时需要经过脱敏、去标识化等处理，以满足相关政策法律法规的要求。

从 2014 年开始，随着大数据战略上升为国家战略，各地方政府大力发展智慧城市、智慧政务、智慧民生等，政府部门的数据经过标准化治理后，为其开放奠定了基础。同时 2021 年 9 月 1 日正式实施的《数据安全法》作为数据行业的基本法，也为更多部门开放数据树立了信心。地方数据交易所及交易平台机制的不断完善，将加快推动政府数据、国企数据作为国有资产对外开放的进度，并加大力度及广度。4 类金融风控数据获取途径如图 1-4 所示。

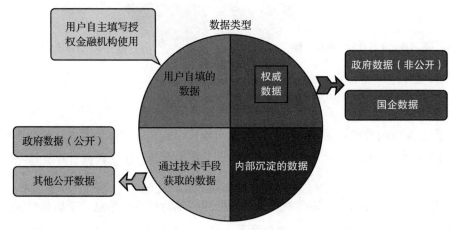

图 1-4   4 类金融风控数据获取途径

4. 数据交易市场有法可依

数据是数字经济社会的重要生产要素，数据交易则是满足数据供给和需要的最主要方式，明确数据交易的法律地位，是满足现实需求、助力数字经济发展的重要表现，是当前数据交易发展的制度基础。《数据安全法》第十九条规定，国家建立健全数据交易管理制度，规范数据交易行为，培育数据交易市场；第三十三条还规定了数据交易中介服务机构的主要义务及提供交易中介服务的规则。这有利于在保障安全的基础上促进数据有序流动，激励运营商主动参与数据交易活动，促进大数据产业的健康发展。

国家认可数据交易市场存在的必要性，各地政府也鼓励并积极成立国有控股的数据交易所，并确认了数据交易中介服务机构存在的价值及存在要求。金融机构风控业务数据源除了从持牌征信机构处获取，还可以从合规的数据交易场所处获取。

5. 金融风控技术竞争白热化

无论是金融科技服务商还是金融机构本身，算法、风控模型都相差不大，各机构的主流算法均是决策树、逻辑回归、支持向量机、随机森林及 XGBoost 等，风控模型均以 A、B、C 卡评分模型为主，所以各机构的风控能力仅靠算法和模型取胜是非常困难的。在算法能力水平差异不大的情况下，采购足够多的合规、有效数据是金融机构提升模型效果及风控水平的唯一路径。

2020 年 7 月 12 日施行的《商业银行互联网贷款管理暂行办法（征求意见稿）》（以下简称《办法》）第三十三条提到：“如果需要从合作机构获取借款人风险数据，应通过适当方式确认合作机构的数据来源合法合规、真实有效，对外提供数据不违反法律法规要求，并已获得信息主体本人的明确授权。商业银行不得与违规收集和使用个人信息的第三方开展数据合作。”《办法》明确了商业银行采购数据应合法合规。

《办法》针对的是商业银行，其他金融机构也应该自觉遵守该办法的要求。金融风控离不开数据，第三方数据中介机构在提供数据服务时，也需要确保数据的合规性，《数据安全法》第三十三条规定：“从事数据交易中介服务的机构提供服务，应当要求数据提供方说明数据来源，审核交易双方的身份，并留存审核、交易记录。”

除了前面提到的合规的数据交易场所外，拥有备案资质的数据交易中介平台、持牌征信机构、国资企业数据服务公司等均可作为金融机构采购合规数据的渠道，如图 1-5 所示。

图 1-5　合规数据源渠道示例

1.2　金融风控的最大红利——权威数据领先效能

在合规数据有限开放的阶段，依然存在部分金融机构的风控模型过度依赖不该开放却被非法采集使用的数据，如运营商的用户通话详单等数据，虽然实现了风控能力的短暂大幅度提升，但由于《数据安全法》的出台，禁止了非合规数据的流通和使用，直接影响了大部分依靠这类数据实现风控的金融产品，坏账率一度失控。金融机构只能暂停相关服务，以降低资金损失。

而一直坚持使用合规数据的金融机构并未受太大影响，借此事件成为行业得益者。随着合规数据源的不断丰富，这些金融机构开始尝试利用合规数据打造新金融产品，通过新开放的合规数据保障新产品下的风控能力，实现风险与收益的平衡。

合规数据源的选择与采购要点

近两年，在金融风控环节使用来自合规数据源的数据已成为大部分企业的共识。数据源合规既符合国家层面相关政策的要求，又符合行业监管相关文件的要求，有利于保障风控能力和金融产品服务的稳定性。如何选择合规数据源、合规的数据源接入流程及评估方法有哪些是本章要解决的主要问题。

2.1 选择合规数据源的三大要点

《商业银行互联网贷款管理暂行办法（征求意见稿）》强调商业银行进行借款人身份验证、贷前调查、风险评估和授信审查、贷后管理时，应当采集借款人姓名、身份证号、联系电话、银行账户以及其他开展风险评估所必需的基本信息。

各部委、各地方政府机构、央企及国企等合规数据源的数据是在运营过程中提供相关服务时产生的。各部门及机构的服务内容不一样，产生的数据的类型、价值及适用场景也不同，即不同的数据源与借款人身份验证、贷前调查、风险评估和授信审查、贷后管理等环节的需求匹配度也各有不同。

合规数据源的选择需要综合考虑数据源主体、数据类型及风控场景匹配情况三个方面。

2.1.1 主体合规

数据源方的机构类型或股东背景属于政府部门、事业单位或国资控股的央企或国企，其主体天然是合规的。为了方便读者理解，这里按照主体类型归类，政府数据的主要服务方为公安部、工信部、央行、交通运输部等，央企、国企数据的主要服务方为银联、运营商等，如图 2-1 所示。

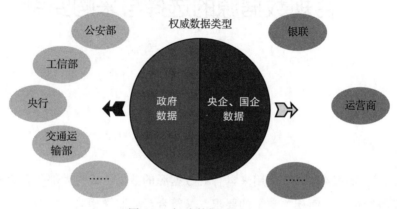

图 2-1 权威数据源拥有方

政府、央企及国企可以作为一手数据源。如果金融机构或金融机构的服务商可以直接与一手数据源签署数据采购、使用的相关授权协议，则是最理想的。

金融机构实际上更容易与一手数据源的代理商或数据代运营机构合作，这些代理商或数据代运营机构能够提供来自一手数据源的数据授权证明，为金融机构提供更灵活及完善的市场化服务。当然，有些企业由于某些特殊原因，也能获得相关的数据授权证明，但其业务在合规性上会存在风险，如这些企业存在外资背景或者开展风险金融业务，在金融机构与之合作的过程中，金融机构的用户数据可能存在被泄露或者非法用于风险业务的情况。

因此，合规数据源机构主要有三类：第一类是政府机构或事业单位；第二类是国资控股或国资参股的运营自有数据资产或者提供数据代运营服务的机构；第三类是持牌或备案的数据代运营平台或数据服务商。如图 2-2 所示。市场上有少部分合规机构不仅具备国资，还是持牌或备案的机构。

持牌或备案的数据代运营平台或数据服务商作为数据源对外提供相关服务时，均会在授权代理或代运营协议中明确授权内容，且在采购内容或附件中会标明授权合作的数据接口列表、数据产品清单、计费规则及调用成本。

政府机构或事业单位　　　　国资控股或国资参股的机构

持牌或备案的机构

图 2-2　三类合规数据源机构

2.1.2　类型匹配

　　结合金融机构风控的要点及权威数据属性与维度，数据可以分为身份数据、信用数据、行为数据、资质数据、负债数据五大类，如图 2-3 所示。

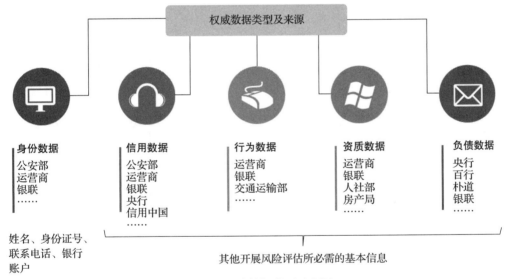

权威数据类型及来源

| 身份数据 | 信用数据 | 行为数据 | 资质数据 | 负债数据 |

身份数据：公安部、运营商、银联……

信用数据：公安部、运营商、银联、央行、信用中国……

行为数据：运营商、银联、交通运输部……

资质数据：运营商、银联、人社部、房产局……

负债数据：央行、百行、朴道、银联……

姓名、身份证号、联系电话、银行账户

其他开展风险评估所必需的基本信息

图 2-3　权威数据类型及来源

　　身份数据包括个人及法人身份证号、银行账户、联系电话等，相关数据产品应可以准确验证用户身份数据的真实性，提供方为公安部、运营商及银联等。

　　信用数据主要包括个人信用、企业信用、行业信用三个方面的数据，相关数据产品应可以识别当前用户或企业的信用等级，提供方为公安部、运营商、银联、央行及信用中国等。

行为数据包括用户手机号行为、银行账户支付行为、用车行为等相关数据，提供方为运营商、银联及交通运输部等。

资质数据提供方为运营商、银联、人力资源和社会保障部（以下简称"人社部"）及房产局等。

负债数据提供方为央行、白行、朴道及银联等。

2.1.3 场景丰富

金融行业的应用场景主要包括贷款营销、身份验证、反欺诈建设、贷前审查、风险评估和授信审查、贷后管理，如图 2-4 所示。不同的数据类型可以满足单个或多个应用细分场景。

图 2-4 风控场景数据来源

贷款营销需要判断客户是否有真实的资金需求、足够的还款能力及可信的还款意愿。资金需求一般通过目标客户在运营商体系中的搜索行为及 App 的使用习惯等数据判断；还款能力通过客户在银联体系中记录的转账、取现、消费能力，在运营商中记录的话费消费能力，在人社部中记录的社保、公积金缴费情况来综合判断；还款意愿需要持续通过可以直接或间接体现目标客户还款意愿的行为数据来判断。

身份验证主要是验证用户的身份信息，只有公安部、银联及运营商等少数机构可以准确验证用户身份的真实性。

反欺诈建设主要用于识别冒充他人身份、恶意骗贷的风险行为。反欺诈建设的常规路径是依赖技术实现对黑产及全体骗贷的识别。以数据为防控主路径的反欺诈方式如下：冒充他人身份的主要形式为使用失效、无效身份证信息，或使用在偏远地区购买的身份证信息，公安部中记录的数据可以识别失效身份、无效身份，而偏远地区的群体以铁路方式出行的记录较少；恶意骗贷意图需要借助央行记录的负债及信用数据、公安部中的在逃人员等风险用户名单、运营商中记录的用户特征数据、交通运输部中用户的出行数据来综合识别。

贷前审查主要审查客户信用情况及贷款能力。央行征信记录没问题才有资格贷款，社保及公积金缴费表现及缴费基数、税务纳税等级、银联中的刷卡行为、运营商中记录的消费及通信行为都可以用于判断客户的贷款能力。

风险评估和授信审查需要对债务情况及信用情况重点确认。债务情况除了央行征信上已体现的借贷信息外，通过用户的银联支付流水也可以挖掘出其他债务潜在表现。信用情况主要还是依靠查询央行征信、信用中国、百行及朴道征信上的数据来确认。

贷后管理需要持续监控财务、信用及经营变动。财务变动及经营变动代表了个人及企业收入的持续稳定情况，银联的刷卡消费稳定性、人社部的社保公积金的缴费稳定性、纳税稳定性都会体现个人及企业收入的持续稳定情况。贷后是否存在信用等级变动，需要定期查询央行征信及企业工商信息。

2.2 数据采购价值评估四大要点

金融业务场景少说也有上百种细分需求，不同的需求对不同数据源的选择及评估要点均不一样。除了数据源外，获得数据源授权的相关机构也在为金融机构提供数据服务。而各机构的技术能力、对数据产品的再加工能力也影响着其服务能力。另外一些机构会将非合规数据源隐藏在合规数据服务中，这些均是金融机构在采购过程中需要识别和评估的。结合行业经验，金融机构采购风控数据从匹配度、性能、效果及计费模式四大要点进行评估，如图 2-5 所示。

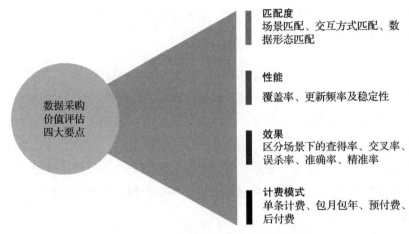

图 2-5 风控数据采购价值评估四大要点

2.2.1 匹配度

在主体合规的前提下，需要从场景、交互方式及数据形态三个方面评估目标数据产品的匹配度，如图 2-6 所示。相同场景下的用户群体产生的数据，在类型方面的匹配是有效的，这类数据可以为金融机构纵向补充用户标签、横向扩展相似客群；交互方式的匹配可以降低金融机构的技术开发时间成本，提高数据的使用效率，如金融机构 API 的返回参数有4 项，但数据源提供的参数有 8 项，其中一方需要进行调整才可以顺畅合作；数据形态的匹配主要是金融机构在不同场景下对数据的粗细程度及形态要求不一，如果数据形态不一样，可能测试环节无法进行，如数据源仅能支持验证类服务，而金融机构需要标签类服务。

图 2-6 数据匹配度三大维度

1. 场景匹配

不同的数据源方的数据类型是不一样的，不同的数据类型能够解决的场景风险也是不一样的。因此身份验证场景需要身份验证数据，反欺诈场景需要直接或间接地识别欺诈的相关数据，风险定价需要债务数据、收入或资产数据。理财场景的风控与信贷场景的风控需要的数据源可能是一样的，但数据字段维度或数据产品形态需求不一样。如理财场景和信贷场景都会需要银联的数据，理财场景需要知道客户的现金流波动情况，以判断用户是否经常有大量沉寂的存款，期望用户用沉寂的存款购买理财产品；信贷场景需要通过用户的银联刷卡行为及偏好，判断用户的消费能力及信贷需求概率。场景匹配可以实现用权威数据验证同类存量用户数据的真实性、补充存量用户标签、扩展同类用户群并进行同类转化的目的，如图 2-7 所示。

图 2-7　场景匹配的优势

2. 交互方式匹配

风控数据的交互方式评估主要涉及 4 点：对交互参数的要求，如数据入参是明文形式还是非对称加密或者其他加密方式；对交互形态的要求，如数据传输是通过 API 直接交互还是通过多方安全计算环境加密交互；对交互频率的要求，如是支持单次的还是批量的、是否限制日调用量；对交互验证的要求，如是否需要用户强授权、是否支持数据溯源验证等。如图 2-8 所示。

图 2-8　对交互方式的 4 个要求

在 2020 年以前，各类数据源及大部分金融机构的数据入参默认以明文交互为主。而近两年，部分头部金融机构为了保障用户数据安全，需要合作的数据源方设计并支持加密入参，如使用 MD5 加密，而部分金融机构的数据安全意识稍弱，依然接受明文方式交互。数据源方为了匹配市场的需求，有能力、愿投入的会支持金融机构加密入参实现数据服务交互，而不愿投入的数据源方只和接受明文交互的金融机构合作。

另外，有些数据源方在交互方式上会进一步有授权限制，如对于刚开放的数据产品，数据源方因担心数据泄露或者金融机构使用不合规，在金融机构的用户授权方面，会要求其与用户一对一线下授权或者需要用户提供手机验证码等，这样的数据产品交互方式是无法满足互联网金融批量风控需求的。

3. 数据形态匹配

常见的数据反馈形态包括底层数据、评分、区间化的数据标签、是或否 4 种，如图 2-9 所示。其中底层数据形态在交易市场上基本不存在了，现在一般需要通过加密环境或多方安全计算的方式进行有一定限制的底层数据合规计算。身份验证场景只返回是或否的数据形态，金融机构提供用户的身份证信息，数据源方告知该身份证信息对或错即可，不用提供其他信息。在对数据标签需

图 2-9　4 种数据反馈形态

求不强的风险识别场景下，金融机构可以接受评分形态，评分形态数据与其历史数据进行测试比对，只有评分满足需求的，金融机构才会选择。而区间化的数据标签经过脱敏去标识化的处理，所能体现的数据特征比较多，但数据值属于区间值，不能由此完全精确得知数据特征情况。有建模能力的机构大多会选择标签形态。

2.2.2　性能

数据源方的数据覆盖率、更新频率及稳定性均影响其数据的商用性，金融机构在选择合规数据源时也主要关注这三大性能指标。

不同数据源的覆盖率也是有区别的。部委级及央企、国企总部的数据部门的数据覆盖率理论上是最高的，如公安部管理着全国所有人的身份数据，对外提供居民身份认证服务时，可以帮助企业验证任一用户提供的身份信息的真实性。而某地方公安部门在提供同样的数据服务时，只能验证管辖范围内有限的用户身份信息的真实性，如图 2-10 所示。

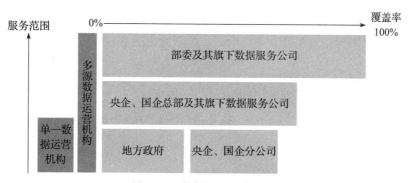

图 2-10　数据源覆盖率分布

各数据源的更新频率也不一样。地区政府相关部门及央企、国企地方分支机构的数据源更新频率较高，部委级及央企、国企的数据是由各地方部门、各地方分支机构采集后各自上传的，更新频率相对低些，如图 2-11 所示。另外，各地方由于数据采集的间隔、清洗及治理的效率和效果不一样，各数据源总部汇集各地方的数据后，还需要进行统一的数据清洗、治理、对齐后才能对外服务。因此，金融机构在使用数据产品时，如身份验证，会出现有些偏远地区的身份信息更新较慢，该用户身份信息是真实的，但数据源验证反馈是不准确的情况，因为其数据库中还没对该用户的身份信息进行更新。

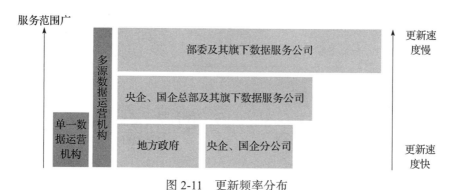

图 2-11　更新频率分布

数据源服务的稳定性直接影响金融机构的风控策略的有效性、金融服务的持续性及用户体验。特别是在互联网金融场景下，贷前风控环节数据源提供的服务若突然中断甚至长期停止，会导致该场景定制的风控模型失效，坏账率失控。

金融机构为了降低数据源服务的稳定性对其金融业务的影响，会同时选择与多个同类但不同源的数据源合作。但权威数据源的源头大多数是唯一的，如果数据源未做多地灾备及特殊情况下的数据服务稳定保障措施，那么在面对突发情况时金融机构也无计可施。数据源稳定性对风控效果及业务持续的影响示意如图 2-12 所示。

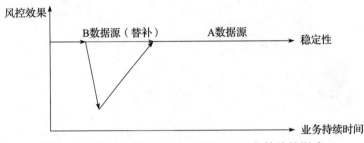

图 2-12 数据源稳定性对风控效果及业务持续的影响

2.2.3 效果

金融机构选择数据源时，在效果评估方面需要重点分析的指标包括查得率、交叉率、误杀率、准确率、精准率等，需要对贷款营销、身份验证、反欺诈建设、贷前调查、贷中审查、贷后管理六大场景需求进行对应的测试，不同场景下的测试重点是不一样的，如图 2-13 所示。

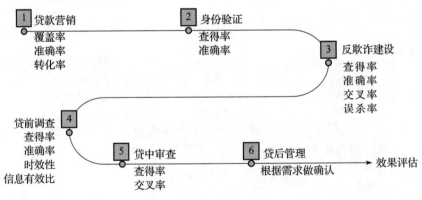

图 2-13 效果评估路径

1. 贷款营销场景下的效果评测点

贷款营销场景采购的数据产品有两种：一种是目标用户资质评分，金融机构完全信任评分对客群的区分能力，该评分采用可以识别客户资质的数据根据自主研发或者金融机构公认的算法模型计算得出，一般为了保障评分的可解释性，数据源方会向金融机构适度公开评分时用到的数据类型标签及简易的计算逻辑；另一种是与目标客户资质相关的数据标签产品，标签丰富度主要由数据源方拥有的数据源决定。因此，贷款营销场景需要关注覆盖率、准确率及转化率。

（1）覆盖率

覆盖率主要评估两种情况：一种是能否激活潜在的或其他业务线未转化的自有用户群；另一种是能否提升新用户的转化率。

第一种情况评估的是数据源方拥有的用户数据能否覆盖金融机构要查询的目标用户，最理想的状态是 100% 覆盖。实际上除了部委外，大部分央企、国企都无法保证达到 100% 的覆盖率。一般数据源方用户覆盖率只要能达到 40% 以上，且效果良好，就值得金融机构合作。

另一种情况是针对用户的拉新环节，主要看数据源方拥有的用户与金融机构已拥有的目标用户属于同类的数量。如甲银行存量用户达 100 万，数据源方拥有 1200 万的用户数据，其中与甲银行属于同类的用户量达 1000 万，理论上可以为甲银行带来 10 倍的精准的潜在目标客户。如果数据源拥有的 10 亿用户中只有 10 万与金融机构的目标客户属于同类，那这个合作其实对金融机构来说就无太大意义了。拉新环节的覆盖率一般都无法清晰量化，实际量级也不好评估，所以最终要结合转化率指标对效果进行评估，如图 2-14 所示。

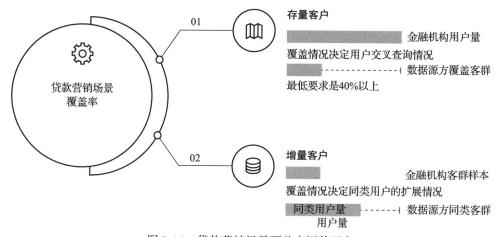

图 2-14　贷款营销场景覆盖率评估要点

（2）准确率

准确率主要评测存量用户的资质评分及标签数据的准确性，如图 2-15 所示。评分类产品并不反馈详细数据，只反馈各种数据通过某算法模型计算得出的评分。金融机构评估时，无法精准判断不同用户对应的资质评分区间。如金融机构通过测试获得了 10 000

个用户的评分反馈，评分区间为 1 ～ 100 分，定义 80 分以上为目标用户，有 1000 人。在这 1000 人中，有 800 人是金融机构明确的目标用户，另 200 人是不明确的目标用户，得出评分的准确率为 80%。80% 的准确率是否值得金融机构持续使用？这就需要知道这 80% 的用户后续经过营销转化能带来多少收益，如果收益达到目标预期，则说明该评分产品准确率较高或者达到了金融机构采购的标准。标签类产品相对好判断，只要比对各用户标签值的差异即可得出准确率。准确率直接影响了后续的转化效果。如对于用户的月消费水平，数据源方反馈的区间值为 8000 ～ 10 000 元，而金融机构已知的是 9000 元，可以判断该数据产品能力是不错的，如果反馈区间值是 1000 ～ 3000 元，则差异较大。数值差异大，代表该数据源采集到的用户数据行为不全面或者缺失率过高。

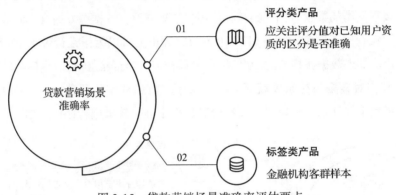

图 2-15 贷款营销场景准确率评估要点

（3）转化率

转化率可以独立评测数据产品的采购价值。转化率足够高，比如达到 1 以上，能达到金融机构的最低要求，那么其覆盖率、准确率是否达到评测标准也就没那么重要了，如图 2-16 所示。在实际工作中，如果出现转化率高但覆盖率及准确率都达不到要求的情况，则说明该数据源并不是通过纯粹的数据提供的服务，而是融合了相关的营销策略，甚至可能存在虚假注册的情况。

2. 身份验证场景下的效果评测点

身份验证场景主要满足各平台在新注册及发起新业务申请时对用户身份进行实名验证的需求。实名验证主要是对身份证信息、手机号实名制的验证。对于需要激活支付功能的业务场景，比如开通充值、收付款、提现等功能，需要用户提供银行卡信息，并对银行卡信息的真实性进行判断。在该场景下，身份验证的查得率影响了该平台能识别多少新增用户的身份信息，而准确率影响了用户身份信息准确识别的比例。

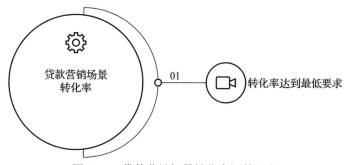

图 2-16 贷款营销场景转化率评估要点

（1）查得率

评估要点如图 2-17 所示。由于公安部身份数据覆盖率是最全的，所以理论上查得率为 100%。三大运营商的手机号验证比例受运营商的手机号实名制覆盖率的影响。运营商的手机号实名制于 2016 年左右完成，但市场上仍流通着大量未实名的手机号，手机号实名制的查得率肯定低于 100%。

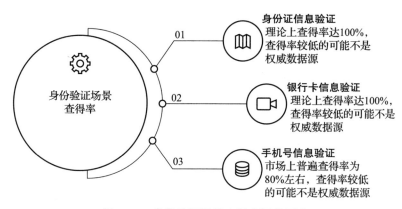

图 2-17 身份验证场景查得率评估要点

另外，移动体系中的企业的经营方式是省份企业掌握各自区域的数据，且均可对外提供数据服务，各省数据虽然会同步更新到企业总部，但会有延迟。因此，单个运营商渠道的查得率能达到 80% 以上已经算是行业领先的了。

当然，部分金融机构可能在实际业务中发现有些运营商数据源方的查得率达到 90%

甚至更高，这极有可能不是合规来源，而是缓存库或者有造假风险。

银联的银行卡验证数据虽然也是从各家银行归集汇总的，但银联作为清算机构，有足够的话语权，理论上查得率可以达到100%。

（2）准确率

公安部作为唯一权威的身份验证数据源，其验证服务的准确率是毋庸置疑的。评估要点如图2-18所示。

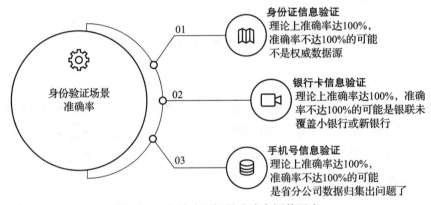

图 2-18　身份验证场景准确率评估要点

3. 反欺诈建设场景下的效果评测点

反欺诈建设的主流方式是依靠设备指纹及数据图谱等技术手段挖掘群体异常行为，很少选择纯数据产品作为支撑。反欺诈环节可用的数据产品为各类风险名单，如公安部的在逃人员名单，央行、百行征信及朴道征信的逾期和骗贷名单，银联支付的欺诈名单，运营商的暴力催收、欠费黑名单。反欺诈数据的另一种应用是当金融机构没有有效的黑名单时，反向思考，通过白名单的方式筛选出好的用户。

以上提到的风险名单，不论是黑名单还是白名单，其实都没有单一来源可以百分百覆盖，因此需要同时使用多个不同类型数据源的风险名单来提高覆盖率和查得率。

（1）查得率

反欺诈场景下的查得率为风险名单命中真实坏用户的比例。坏用户的范围不是一成不变的，而是不断增加的，金融机构要验证查得率，只能通过自有的黑名单去测试。查得率即使达到100%，也只能说明该黑名单用户群与金融机构匹配度较高，但对于新产生的黑名单或者金融机构未遇到的黑名单，该数据源是否可以及时更新，金融机构在测试环节是无法得知的。在测试过程中，可能查得率低至10%，但这并不代表该风险名单在后续业务中对黑名单的识别率就不高。评估要点如图2-19所示。

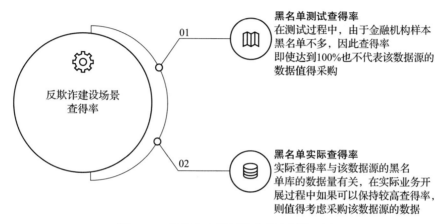

图 2-19 反欺诈建设场景查得率评估要点

（2）准确率

准确率用于表征在查得的风险用户样本中，真正存在风险的用户所占比例。如金融机构使用公安部风险名单数据判断最近注册的 1000 名客户，查得风险用户占比 10%，即有 100 名用户命中公安部的风险名单，那这 100 名用户是否真正存在风险？一般权威数据源是不会出错的，但也会存在准确率不可信的情况。一些金融协会的反欺诈黑名单数据由各个金融机构自动上报，金融协会无法对这些风险用户的真实性进行判断，因此如果基于此对外进行服务，则可能出现查得用户有风险，但实际没风险的情况。评估要点如图 2-20 所示。

（3）交叉率

在查得率和准确率都达标的前提下，是否就可以启动数据产品采购了？其实不然，对于风险名单类数据产品，还需要评估风险名单中的客户群与金融机构自身风险名单中的客户群的交叉率，交叉率较低则有采购价值，交叉率高则采购价值不大，因为此时基于金融机构本身的风险名单库就可以拦截大量的风险用户，如图 2-21 所示。当然自身风险名单库就很丰富的金融机构基本都是头部或者大量采购过相关风险名单的企业，大多数小金融机构或者新开展金融业务的金融机构均需要外采风险名单类数据产品。

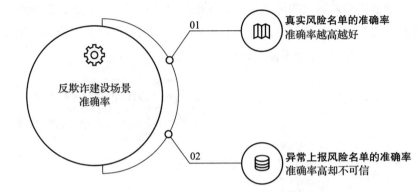

图 2-20　反欺诈建设场景准确率评估要点

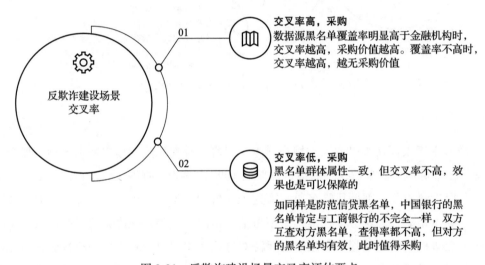

图 2-21　反欺诈建设场景交叉率评估要点

（4）误杀率

误杀率用于表征不同数据源的风险名单对金融机构好客户的误杀比例。这些好客户虽然在数据源的风险名单中，但在金融机构内的业务中表现正常，属于好客户类型。之所以会出现这样的情况，是因为两者对风险的定义不一致。如果基于数据源的风险名单制定强风控策略，这部分用户均被拦截，那么金融机构将无法实现金融产品服务利润最大化。如在电信运营业务中经常欠费的客户属于电信类风险客户，但欠费可能并非主动意愿，并不代表其会恶意逾期。评估要点如图 2-22 所示。

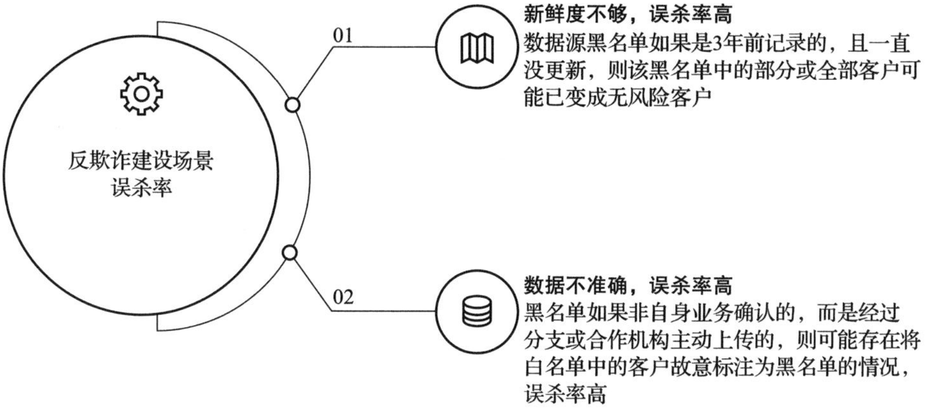

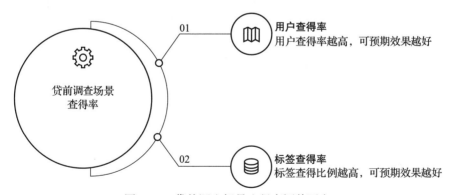

图 2-22　反欺诈建设场景误杀率评估要点

4. 贷前调查场景下的效果评测点

（1）查得率

在贷前调查场景下，金融机构的建模人员常用的是标签类数据产品。数据标签类产品的查得率代表了申请贷款客户在相关数据源的数据标签类产品中查得的比例。该比例仅代表金融机构客群在数据源中的覆盖程度，不会作为最终参考。数据标签类产品的准确率及信息有效比才是最重要的采购评估标准。评估要点如图 2-23 所示。

01 用户查得率
用户查得率越高，可预期效果越好

贷前调查场景
查得率

02 标签查得率
标签查得比例越高，可预期效果越好

图 2-23　贷前调查场景查得率评估要点

（2）准确率

准确率评估的是该数据标签类产品涵盖的所有标签的值与实际用户情况的一致程度，即标签值相对准确度。具体可以参考贷款营销场景准确率的评估方式，评估要点如图 2-24 所示。

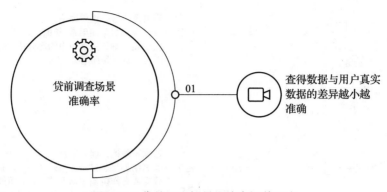

图 2-24 贷前调查场景准确率评估要点

（3）时效性

贷前调查讲究的是用户数据的新鲜度，也就是更新时效性。相关数据标签实时或按日、周、月更新得到的效果是不一样的，原则上时效性越强，实际风控场景中得到的效果越好。也有可能在测试过程中效果非常好，但在实际风控场景中效果一般，原因可能是为了达成合作，数据源方使用了超出合作范围的数据，提升了测试效果。评估要点如图 2-25 所示。

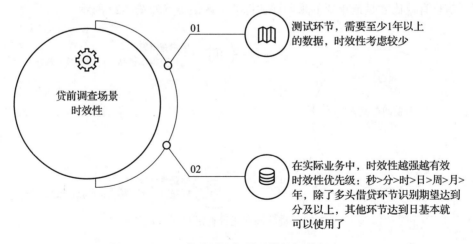

图 2-25 贷前调查场景时效性评估要点

（4）信息有效比

数据标签的原始字段非常多，但在实际评测过程中发现仅有寥寥无几的标签有数值返回，且有数值返回的标签对模型的区分帮助不大，信息有效比低。

　　银联推出的用户刷卡消费行为标签的数据产品，采集的主要是用户线下刷卡产生的相关数据，不同金融机构的用户群线下刷卡的行为偏好均不一样。金融机构并不是通过该数据产品获取用户是否存在刷卡行为，而是希望基于当前的银行卡获取用户在银联体系中记录的刷卡偏好、金额、时间、商户类型等数据标签。假设银联有 100 个相关数据标签，由于客群匹配度不高，其中 90% 的用户有 10 个数据标签有数值返回，其他 90 个数据标签为空，在这种情况下查得率为 90%，但实际上金融机构并不愿意为该情况付费。因此针对数据标签类产品，金融机构应该和数据源方协商按照标签查得数量计费，而不采用打包计费的模式。评估要点如图 2-26 所示。

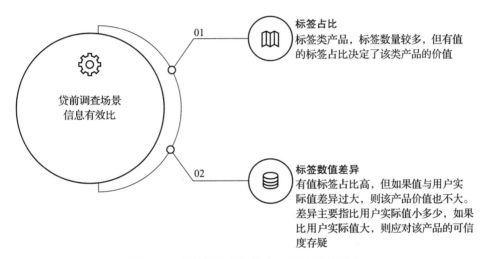

01 标签占比
标签类产品，标签数量较多，但有值的标签占比决定了该类产品的价值

02 标签数值差异
有值标签占比高，但如果值与用户实际值差异过大，则该产品价值也不大。差异主要指比用户实际值小多少，如果比用户实际值大，则应对该产品的可信度存疑

贷前调查场景信息有效比

图 2-26　贷前调查场景信息有效比评估要点

5. 贷中审查场景下的效果评测点

　　贷中需要进行风险定价，制定授信额度，这时金融机构应首先关注查得率，保障目标用户群尽可能查到支持风险定价的数据标签。其次关注交叉率，因为权威数据源天然具有数据真实准确的属性，所以金融机构可以将用户提供的数据与该数据源的用户群数据标签进行比对校验，数据交叉率高，才可以用权威数据验证用户提供的数据。如通过人社部的用户社保缴费情况与用户提供的社保缴费情况进行比对，确认用户是否说谎。另外数据无误时，可以直接将其用于风险定价，评估该用户的工作稳定性、岗位级别及工资水平，进而评估该用户的授信额度。评估要点如图 2-27 所示。

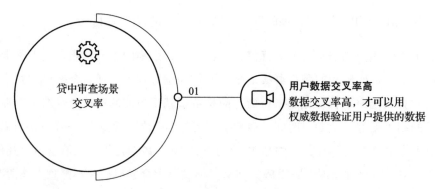

图 2-27 贷中审查场景交叉率评估要点

6. 贷后管理场景下的效果评测点

贷后需要及时发现用户的信用及收入变动情况,但市场上能够识别用户信用及收入变动的数据产品较少。在之前的场景中如有相关的数据产品通过了采购评估,那么在贷后场景中直接复用该产品即可。若是在贷后场景中单独采购数据产品,则需要按照以上提到的评测要点进行数据产品评估。

2.2.4 计费模式

不同数据源对市场化服务过程制定的测试环节及正式合作环节的收费结算机制是有区别的。常规的计费模式有按照单条调用查得收费、按照查询收费(按照查询收费的一般是数据源的覆盖率达到百分之百或者数据源非常权威)和按照包月包年包量收费,计费模式还可分为预付费和后付费两种模式,如图 2-28 所示。

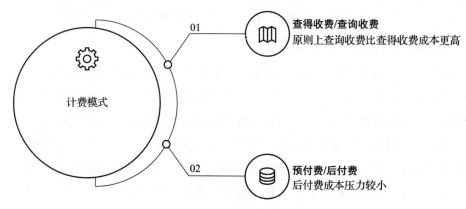

图 2-28 计费模式评估要点

第二篇 *Part 2*

权威合规数据
来源解密

权威合规的数据实际上只能来源于部委、政府部门及央企、国企等，这些机构相关的事业单位、全资子企业，包括持牌征信机构、合规数据交易场所等都是合规的数据源服务方。各数据源根据其数据敏感程度不同，分为较开放和限场景两种情况。较开放数据源只要需求机构资质合规、场景合规及有用户授权就能获得采购机会。限场景数据源（如央行、人社部及税务局等）的数据常用于持牌金融的信贷业务风险防控，如图 1 所示。

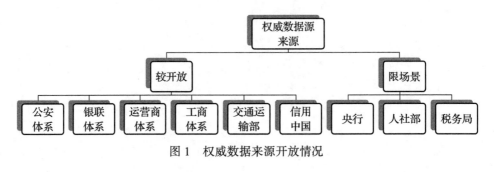

图 1　权威数据来源开放情况

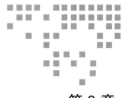

四大身份验证数据源

身份验证主要包括个人身份验证和企业身份验证，其中个人身份验证主要依靠公安体系、银联体系及运营商体系的用户身份证、银行卡和手机号数据，企业身份验证主要依赖工商体系的数据，如图 3-1 所示。

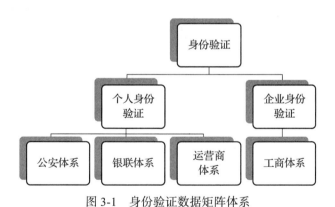

图 3-1 身份验证数据矩阵体系

3.1 身份证验证数据源

所有业务都需要验证用户真实身份，身份证验证是其中一种主要方式。2001 年 3 月，中央机构编制委员会批准成立"全国公民身份证号码查询服务中心"，该中心负责建设、管理和运营"全国公民身份信息系统"，是最早的对外提供身份证验证服务的事业单位。由于银行业的特殊性，公安部与中国人民银行共同搭建了"联网核查公民身份信息"系统，专门服务于银行机构。另外，公安部第一研究所（以下简称"公安一所"）及公安部第三研究所（以下简称"公安三所"）分别主导研究"互联网＋可信身份认证"平台及"公民网络身份识别系统"，对外提供创新型身份验证服务，如图 3-2 所示。

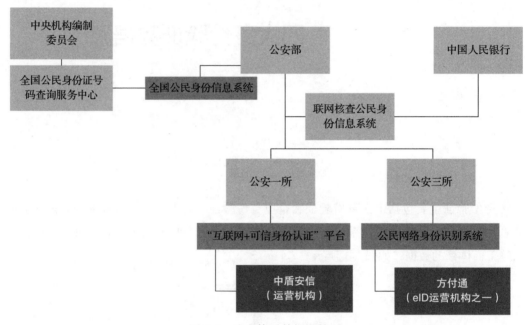

图 3-2 公安体系数据源情况

（1）公安一所简介

公安一所是公安部直属的综合性研究所，国家法定证件的主要研发和生产基地，是证卡技术整体解决方案的提供商，全面掌握证件设计、制证、管理及应用的关键技术，承担了居民身份证、护照、驾驶执照、外国人永久居留身份证、港澳台居民居住证、人民警察证等证件的技术研发、标准制定、技术保障和服务工作。

公安一所自主研制我国第一、第二代居民身份证。截至 2018 年，已向全国各地制证中心（所）累计发放二代身份证超 18 亿张。

（2）公安三所简介

公安三所的前身是上海公安科学研究所，1979 年经国务院批准更名为公安部上海八七六研究所，1984 年经公安部批准更名为公安部第三研究所。

公安三所主要从事网络安全与智慧警务科研创新与技术支撑工作，在警务信息智能感知、警务数据安全共享、违法犯罪监测预警等优势研究领域有着长期的积累，在网络攻防、网络侦察、技术侦察、国产密码、电子取证、等级保护、大数据分析等方向均有研究。

2010 年起，面对虚拟社会管理、保护公民个人隐私及网络安全的迫切需求，公安三所根据公安部指示开展网络身份管理试点，建设起全国唯一的"公民网络身份识别系统"，并且通过了国家密码管理局的系统安全性审查及权威技术鉴定（《国家密码管理局关于公安部公民网络身份识别系统通过安全性审查的函》，国密局字〔2013〕3 号）。该系统已于 2011 年投入运行。

3.1.1　全国公民身份证号码查询服务中心

"全国公民身份证号码查询服务中心"（以下简称"查询中心"）是最早成立并实现对外服务的身份证验证平台，在 2003 年 5 月底完成了"全国公民身份信息系统"四个分系统的软件研发、部署及硬件采购工作，开始投入试运行。

查询中心的主要职能是负责建设、管理和运营"全国公民身份信息系统"，为人民群众提供公民身份信息核查和统计分析服务。"全国公民身份信息系统"用于处理身份数据，是以保护隐私为前提的人机一体化系统。

1. 成立背景

（1）互联网业务线上身份验证需求旺盛

2000 年，国内互联网行业得到初步发展。大众逐渐开始依赖互联网冲浪，在互联网平台上发表自己的言论，互联网成为一种新的交流方式。此时互联网平台没有对注册用户身份进行实名制验证，因此用户通过网络发布不良信息、言论等，相关部门也无从追踪定位及追责。互联网平台用户实名制需要有相关单位提供数据服务支持。

（2）个人存款账户实名制规定

早在 2000 年 4 月国务院施行的《个人存款账户实名制规定》中就要求居民在办理存款业务时出示本人身份证件，银行线下通过人工查验身份证件的真实性，线上将被认证人的"公民身份号码""姓名"等数据通过运营商的网络通道传送至查询中心的"全国公民身份信息系统"进行比对,返回"一致"或"不一致"的比对结果。查询中心的成立是为了满足个人存款账户实名制的要求。

2. 机构服务

（1）B 端服务

查询中心是国内最早的合规身份证信息验证服务机构。早期查询中心的核查服务只用于政府机关、金融单位、电信企业、商业流通等领域,对保障金融领域交易安全、电信企业防骗终端和欠费骗费、物流行业防止假司机骗货、用人单位确认员工身份等起到了重要的作用,遏制和打击了利用假身份证进行欺骗和犯罪的行为。

（2）C 端服务

2008 年 11 月 7 日,查询中心正式面向个人推出公民身份信息核查、同名同姓查询等网上自助服务。

（3）收费情况

1）2001—2010 年收费摸索期。2010 年之前,查询中心对外服务处于初级摸索阶段,调用频次不高,虽然需要付费查询,但企业和公民均能接受。当时,公民通过公安部的上网自助服务,核查保姆、房客、网友、交易伙伴等身份,每次查询服务的费用是5 元。

2）2010—2019 年收费规范期。随着互联网的高速发展,国内互联网平台逐步崛起,各种各样的互联网服务数不胜数,互联网平台覆盖的人数越来越多,需要用到身份认证的场景也陆续增多。

国家发展和改革委员会在 2010 年 10 月 11 日发布了《关于全国公民身份证号码查询服务中心有关收费问题的通知》(以下简称"《通知》"),明确了查询中心的收费不属于政府行为,属于经营服务性收费,并制定了公民身份认证等服务收费标准:比对内容五项以下（含五项）,每次 5 元;比对内容五项以上,每次 10 元。根据用户需求,查询中心提供人口数据信息汇总、加工或重新制作等服务,可收取人口信息开发服务费,收费标准为每次 50 元。对有特殊需求的,收费标准由查询中心与用户协商确定。按规定向国家机关、社会福利公益机构和公民提供上述服务不得收取费用。

为了确定这个收费标准的合理性,《通知》限定了 2 年的试行期。

3）2019 年至今收费调整期。查询中心于 2019 年 7 月 24 日发布了《关于查询中心调整服务模式的通知》:为进一步落实国务院减税降费政策,贯彻国务院常务会议关于"取消公民身份信息认证收费"的指示精神,继续深化"放管服"改革,根据上级单位相关部署和通知要求,查询中心调整服务模式,取消公民身份信息认证服务收费,并取消通过合作伙伴提供公民身份信息认证服务的模式;原通过合作伙伴使用公民身份信息认证服务的用户,请直接与查询中心联系,由查询中心提供免费公民身份信息认证服务。

该通知发布后,截至 2019 年 12 月下旬,查询中心为社会减负 7.6238 亿元。同时查询中心取消了代理合作模式,直接为需求客户提供服务。在该模式下,查询中心服务压力剧增,对查询中心的技术团队及服务团队来说是巨大的挑战。

3. 机构目前服务情况总结

查询中心公开的 2020 年年度报告中总结了以下服务情况:

截至 2019 年,在银行业,查询中心与中信银行、华夏银行、恒丰银行、宁波银行、交通银行、光大银行、平安银行、南京银行、新网银行、昆仑银行、成都农商银行、顺德农商银行、杭银消费金融、浦发银行和北银消费金融等顺利完成续约工作。

在保险行业,应用推广主要围绕寿险、财险、信用保证保险、互联网保险四个领域开展,目前,查询中心在行业内的合作用户达到 107 家,行业覆盖率为 80%。

在汽车金融行业,服务用量继续保持稳定增长,顺利完成上汽通用、上汽财务等的续约工作,目前汽车金融企业用户 25 家,经营汽车金融业务的融资租赁企业 6 家,共 31 家,行业覆盖率达到 100%。

在银行、保险、汽车金融等行业,查询中心提供身份认证、人像比对等服务产生访问日志共计 39.97 亿条。

3.1.2　中盾安信

2017 年 10 月,公安一所成立中盾安信企业,并授权中盾安信为 CTID 平台("互联网 + 可信身份认证"平台)唯一合法的运营服务商,为各行业提供权威、可信、安全、便捷的网络身份认证服务,为我国"互联网 + 行动战略"提供强有力的支撑保障。

1. 成立背景

（1）网络身份验证的安全需求

2011年11月，某论坛4000万用户信息泄露，随后该论坛发布《针对用户数据外泄的声明》和《对用户的致歉信》。同年12月，某开发者技术社区的600万用户的数据库信息被黑客公开。以上仅是用户信息泄露事件的冰山一角，但得到了相关部门对网络和信息安全的高度关注。个人隐私信息面临被泄露的威胁，立法保护公民个人信息具有重要的意义。

2012年12月28日，第十一届全国人民代表大会常务委员会第三十次会议通过了《全国人民代表大会常务委员会关于加强网络信息保护的决定》，规定任何组织和个人不得窃取或者以其他非法方式获取公民个人电子信息，不得出售或者非法向他人提供公民个人电子信息。全国人民代表大会常务委员会法制工作委员会副主任李飞对决定草案作说明时表示，为了解决公民在维护其个人信息安全和有关主管部门查处侵害公民权益的网络违法犯罪活动的过程中存在的取证难、查处难等突出问题，有必要加强网络用户身份管理。实行网络身份管理，也是许多国家的通行做法。有关部门、地方和社会公众普遍要求通过立法完善这一制度。该决定表明，我国将从维护公民个人身份信息安全出发推行网络身份管理，符合全球网络身份管理的发展趋势。

2013年2月1日，我国首个个人信息保护国家标准《信息安全技术 公共及商用服务信息系统个人信息保护指南》实施，标志着我国个人信息保护工作进入法制阶段。7月16日，工信部公布《电信和互联网用户个人信息保护规定》，用于保护电信和互联网行业用户信息，维护网络信息安全。

2019年10月31日，党的十九届四中全会审议通过了《中共中央关于坚持和完善中国特色社会主义制度、推进国家治理体系和治理能力现代化若干重大问题的决定》，指明了国家治理体系和治理能力现代化的方向。网络空间治理作为国家治理的重要组成部分，亟须加强治理体系和治理能力现代化建设，尤其是要加强网络身份可信管理能力建设。

（2）线上线下身份管理一体化的市场趋势

随着"互联网＋"时代的全面到来，线上线下身份管理一体化的需求越来越旺盛，种种因网络身份不实导致的信用管理缺失及电信网络诈骗，已严重影响了人们的日常生活，阻碍了我国"互联网+"行动战略的推进,并对国家安全和社会稳定造成了重大威胁。

2013 年以来,为改善网络身份管理比较薄弱的局面,公安一所在公安部的直接领导下,在中央网信办、国家发改委、科技部等的大力支持下,积极开展居民身份证网上应用研究,助力线上线下身份管理一体化,建立了权威、统一、安全、便捷的中国特色网络可信身份认证体系,完成了全国居民法定身份证件基础数据的汇聚和治理、身份认证所需基础数据的存储和灾备,形成了精准、安全、可靠的基础数据,并于 2016 年申报获批承建国家发改委"互联网+"重大工程保障支撑类项目——CTID 平台。

CTID 平台基于居民身份证的技术、安全和管理体系,利用国密算法对法定身份证件信息进行不可逆的脱敏处理,形成与法定身份证件唯一映射的网上功能凭证(简称网证),建立全国统一的网络可信身份认证平台,实现多模式、大规模、高并发在线安全认证,从源头解决网上身份认证隐私保护和数据安全问题。

(3)国外已有成熟的借鉴经验

世界主要国家和地区高度重视网络可信身份管理能力建设。

欧盟于 2006 年发布《2010 泛欧洲电子身份证管理框架路线图》,但由于欧盟各国国情不同,截至 2017 年,仅实现了德国、荷兰和奥地利等少数国家的统一联网电子身份认证。印度于 2009 年成立了唯一身份管理局,并开始实施"唯一身份识别计划"。截至 2019 年年底,该项目已为 12.5 亿人发放了唯一身份号码。

美国于 2011 年 4 月发布《美国网络空间可信身份国家战略》,计划用 10 年左右的时间构建一个网络身份生态体系,目前开展了一系列试点项目。

我国网络可信身份管理建设起步晚于西方国家,但具备良好的身份体系数据基础。我国于 2004 年正式实施《中华人民共和国居民身份证法》,确立了居民身份证为证明我国公民身份的法定身份证件,金融、电信、医疗、教育、交通、电子商务等行业已广泛应用,这为我国居民的网络可信身份管理建设奠定了合法、可信、实用的坚实基础,使得我国网络可信身份管理形成后来居上的发展态势。

(4)统一的顶层规划需要有落实机构

1)国务院办公厅发布《网络信任体系建设若干意见》,指导网络信任体系建设相关事项。《中华人民共和国网络安全法》（以下简称《网络安全法》）第二十四条明确提出国家实施网络可信身份战略，支持研究开发安全、方便的电子身份认证技术，推动不同电子身份认证之间的互认。

2）2014年中央网信办提出了"我国网络可信体系发展思路和政策研究"任务，并将该任务委托给第二代居民身份证研制单位——公安一所。

课题组提出"建设具有中国特色的网络可信体系""网络可信身份管理是网络可信体系的核心""法定身份证件是网络可信身份管理的基础"等观点和思路，尤其是形成"三据""四不"原则，即居民身份证网上应用可发挥"执法的依据、认证的根据、追溯的证据"作用，其建设"不改变现有法律证件安全机制，确保法律证件卡体安全、应用安全；不在互联网上存储、传输持证人的个人信息，不影响个人隐私；不排斥现有各种网络认证协议，可方便地接入扩充现有协议，增强其安全性；不增加新的认证基础数据平台和证卡体，法律证件数据平台可安全使用，网络身份凭证是编码数据块，无需硬件载体卡"，得到了国家主管部门、院士专家和应用单位的广泛认可与高度评价，为推动我国网络可信体系建设步伐、实现网络可信身份管理奠定了理论基础。

2. 机构服务

截至2020年3月，CTID平台汇聚了包括居民身份证、户口本、中国公民普通护照、内地居民往来港澳通行证、港澳居民来往内地通行证、外国人永久居留身份证等法定身份证件信息基础数据超过50亿条。

中盾安信运营的CTID平台有三大服务，即真实信息比对服务（该服务其实是传统的身份验证相关服务，与查询中心的身份验证服务是一类产品）、网证服务和BAS产品服务务，如图3-3所示。

真实信息比对服务　　　　网证服务　　　　BAS产品服务

图3-3　CTID三大服务

（1）真实信息比对服务

中盾安信真实身份信息核验主要包含两类 6 项服务内容。

一类是验证身份信息的真实性，如身份证二要素（姓名＋身份证号码）验证、身份证二要素＋人像比对、身份证四要素（姓名＋身份证号码＋有效期起＋有效期止）验证、身份证四要素＋人像比对，如图 3-4 所示。

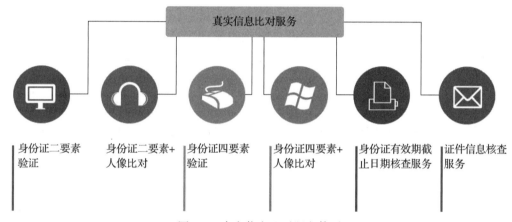

图 3-4　真实信息比对服务体系

金融机构提供给中盾安信的用户身份信息，主要通过以下方式合规获取：线下身份证读取设备、内置 NFC 的移动设备读取用户授权提供的身份证芯片中的要素信息，移动设备中的 OCR 功能识别提取用户提供的身份证上的要素信息，用户自己填写身份证要素信息。无论是设备读取还是用户自填，其要素信息是 2 项还是 4 项，均是金融机构在选定业务场景时就限定好的。另外，人像信息一般通过终端的摄像头采集。相关流程如图 3-5 所示。

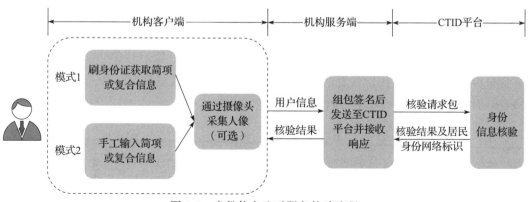

图 3-5　身份信息比对服务核验流程

另一类是验证身份证有效信息，如身份证有效期截止日期核查服务、证件信息核查服务。身份证有效期截止日期核查服务是核查用户提供的身份证有效期截止区段范围，是否在 CTID 平台返回的用户实际身份证有效期内。证件信息核查服务主要是核对是不是最新证件、是否挂失及过期等。

（2）网证服务

网证的全称是"居民身份网络可信凭证"，是 CTID 平台以居民身份证为信用基础，将身份证登记项目（姓名、身份证号码、有效期限等）作为要素进行映射，经去标识化处理、数字签名形成与实体身份证唯一绑定的电子文件。它是法定信任基础级的身份凭证，在网络身份认证过程中为重要认证因子，申请流程如图 3-6 所示。用户通过常用的平台申请开通该凭证服务，除了首次申请凭证时需要用户提供身份证信息进行验证外，之后可提供该凭证代替身份验证环节，降低了身份验证环节用户多次提供身份证信息而可能导致的信息泄露风险。

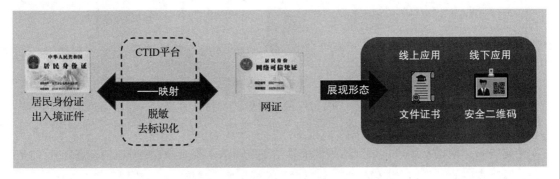

图 3-6　网证申请流程

为了保证网证适用于各行业不同场景的身份验证需求，CTID 平台为接入网证生态体系的企业提供特定业务场景的用户身份捆绑服务。通过 CTID 指定的身份标识算法形成多方身份特征，与用户常用设备及已注册 App 形成捆绑，生成居民网络身份标识，实现用户身份"前台匿名，后台实名"的效果，如图 3-7 所示。

用户每次激活网证标识，只要刷脸即可，相关设备或 App 会将获得的用户人脸信息及已生成的网证（该网证代替了身份证要素信息）提交到 CTID 平台进行数据库身份信息比对，并向企业平台返回验证结果，如图 3-8 所示。

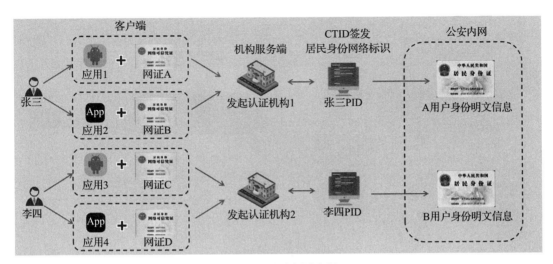

图 3-7　网证应用流程

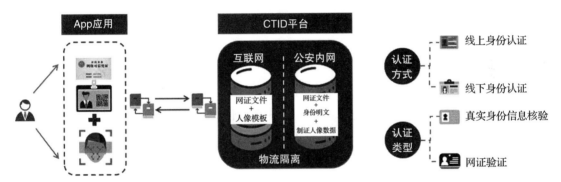

图 3-8　网证安全保障体系

（3）BAS 产品服务

CTID 二维码客户接入系统（简称 BAS）为客户提供权威的网证二维码生成、验证服务，并依托 CTID 平台提供可信和安全的身份核验、身份认证、网证下载等功能。中盾安信为了推广该项服务，除了允许用户在 CTID 官方 App 或小程序上申领二维码外，也允许用户在一些已合作的 App 二维码申请入口申领。

BAS 服务主要针对的是线下业务场景，生成的二维码替代身份证芯片信息。比如我们入住酒店，只要酒店配备了相关二维码识别机器，就能读取二维码信息，获取用户的身份证信息，用于判断是不是用户本人，如图 3-9 所示。

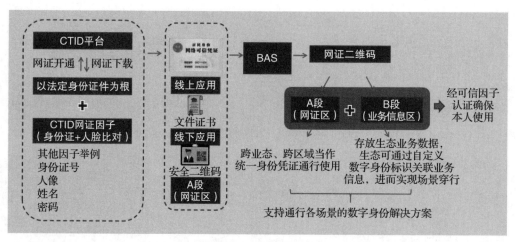

图 3-9 BAS 服务流程

3. 机构服务情况

截至 2020 年，CTID 平台总认证服务量超 60 亿，日认证量为 2000 万以上，辐射 50 多个行业领域。

（1）服务行业情况

1）政务服务。CTID 平台为包括国家政务服务平台在内的全国一体化政务服务平台提供统一身份认证服务，目前累计 4.2 亿次。该平台有效解决了企业和群众办事在不同地区与部门平台重复注册验证等问题，实现"一次认证、全网通办"，已为部委及省级单位提供认证服务 29.3 亿次，签发 6.8 亿次身份标识。

2）公安政务服务。针对公安政务服务领域对网上身份认证的共性需求，CTID 为各级公安政务服务平台如公安部"互联网＋政务服务"平台、国家移民管理局等提供权威和统一的身份认证支撑服务。

各级公安服务平台接入和认证情况如下：接入机构超 40 家、认证总数为 32.5 亿次，网证认证 124 万次。

3）金融服务业。通过 CTID 数字身份可以快速实现线上线下网络身份管理一体化，让客户体验更高效、更优质；同时优化银行、保险业务处理流程，大幅度降低金融业的流程成本。已接入机构超 40 家、认证总数为 3.8 亿次，覆盖 15 个以上应用场景。

4）电信运营业。CTID 与中国移动共建中国移动创新数字身份运营平台（DIDP）。

DIDP 支持中国移动基于 CTID 平台提供全域权威身份认证服务以及中国移动数字生态内的可信数字身份签发，以中盾安信与新大陆联合研发的 CTID 二维码业务接入系统（BAS）为核心组件，全面构建以 CTID 网证应用为核心的可信数字身份能力体系。DIDP 的上线标志着 CTID 的可信数字身份服务能力进入了规模化落地应用的新阶段。已接入机构 6 家、认证总数为 6211 万次，覆盖 17 个以上应用场景。

5）家政服务业。CTID 赋能由神思电子与阳光大姐联合打造的家政服务诚信管理平台，通过"一卡一码一平台"，建立家政机构、服务人员、用户三方完善的社会诚信档案和职业诚信档案，使信息对称、透明，有效解决了用户与服务人员的互信问题，净化了行业环境。已接入机构 3 家、认证总数为 136 万次，网证认证 1014 万次。

（2）应用合作机构情况

中盾安信 2020 年商业应用合作机构评级，一级应用合作机构 21 家、二级应用合作机构 14 家。

1）一级应用合作机构：百度网讯、字节跳动、京东数字、腾讯科技、腾讯云计算、支付宝、工商银行、建设银行、中信银行、华夏银行、四川新网银行、平安科技、阳光保险、财付通支付、钱袋宝支付、天翼电子商务、北京数字认证、贵州数据宝、上海宜签网络、深圳市华付信息、新大陆（福建）。

2）二级应用合作机构：商汤科技、中电普华、自如信息、广州大白、法华信用、每日互动、鹏元征信、法大大、信联征信、神思电子、汇信科技、人寿财产、中国银行、贵州银联。

3.1.3　公民网络身份识别系统

eID 是由公安三所承建的经过国家密码管理局安全性审查的公安部"公民网络身份识别系统"签发给公民的网络电子身份标识。eID 不仅能够在不泄露身份信息的前提下在线识别自然人主体，还能用于线下身份认证。用户持本人法定身份证件通过在线或临柜的方式开通使用。

1. 成立背景

国内的互联网身份验证普遍使用数据比对方法，即将用户输入的"姓名 + 公民身份号码"等个人身份信息传到公安体系后台，对个人信息的正确性进行比对来认定其身份。

数据比对方法在大规模应用的场景下主要存在几个问题：第一，即使身份数据比对结果是正确的，也并不能代表是本人真实意愿，这个过程无法防范个人身份被冒用或盗用的风险；第二，由于数据产品服务行业链条较复杂，会有多级代理商，代理商对数据安全合规的法律观念参差不齐，存在代理商缓存个人身份信息并泄露数据的风险；第三，各网络应用服务机构安全水平不一，服务规模越大，个人身份信息量级就越大，越容易被黑客攻击导致大规模数据泄露。

自 2010 年起，对于虚拟社会管理、保护公民个人隐私及网络安全的迫切需求，公安三所根据公安部指示开展网络身份管理试点，建设全国唯一的"公民网络身份识别系统"，该系统于 2011 年 4 月完成并投入使用，通过了国家密码管理局的系统安全性审查及权威技术鉴定（《国家密码管理局关于公安部公民网络身份识别系统通过安全性审查的函》，国密局字〔2013〕3 号）。

2. 系统功能

eID 具有在线身份认证、签名验签和线下身份认证等功能，能够在保护公民个人信息安全的前提下准确识别自然人的主体身份，可以运用于网上签约授权、交易支付、航旅服务、酒店住宿等多种场景。

（1）在线身份认证

eID 是以国产密码技术为基础的身份认证技术，在保证唯一识别性的基础上可以减少公民身份明文信息在互联网上的传播。公民开通 eID 后，使用网上服务可无须填写姓名、公民身份号码等个人身份信息，以"零知识证明"实现在线注册、认证和登录。公民还可以对 eID 进行有效的挂失和注销，防止身份盗用和冒用。

（2）签名验签

eID 的签名验签技术可以识别用户线上行为的意愿情况，有助于使用机构在互联网上确认法律主体、固定用户网络行为数据，更好地实现电子证照的客观性、合法性。

（3）线下身份认证

eID 的线下身份认证功能通过" eID 电子证照"实现，eID 电子证照加载于移动智能终端，可在用户忘带身份证件的情况下提供身份认证。

3. 机构服务情况

该系统于 2011 年投入正式运行，自 2014 年正式提出"五位一体"的战略实施框架以来，公安三所陆续与各类 eID 登记 / 发行机构、eID 运营 / 服务机构开展合作，推进 eID 的产业化进程，现已在金融 IC 卡、SIM 贴膜卡、智能手机上加载 eID，累计发行 eID 载体数超过 2 亿。

eID 有其独特的发行和服务体系——五方模型，如图 3-10 所示，主要包括 eID 管理中心、eID 登记 / 发行机构、eID 运营机构（IDSO）、eID 服务机构（IDSP）、线上应用机构五大角色。另外，线下应用板块有移动智能设备厂商、eID 载体厂商的参与。

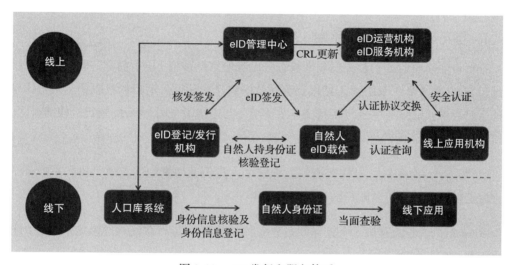

图 3-10　eID 发行和服务体系

1）eID 管理中心。eID 管理中心是"公民网络身份识别系统"的管理主体，承担 eID 签发和管理职能，发行 eID 电子标识、密钥和电子证照。

2）eID 登记 / 发行机构。eID 登记 / 发行机构承担 eID 载体的登记、发行职能。凡具备 eID 载体发行能力，并有广泛的发行渠道和严格的身份审核程序的机构均可申请成为 eID 登记 / 发行机构。

eID 登记 / 发行机构主要由手机厂商、银行和运营商组成。合作机构有工商银行、建设银行、河北农村信用社、江苏银行、昆山农商银行、海口农商银行、九江银行、江苏农村商业银行及厦门银行等。

3）eID 运营机构。eID 运营机构直接连接 eID 管理中心，承担 eID 科研成果转化、eID 服务机构发展、应用接入的职能，提供 eID 安全认证服务和安全增值服务。运营机构有金联汇通和方付通。

4）eID 服务机构。eID 服务机构连接 eID 运营机构与应用机构，向应用机构推广和提供 eID 相关产品和服务。服务机构主要有辰通信息。

5）线上应用机构。线上应用机构泛指应用场景中需要 eID 相关服务的主体。

6）线下应用。移动智能设备厂商主要有华为、荣耀、vivo、OPPO、小米、魅族、真我、一加等；eID 载体厂商有方付通、天喻信息、东信和平、恒宝股份、中钞信用卡、大唐微电子、复旦微电子、楚天龙、金邦达、融卡科技等。

3.1.4　银行专属身份验证平台

银行专属身份验证平台——联网核查公民身份信息系统（以下简称"联网核查系统"）建设于 2007 年 6 月，系中国人民银行会同公安部建成并投入运行的只服务于银行体系的全国居民身份认证服务平台。联网核查系统至今已连接了全国 99% 的银行机构网点。

1. 成立背景

长期以来，由于银行机构普遍缺乏识别个人身份证件真伪的有效手段，不法分子利用虚假证件骗取开立假名账户的现象时有发生。

2000 年，国务院颁布《个人存款账户实名制规定》，以行政法规的形式正式确立了个人银行账户实名制度。

2003 年，中国人民银行发布《人民币银行结算账户管理办法》，以部门规章形式进一步明确了单位银行账户实名制。

中共中央 2005 年 1 月印发的《建立健全教育、制度、监督并重的惩治和预防腐败体系实施纲要》明确提出，要"建立健全金融账户实名制"。

2006 年，国家颁布《中华人民共和国反洗钱法》，以国家法律的形式确立了银行账户实名制。

2007 年 5 月 21 日，中国人民银行办公厅发布了《银行业金融机构联网核查公民身份信息业务处理办法（试行）》（以下简称《联网核查办法》）。

联网核查系统的建设是为了支持《联网核查办法》的落地，同时响应《中华人民共和国反洗钱法》《个人存款账户实名制规定》《人民币银行结算账户管理办法》期望的进一步落实银行账户实名制，促进社会征信体系建设和反洗钱工作的核心要求。此后，银行机构按照法律、行政法规或部门规章的规定需要核对相关自然人居民身份证进行身份信息验证及人像比对的，可通过该系统核查相关自然人的姓名、公民身份号码、照片信息，验证其出示的居民身份证的真实性。银行通过联网核查系统把企图以虚假身份证开户的不法分子堵截在银行体系之外，把已经开立的假名、匿名账户全部清理掉，真正把银行账户实名制落到实处。

2. 平台功能

（1）联网核查系统总体架构

联网核查系统总体架构主要由公安部信息共享平台、中国人民银行信息转接平台和商业银行行内综合业务系统 3 个部分组成，如图 3-11 所示。

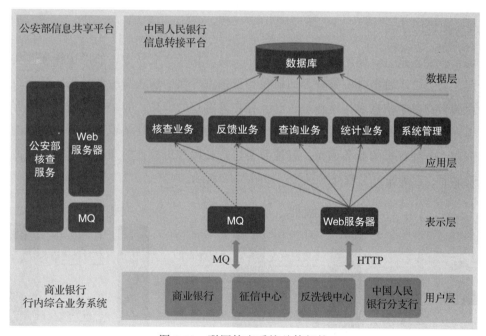

图 3-11　联网核查系统总体架构

联网核查系统是支持中国人民银行及商业银行身份核查服务的核心系统，中国人民银行信息转接平台是中国人民银行链接商业银行与公安部信息共享系统的桥梁。该系统以中国人民银行为中心，支持中国人民银行自有的账户系统、征信信息及反洗钱系统的身份核查服务，并区分内外网，内网接收商业银行用户及各业务系统发出的身份核查请求，将各自的身份核查请求通过外网发送到公安部信息共享系统并获得核查结果。

（2）商业银行身份核查业务流程

商业银行业务系统核查业务流程为：通过商业银行内的联网核查前置系统向中国人民银行联网核查系统发起核查请求，中国人民银行联网核查系统将核查请求转发给公安部信息共享系统；然后，公安部信息共享系统进行核查处理后向中国人民银行联网核查系统发送核查结果；最后，商业银行接到中国人民银行核查结果后将结果返回其内部业务系统。

以商业银行内开户交易为例，联网核查公民身份信息的流程为：首先柜面前台做开户交易，输入身份证、姓名，发起核查请求，信息由银行综合前置系统转发到行内联网核查前置系统，再由联网核查前置系统发送至中国人民银行联网核查系统核查，得到核查结果后返回行内综合前置系统，由综合前置系统返回前台，若成功则继续进行开户，否则提示出错信息。

将核查业务嵌入具体的交易中，如开户交易。在开户交易中，如果选择证件类型是身份证，将会自动跳出身份核查界面。在身份核查界面中输入身份证号码，又会自动调用后台的客户基本信息表，检查是否已经存在该客户的信息，如果存在则自动将客户的姓名填入其中。核查完成以后，将核查界面的身份证号码和姓名填写到开户界面的相应输入框内，方便柜员的业务操作。其他需要进行公民身份核查的交易都可以如此嵌入身份核查界面，达到账户实名制的目的，如图 3-12 所示。

图 3-12　商业银行身份核查总体处理流程

（3）客户身份信息比对及展示

银行机构在为客户办理业务时，向联网核查系统提交相关个人的姓名和居民身份证号码进行比对，返回比对结果。当比对结果一致时，系统会向银行机构返回匹配的个人身份证照片等信息。

3. 平台服务情况

该系统能满足银行体系以下 4 项业务的身份证验证需求：

1）银行账户业务，具体包括开立和变更个人储蓄账户、个人银行结算账户、单位银行结算账户业务。

2）支付结算业务，包括票据结算、银行卡结算、汇兑等业务。

3）信贷业务，具体包括个人贷款或单位贷款等业务。

4）其他银行业务，例如交易金额单笔人民币 5 万元以上或者外币等值 1 万美元以上的现金存取业务。

3.1.5　主流身份验证产品

主流身份验证产品按照验证等级从高到低分为实名验证、实人验证及实证验证三大类，如图 3-13 所示。查询中心的公民身份信息核查产品、中盾安信的真实身份信息核验身份证二要素验证和身份证四要素验证、联网核查系统的客户身份信息比对均属于实名验证产品体系。中盾安信真实身份信息核验中的身份证二要素 + 人像比对、身份证四要素 + 人像比对属于实人验证产品体系。中盾安信的 CTID 服务及公安三所的 eID 服务均属于实证验证产品体系，它们也是近几年身份验证体系的安全创新应用。

1. 实名验证

实名验证主要验证身份证信息的真实性。市场上调用量最大的是身份证二要素验证（本节中的实名验证泛指身份证二要素验证）。在互联网平台对其用户进行身份证信息绑定验证时，用户在平台验证页面填写姓名及身份证号，平台通过实名验证接口返回身份验证结果，如图 3-14 所示。

实名验证由于仅对用户提供的身份证二要素信息进行判断，无法判别该信息是否为用户本人提供，所以验证等级较低，只适用于无资金或者无重大安全影响的业务场景。如用户初次在银行、消费金融、小贷、证券、保险等金融机构的网页端或 App 端进行用户实名验证绑定身份证号，忘记密码需要进行身份验证时才允许修改密码。

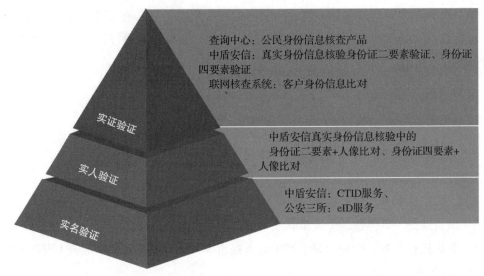

图 3-13 主流身份验证体系

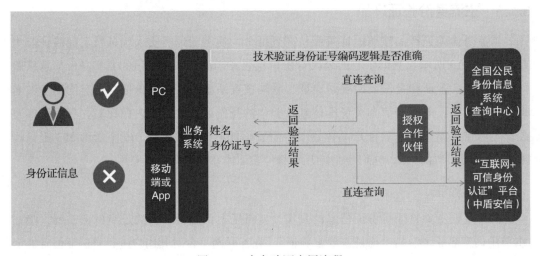

图 3-14 实名验证应用流程

其他互联网业务如电商平台、团购平台、游戏平台及资讯平台等，注册时均需要进行实名验证。

实名验证的能力主要依赖于公安部的居民身份信息系统，而该系统数据也无法保障完全实时归集及更新，在使用过程中会出现"无记录"的情况，也就是说，用户提供的身份证信息是准确的，却出现验证异常的情况，这有以下几种原因：

1）该用户是现役军人、武警官兵、特殊部门人员及特殊级别官员，为保障该群体安全，实名验证服务对象不包含此类群体。

2）退役不到 2 年的军人和士兵（根据军衔、兵种不同，时间会有所不同，一般为 2 年），为保障该群体安全，实名验证服务对象不包含此类群体。

3）户口迁出，且没有在新的迁入地迁入。

4）户口迁入新迁入地，当地公安系统未将迁移信息上报到公安部（上报时间因地域不同而有所差异）。

5）更改姓名，当地公安系统未将更改信息上报到公安部（上报时间因地域不同而有所差异）。

6）移民。

7）未更换二代身份证。

8）死亡。

2. 实人验证

实人验证主要验证身份证信息是否本人使用，它在实名验证基础上增加了是否本人行为的判断。实人验证有两个步骤：第一，进行实名验证，验证通过后进入下一步；第二，依靠"活体识别 + 人像比对"能力，通过活体识别判断当前用户是否为真人并提取用户头像，通过与公安部数据库内的身份证头像进行比对，确认其是否为本人。

实人验证考验的是活体识别接口对不同移动设备型号、版本的适配能力，在各种环境（如光线不足、抖动、背景杂乱、戴口罩等）下均应清晰识别真人并进行照片截取。人像比对是在获取当前用户照片并与公安部保存的用户身份头像比对进行判断后，返回代表真人概率的分值。

（1）线下实人验证

在传统银行的柜台办理业务时，柜台人员需要用户出示身份证原件，通过身份证阅读器读取的身份证信息（也可以人工处理）与联网核查系统进行身份信息比对，获取用户在公安部数据库中的头像照片，与用户身份证上的头像进行比对，以判断身份证真实性及确认是否用户本人行为，如图 3-15 所示。

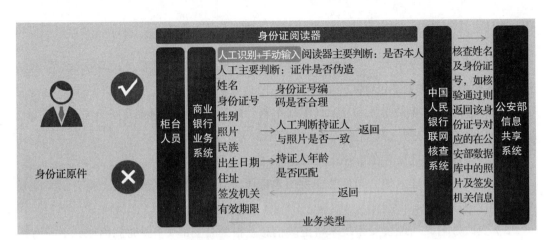

图 3-15 银行线下业务实人验证流程

其他金融机构线下业务的实人验证流程与银行机构差不多，但有两个明显的差异。

1）为其提供身份证验证的服务机构及其使用的验证系统不同。联网核查系统只为银行机构服务，因此其他金融机构一般通过查询中心或中盾安信获取相关服务。

2）银行机构在身份验证通过后可以获得用户在公安部门的头像图片，用于业务存档。而其他金融机构无法获得这个服务，只能通过人像比对接口，利用人脸采集设备获取用户的头像并传给查询中心或中盾安信，与公安部数据库里的用户头像进行比对，头像比对结果以分数形式返回给金融机构，告知该用户身份真实性的概率，如图 3-16 所示。

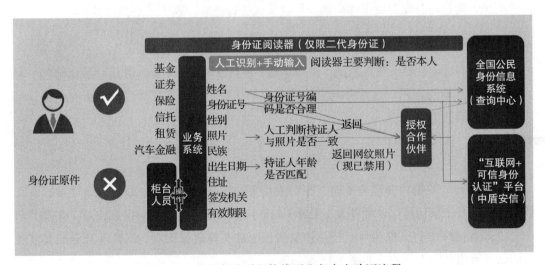

图 3-16 非银行金融机构线下业务实人验证流程

（2）线上实人验证

对于线下业务实人验证环节，审核人员现场检查用户身份证证件并判别是否真人相对容易。但对于线上业务来说，审核人与用户均不在一个空间，金融机构审核人员只能通过互联网手段获取用户信息进行远程实人验证。

远程采集用户信息的传统方式是用户填写身份证信息、提供身份证照片，然后通过金融机构 App 将采集到的信息传到查询中心或中盾安信进行身份证信息及人像比对，并获取验证结果实现实人验证，如图 3-17 所示。

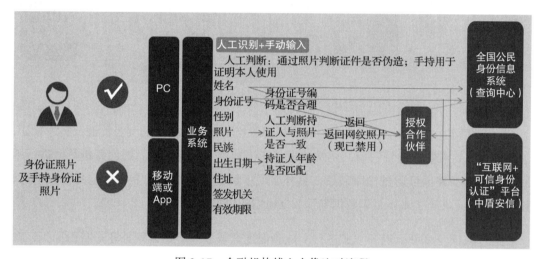

图 3-17　金融机构线上人像比对流程

另一种方式是通过手机 App 内置的活体识别功能激活手机摄像头，要求用户对准摄像头（有些需要用户做指定头部动作），分辨该用户是否真人而非录像或图片，然后将采集的用户头像与公安部系统中的头像比对相似度，判断是否实人，由于活体识别无法保证相似度达到 100%，因此一般会设置阈值，相似度达 80% 以上就默认该用户是真人并且是实人，如图 3-18 所示。

3. 实证验证

互联网背景下，用户、身份证及身份证信息三者是可以不统一的。而实证验证侧重的是三者的统一验证，并降低身份证信息泄露的风险。

线下金融实证验证场景最常见的是银行柜台办理开通存折和银行卡、取款、转账等业务，依赖办理业务的工作人员肉眼审核用户身份证。

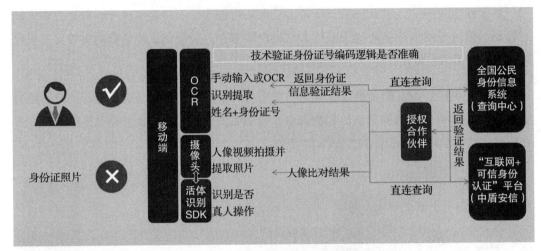

图 3-18　线上业务活体实人比对流程

　　而互联网业务场景下，用户身份验证长期依赖基于身份信息的实名验证及实人验证，这两种方式均有数据验证过程，明文数据交互传输存在泄露风险。即使身份数据进行不对称加密，黑客也可通过撞库破解。另外，线下场景的身份验证需要登记身份证信息，该环节可能存在员工私下复制数据导致数据泄露的风险。

　　通过网证及身份标识的方式进行实证验证逐渐普及。无论是网证还是身份标识，都可以在线上或线下代替用户的身份证原件，达到身份验证的目的。

　　网证与身份标识的主要区别是，网证依靠安全的软件系统及算法结合对相关身份信息进行加密，并与各种互联网设备及 App 等服务载体共同形成可以识别用户身份的网证，而身份标识主要依靠硬件内置对于身份证信息的读取，并通过相关技术形成可以代替身份信息的权威标识。

　　（1）网证实证验证

　　用户申请 CTID 的网证，可在 CTID 的可信终端、CTID 的网证 App 或小程序及 CTID 已授权的企业 App 中进行。线上申请一般在手机上就可以实现。申请网证时需要提供身份信息，可通过 NFC 读取身份证信息或手动填写，同时需要进行活体识别，确认是用户自愿自主的操作，然后相关小程序或 App 就会通过 CTID 网证平台形成相关网证或网证二维码。该网证或网证二维码可以作为用户的网络"身份证"来应对各种实证验证场景的需求。网证申请成功后，后续使用时只要在绑定的移动设备进行刷脸操作，即可激活，如图 3-19 所示。

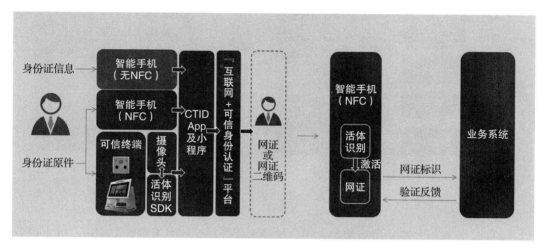

图 3-19　网证实证验证申请及使用流程

（2）身份标识实证验证

用户申请 eID 的身份标识，可在内嵌了 eID 芯片的手机、设备或 eID 自身小程序及授权企业的 App 中进行。申请身份标识时需要 NFC 读取身份证信息，同时需要进行活体识别，确认是用户自愿自主的操作。然后设备、手机及相关小程序或 App 就会通过网络把生成的 eID 身份标识及身份标识二维码下载到当前设备。还有一种方式是到指定的区域性农村商业银行（暂时只支持河北、湖南、黑龙江、贵州、内蒙古、吉林、青海、辽宁、安徽等地）申领 SIM eID 贴膜卡。eID 申请及使用流程如图 3-20 所示。

3.1.6　实名制与公安体系数据开放

1. 实名制是互联网时代的要求

早期，各互联网平台因为无实名制，充斥着无须承担责任的、法律意识浅薄的"言论自由"，造成严重的社会影响。一些专家学者意识到互联网平台应该对每个用户的身份进行确认及绑定，让每个上网的用户都有一个明确的身份 ID，实名制的概念应运而生。

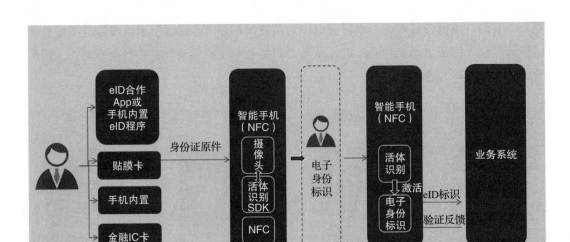

图 3-20　eID 申请及使用流程

同时，互联网的高速发展使得大部分的线下业务场景均可搬到线上完成，线上的业务场景如果无法实现用户的身份验证，则电商、支付、游戏、论坛、交友等服务都会受到限制。实名制解决了线上用户身份定位问题，是"互联网＋"行业场景得到国家支持、高速发展的前提。

2. 法律框架下的公安体系数据开放是必然的

线下业务对合作双方进行身份验证时，只要出示身份证即可。身份证作为我国居民的法定身份证明载体，受到法律的保护。而线上业务的快速发展，打破了业务发生的时空限制，各种合约确认、支付交易、货物交易等均需要通过远程进行确认及交互，而具有实名制验证能力的只有公安部门。因此，公安部门为了减少互联网各类业务由于用户身份不明造成的违法犯罪行为，在法律框架下，开放公安体系数据是必然的。

3. 促进大数据行业发展

互联网的发展需要实名制，实名制下互联网的高速发展得到了保障。互联网的各类平台业务时刻产生大量与实名制用户相关的数据，这些数据或可体现用户的身份特征、消费能力、消费水平，或可体现用户当下的消费意愿及行动轨迹。拥有大量数据、有能力使用这些数据的企业集群形成新的行业类型——大数据行业。大数据行业通过对数据的应用，在互联网的加持下得到指数性的爆发式增长，而实名制体系下的各类数据经过特殊处理可以形成数据资产，产生不可估量的价值，这使其成为国家认可的第五大生产要素，并催生出数字经济的新模式。

3.1.7　公安体系风险名单

公安体系数据产品服务除了身份验证及人像比对外，还包括违法犯罪人员识别的风险名单服务，但仅极少数场景允许使用风险名单。

根据《违法犯罪人员信息系统数据项规范》的要求，违法犯罪人员信息采集的基本数据项如表 3-1 所示。

表 3-1　违法犯罪人员信息采集的基本数据项

人员编号	身份	居住状况	体型
人员类型	工作单位	身份证号码	脸型
姓名	职业	其他证件名称	口音
性别	暂住地行政区划	其他证件号码	足长
出生日期	暂住地址	管辖所	特殊特征
年龄	居住地行政区划	指纹编号	体表标记
别名或绰号	居住地址	正面照片	专长
国籍或地区	户籍地行政区划	侧面照片	通信方式
民族	户籍地址	血型	电子邮箱
文化程度	户籍地类型	身高	

违法犯罪人员识别服务能够对抓获的刑事作案人员、在逃人员、刑嫌人员、刑嫌调控人员、吸毒人员、治安处罚人员、其他类型人员进行比对识别。

3.2　银行卡验证数据源

用户在各平台使用支付、转账等功能之前，首先需要完成绑定银行卡的操作，该环节使用银行卡验证，验证用户绑定的是自身而不是他人的卡。身份证的验证能力需要依赖公安部相关平台的能力，因其拥有最全的身份证数据库。而中国银联股份有限公司（简称"银联"）作为官方机构归集了所有银行的卡信息，是银行卡验证服务最合规的、最全的来源。

3.2.1 银联

银联是 2002 年 3 月经国务院同意，中国人民银行批准，在合并 18 家银行卡信息交换中心的基础上，由中国印钞造币总企业、中国工商银行、中国农业银行、中国银行、中国建设银行和交通银行等 85 家机构共同出资成立的，其总部设在上海，注册资本为 29.3 亿元。银联主要负责建设和运营全国统一的银行卡跨行信息交换网络、提供银行卡跨行信息交换相关的专业化服务、管理和经营"银联"品牌、制定银行卡跨行交易业务规范和技术标准。

截至 2020 年年底，中国银联共设有 36 家分企业，50 家境外分支机构，银联国际、上海联银创投等全资子企业以及银联商务、银联数据、北京银联金卡科技有限公司、中金金融认证中心等控股子企业。

1. 成立背景

银联成立的主要目的是打破银行支付体系孤岛，实现多支付渠道资金流统一管控，满足国家反洗钱、打击非法集资等违法犯罪行为的核心需求。

我国银行卡产业起步于 20 世纪 80 年代，当时银行行内系统是以省市分行为单位进行建设的，不同省市分行所占区域资源均不同，因此自建系统均有区域特色，但这种"各自为政"的发展模式导致了以下两个问题：

1）各行间银行卡与他行终端标准不统一，本行卡无法在他行机具上使用。

2）同行银行卡无法跨地区使用，因为行内各区域业务系统也是孤立的。

这两点造成了非常差的用户支付体验，并大幅提升了银行发展过程中的竞争成本。

互联网的出现，为促进银行卡的联网联合提供了基础条件。1993 年我国启动的"金卡工程"就是基于计算机及互联网，实现银行卡跨系统、跨区域的联网工程。到 2000 年，已经建成了 18 个城市银行卡交换中心和一个总中心，支持部分同城跨行和部分城市之间的异地跨行业务。

2002 年 3 月，中国的银行卡联合组织中国银联成立，这是经国务院同意，在中国人民银行的直接组织领导下，各商业银行联合起来，在合并原有银行卡信息交换中心的基础上打造的统一清算中心系统。

2. 机构产品

银联成立至今已 20 多年，拥有十几亿持卡人、84 亿张以上银行卡，是国内唯一最全的银行卡覆盖机构，并推出针对跨行银行卡信息验证的核心数据产品。

（1）借记卡验证产品

借记卡验证产品主要包括银行卡二要素、三要素及四要素验证，是按照验证的要素数量进行命名的。银行卡二要素验证常用于转账场景，用户填写收款人信息时，平台验证收款人的银行卡号、姓名 / 证件号是否一致；银行卡三要素验证常用于代扣场景，如每月自动还款，用户填写代扣卡信息，平台仅在首次验证其填写的银行卡号、姓名、证件号是否与本人信息一致，后续按照代扣约定不再进行二次验证，降低了用户感知；银行卡四要素验证常用于绑卡消费、支付等场景，平台对当前持卡人的银行卡号、姓名、证件号、手机号进行验证，为了确认是本人操作，一般需要增加当前银行卡绑定的手机号短信验证，实际为五要素验证。

（2）贷记卡验证产品

贷记卡验证产品主要指银行卡六要素验证，常用于绑定贷记卡进行消费场景，平台对当前持卡人的银行卡号、姓名、证件号、手机号、有效期、CVN2 进行验证，这个过程也需要接收当前银行卡绑定的手机号短信验证，以证明是本人操作。

3. 机构服务情况

截至 2020 年年底，全国银行卡在用发卡量为 89.54 亿张，同比增长 6.36%，增速较上年下降 4.46%。全国人均持有银行卡 6.4 张，同比增长 6.01%。2020 年新增发卡 6.3 亿张。根据年新增发卡数量、年交易笔数、公开数据 App 年下载量、年新增互联网及移动互联网用户数量等综合测算，各行业需要进行银行卡验证的服务需求应该在 100 亿次以上。

4. 对外直系机构

银行卡验证系列产品服务，除了银联及各分企业外，旗下几家企业也代理了银行卡验证系列产品及其他数据产品服务。

（1）银联商务

银联商务股份有限公司是中国银联控股的从事银行卡收单专业化服务的全国性企业，

成立于 2002 年 12 月，总部设在上海。

截至 2020 年 5 月，银联商务实体服务网络覆盖全国所有的地级以上城市，覆盖率达 100%，服务的特约商户覆盖百货商超、餐饮酒店、航空旅游、财税金融、电商物流、保健医疗等多个行业，是国内规模较大的综合支付服务机构之一。

（2）银联数据

银联数据是中国领先的数字化账户服务与金融科技公司，于 2003 年在上海成立，是中国银联的控股子企业。目前企业已为国内外两百余家发卡机构提供了包括银行卡发卡核心系统、外围增值产品和咨询与数据分析服务在内的专业化解决方案，同时为数亿张卡片提供安全、稳定、高效的运营服务。

截至 2020 年年底，银联数据累计拥有发卡客户 226 家，其中信用卡客户 159 家，系统运营总卡量超过 6 亿，其中信用卡 2.7 亿张。

（3）银联智策

银联智策顾问（上海）有限公司是中国银联旗下集大数据分析和应用服务平台于一体的高科技企业，成立于 2012 年，总部设在上海，它在充分挖掘全面、真实、实时的银联交易数据基础上，为广泛的行业合作伙伴提供各类高价值的数据分析产品和策略解决方案。

（4）银联智惠

银联智惠信息服务（上海）有限公司（简称"银联智惠"）是中国银联旗下专业从事大数据创新业务的子企业，成立于 2012 年，是银联体系定位于数字营销的专业企业。银联智惠以全量消费数据为依托，以保护个人隐私及保障数据安全为前提，建立并不断完善数据服务平台，为银联及合作伙伴提供商业智能、精准营销以及金融信贷类数据增值服务。目前银联智惠已在商业零售、房地产、酒店、旅游、汽车、航空、金融等领域形成了特有的服务体系，帮助企业运用数据提升经营效率，应对市场变化。

3.2.2 实卡制与银联数据开放

（1）银行支付体系发展需要实卡制

如果实名制是针对用户身份证信息的验证，那么实卡制就是针对用户当前银行卡信息的认证，也是对资金流转前用户身份的确认。银行的核心体系立足于银行卡的资金流体系，银行间如果一直无法实现系统打通，跨行支付业务则无法实现，银行间的资金流转就会受限；如果没有银联统一了清算工作，打通了各大银行的支付体系，则现阶段互联网支付环节供用户选择的银行支付名单就会有几千，会严重影响用户体验，也会限制互联网业务的发展。

（2）第三方支付的发展离不开实卡制

第三方支付的出现，其实是参考银联一统各大银行支付体系的模式，是独立于银联自主与各大银行分别达成合作后形成"伪银联"的模式。无可厚非，第三方支付行业的出现极大加快了互联网支付的发展，但实卡制在互联网支付环节才能起到把控卡风险的关键作用，因此才有了后来的断直连行业整顿——第三方支付机构切断之前直连银行的模式，接入网联或银联。

3.2.3 银联数据标签能力

银联核心团队在发展过程中充分认识到多源数据的价值，为了拓展融合更多的数据来源，银联在 2008 年初步推出了数据集市项目，现在已升级为银联开放平台。银联开放平台目前有数据、风控、增值、支付、运营、云闪付六方面的产品 API 供客户选择调用，产品 API 数量超过 100 种，其中银联数据标签是在金融场景应用较广的产品之一。

银联数据标签来源于其服务的数百万家商户、近千万台终端，覆盖全部地级以上城市，数十个细分行业。年百亿级支付服务量级涵盖了真实商户、真实交易场景、真实交易行为三大核心数据。

根据银联数据标签的服务内容，综合数据服务平台通过调用标签服务平台接口，上传自然人身份证号，得到当月对应自然人名下卡片级消费能力（银行卡对应的消费评级）和持卡人级别的综合消费能力（持卡人消费评级）。

银联数据标签可以帮助金融机构了解到以下用户画像维度。

1）工商注册信息，包括统一社会信用代码、法人信息、注册资本、经营范围等。

2）经营流量，如交易笔数、交易金额、客单价、交易集中度等。

3）行业类别，如餐饮、娱乐、零售、教育、医疗、酒店、汽车、保险、地产等。

4）位置信息，包括省份、城市、县域、街区、经纬度等。

5）人群特征，如消费能力、消费画像、来源地、忠诚度等。

6）经营特色，包括酒店星级、菜系口味、顾客偏爱、同业规模等。

以上画像维度可通过银联已规划好的六大标签字典维度获取，六大标签字典维度包括商户月度标签字典、商户天度标签字典、商户属性标签字典、卡月度标签字典、卡属性标签字典、人级标签字典。

商户月度标签字典示例：最大单卡消费金额、当月清算金额、当月清算笔数、反向消费金额、反向消费笔数、首笔交易日期、商户名称数目、主要 MCC、主要 MCC 含义、MCC个数、主要交易城市、主要交易城市所属省份、交易城市个数、交易省份个数、发生交易的终端编号数量、反向信用卡消费金额、反向信用卡消费笔数、主要商户名称、最大单卡消费笔数、消费次数为 1 的卡数、消费次数为 2 的卡数、消费次数为 3 的卡数、消费次数为 4 的卡数、消费次数为 5 ~ 6 的卡数、消费次数为 7 ~ 10 的卡数、消费次数大于 10 的卡数、当月消费笔数、当月消费金额、当月交易额（清算金额）、当月交易笔数（清算笔数）等。

商户天度标签字典示例：二维码被扫交易笔数、二维码被扫交易金额、二维码主扫交易笔数、二维码主扫交易金额、双免交易笔数、双免交易金额、整体交易笔数、整体交易金额、手机 Pay 交易笔数、手机 Pay 交易金额、首笔二维码被扫交易时间、首笔二维码主扫交易时间等。

商户属性标签字典示例：娱乐—运动健身消费笔数、娱乐—娱乐其他消费金额、娱乐—娱乐其他消费笔数、娱乐—游乐电玩消费金额、娱乐—游乐电玩消费笔数、娱乐—娱乐休闲消费金额、娱乐—娱乐休闲消费笔数、娱乐—文艺演出消费金额、娱乐—文艺演出消费笔数、金融—现金业务消费金额、金融—现金业务消费笔数、金融—理财消费金额、金融—理财消费笔数、金融—保险消费金额、金融—保险消费笔数、居住—家装建材消费金额、居住—家装建材消费笔数、居住—家庭日常消费金额、居住—家庭日常消费笔数、居住—居住其他消费金额等。

卡属性标签字典示例：发卡机构代码、卡性质、卡等级、卡产品、首笔交易日期、最近一笔支付日期、卡品牌、最近一笔交易城市、最近一笔交易商户名称、最近一笔线下交易城市、最近一笔线下交易商户名称等。

人级标签字典示例：清算金额、清算笔数、当月（日常类）广义消费金额、当月（日常类）广义消费笔数、当月境外广义消费金额（分）、当月境外广义消费笔数、当月消费 TOP1 商户名称、当月消费 TOP1 商户编号、当月消费 TOP1 商户的消费笔数、当月消费 TOP1 商户的消费金额（分）、当月消费省份数、最近三月境内交易笔数 TOP1 城市代码、最近三月境内交易笔数 TOP1 城市清算笔数、最近三月境内交易笔数 TOP1 城市清算金额（分）、当月代收交易金额、当月代收交易笔数、当月代付交易金额、当月代付交易笔数等。

虽然银联已有非常丰富的底层数据标签，但其也引入了其他权威机构的数据，共同形成包括信用评估、风险名单及反欺诈在内的标准化产品。

（1）信用评估

1）综合分。基于海量特征数据，底层特征内容覆盖消费、收支、多头、信用卡、运营商、兴趣爱好等维度，利用机器学习算法建立融合模型，对用户信用能力和多头风险进行全面度量。输出分数取值范围为 350 ~ 950，取值越高代表资质越好。

2）互金行为分、风险分。基于 XGBoost 算法，针对有互联网借款需求人群的风险量化评估，适用于互联网信贷场景授信及监控环节。

3）小微企业主信用分。基于机器学习算法研发的针对小微企业主信用评分，适用于银行、小贷等各类机构。

4）行业信用分。针对 3C、信用卡代偿、现金分期等各类业务场景。

（2）风险名单

风险名单包括法院执行人、行政处罚、涉恐人员、失信人员、工商偷税漏税、信贷欺诈、信用逾期、信贷欺诈、多头借贷倾向、恶意骗贷、欺诈团伙、在逃疑犯、经济犯罪人员、诈骗、中介、违法电话号码、欺诈交易卡片、涉案卡片、线上卡号黑名单等。

（3）反欺诈

反欺诈主要依赖多头黑名单。多头黑名单是依靠银联覆盖的贷款申请人与各金融机构之间放贷及还贷支付行为的捕捉，定位出的存在多头借贷且逾期行为的人群名单。

3.3　手机号验证数据源

中国移动通信集团企业（简称"中国移动"）于 2000 年 4 月 20 日成立，中国电信集

团有限公司（简称"中国电信"）于2002年9月10日成立，中国联合网络通信集团有限
公司（简称"中国联通"）于2009年1月6日在原中国网通和原中国联通（1994年成立）
的基础上合并组建而成。

运营商体系数据源由中国移动、中国联通及中国电信三家机构组成，运营商体系数
据非常复杂，在身份验证环节的数据产品主要是针对手机号实名制的验证。

3.3.1 运营商数据平台

三大运营商各有专门的对外数据服务平台或机构，例如：联通旗下的联通大数据；
电信旗下的天翼数科；移动体系暂未有相对统一的规划，各省份移动企业及子企业均有
相关的对外数据服务，相关数据服务能力由移动总部的数据服务平台支撑。三大运营商
的对外数据服务或数据平台大同小异，因此不针对具体某家企业进行分析。

1. 成立背景

在《电信大数据应用白皮书》中提到，早在2011年，国际运营商便开始进行大数据
业务布局，打造大数据应用平台，从内部应用大数据支撑运营起步，以基于位置的对外
精准营销服务为突破点，不断丰富和深化在零售、医疗和智慧城市等多个垂直领域的数
据应用和价值变现。

而我国的大数据元年是2013年前后，我国运营商也是在2013—2014年才逐步明确
将大数据业务定位于企业转型与创新发展的重要战略方向，通过构建大数据能力平台、
设立大数据业务专业化运营团队等，逐步形成大数据应用发展基础能力。

2. 机构产品

运营商的身份验证产品是用户手机号实名制验证的数据产品。运营商体系用户数据
丰富且多样，其手机号实名制验证数据产品是运营商体系根据工信部《电话用户真实身份
信息登记规定》要求完成所有在网手机号号主实名制后推出的。起初，手机号实名制主要
是为了遏制垃圾短信，但运营商陆续发现其在防电信诈骗、互联网业务及银行机构银行卡
手机号实名制方面也发挥了巨大的作用，后来逐渐成为各行业适用的基础数据服务产品。

（1）手机号二要素验证

手机号二要素验证用于核验用户提供的姓名及手机号是否准确。该数据产品在金融

场景用得较少，即使是最基础的身份验证场景，风控人员也不会使用，因为同名人太多，姓名一致也不代表该手机号是该用户的。

（2）手机号三要素验证

手机号三要素验证用于核验用户提供的姓名、身份证及手机号在运营商数据中登记的是否一致。该数据产品的主要使用场景为当前业务必须关联并记录用户本人实名制联系方式，既满足相关的政策要求，又可以防止用户失联。当验证结果返回不一致时，存在以下可能：用户手机号已实名，姓名正确，但其提供的证件号错误；手机号已实名，证件号正确，但用户姓名错误；手机号已实名，但证件号和姓名均非该手机号绑定的身份信息等。出现以上情况可能是该用户故意填错手机号三要素信息，存在欺诈意图。

3. 机构服务情况

截至 2021 年 9 月，三大运营商移动电话用户累计 16.408 亿户。其中，中国移动用户达到 9.557 亿户，中国电信用户为 3.696 亿户，中国联通用户为 3.155 亿户。根据公开数据 App 年下载量、年新增互联网及移动互联网用户数量等综合测算，各行业进行手机号实名验证的服务需求量级至少在 100 亿次 / 年。

4. 对外直系机构

中国联通、中国电信均成立了专门的对外数据服务机构，而中国移动的对外服务并无统一的归口企业，其各省级分公司均可以对外提供手机号验证等数据服务。以下分享三大运营商的对外直系机构概况。

（1）中国移动体系——江苏移动

江苏移动是中国移动有限公司的省级分企业之一，其企业经营管理能力、市场业绩一直排在中国移动集团前三，它在提供用户全方位电信服务的同时，还掌握了用户身份、年龄、学历、基础信息、通信交流行为、交通出行及居住位置等海量数据信息。

（2）中国联通体系——联通大数据

早在 2012 年，联通就成立了集团层面的数据中心，从 2013 年开始建设大数据平台。

联通大数据企业于 2017 年 9 月成立，定位于中国联通大数据对外集中运营主体和大数据产业拓展的合资合作平台，是中国联通顶层架构设计策略实施落地的产物。

2021 年 2 月 7 日正式成立联通数科，其在原联通系统集成有限公司、联通云数据有限公司、联通大数据有限公司、联通物联网有限责任公司、联通智慧安全科技有限公司基础上整合成立，属于在联通大数据的核心业务基础上的品牌升级。

（3）中国电信体系——天翼数科

天翼数科成立于 2020 年 12 月 30 日，是第三方支付机构天翼电子商务有限公司（简称"翼支付"）全资子企业，而翼支付是中国电信旗下唯一的互联网金融科技平台。

3.3.2 实名制与运营商数据开放

早在 2010 年，工信部就开始协调三大运营商推进手机实名制，要求购买预付费手机卡的用户，须提供真实的身份证件，并要求之前已购卡的非实名制用户补登个人信息。

但直到 2013 年 9 月 1 日，电话用户实名制才正式在全国范围内实施，于 2016 年最终全面完成实名制。当时工业和信息化部印发的《关于进一步防范和打击通讯信息诈骗工作的实施意见》已强烈要求各基础电信企业加快推进未实名老用户补登记，在 2016 年年底前实名率达到 100%，在规定时间内未完成补登记的，一律予以停机。

在实名制的推动下，运营商运营的手机号绑定了个人身份证信息，其拥有的身份证信息数量应该是最接近公安部的，这也是运营商的手机号验证业务可以开展的前提。用户在运营商体系产生的各类数据直接与用户身份一一配对，也为运营商基于各类用户的通信行为、搜索偏好等数据形成的脱敏合规数据服务提供了基础条件。

3.3.3 运营商数据服务

1. 数据维度

三大运营商不仅掌握着全国的网络运营数据，还掌握着海量的业务运营数据，涵盖了从终端到接入网、从传输网到核心网、从业务平台到移动互联网的各个网络及环节。

由于运营商数据体系过于复杂，本节主要分享与金融机构相关性较高的底层数据维度。

（1）用户入网信息

用户入网信息主要包括客户姓名、证件号码、性别、年龄、联系地址、地理归属等。这些信息是用户实名入网时，运营商客服人员手动采集的数据。

（2）用户手机基本信息

用户手机基本信息主要包括 IMSI（国际移动用户识别码）、用户号码、用户 IMEI（国际移动设备识别码）、手机型号、终端能力等。

（3）位置信息接入网类型

位置信息接入网类型包括 SGSN（GPRS 服务支持节点）、LAI（位置区识别）、CGI（全球小区识别）、BSIC（基站识别码）。

（4）用户接入基站基础信息

用户接入基站基础信息包括用户的 MSISDN（移动台国际 ISDN 号码）、IMSI、IMEI、用户接入地、接入基站信息等。

（5）IP 行为数据

IP 行为数据包括用户每次请求和应答的 IP 地址、端口号，通信对端 IP 地址、端口号、协议类型、访问的互联网地址 URL（统一资源定位符）、上行和下行流量字节数、业务客户端信息，用户访问的开始时间和结束时间等。

（6）月账单数据

月账单数据包括用户业务消费信息、账期总费用、用户编号炫铃使用费、本地通话时长炫铃信息费、长途通话时长炫铃铃音盒信息费、漫游通话时长点对点短信发送条数、接收流量点对点短信费用、发送流量点对点彩信发送条数、短信条数点对点彩信费用、套餐内流量使用情况 GPRS 流量、套外流量使用情况 GPRS 费用、其他增值费用等。

（7）用户详单数据

根据业务种类，用户详单数据可以分为语音业务详单数据和数据业务详单数据。

语音业务详单记录用户的每一次语音通话业务，包含通话主叫方和被叫方的手机号码、通话开始时间和结束时间、通话时长、通话所在的地理位置信息以及计费信息等。

数据业务详单包括用户每一次数据业务发生的时间、地理位置、基本信息、业务信息以及费用信息等。

（8）辅助信息

辅助信息包括产品订购信息、终端库信息等。

1）产品订购信息。产品订购信息记录了移动用户通过营业厅等各种渠道办理的所有业务信息的状态、内容等，包括用户业务订单号、套餐折扣或优惠说明、套餐生效日期、套餐时长、流量包标识、套餐级别、是否合约机、合约生效期、合约有效期、套餐 ID、套餐名称等。

2）终端库信息。终端库是终端相关分析必备的基础数据之一，终端分析在用户结构、终端性能、网络分析中均发挥较大作用。

终端库的唯一标识为 TAC（型号核准号码），是分类标识终端的最小维度。通过用户基础数据中的 IMEI（国际移动设备识别码）进行终端识别，由 GSMA（全球移动通信协会）统一分配，具有唯一性。IMEI 由 15 位数字组成，其组成为：前 6 位数 TAC 是"型号核准号码"，一般代表机型；接着的 2 位数 FAC（最后装配号）一般代表产地；之后的 6 位数 SNR（出厂序号）是"串号"，一般代表生产顺序号；最后 1 位数 SP 通常是 0，为检验码（备用）。终端库就是基于用户资料信息中的 IMEI，然后利用前 6 位 TAC 进行终端型号、品牌的识别。

正常情况下，同一 TAC 终端的以下属性均相同：

❑ 终端类型、所属品牌、型号、操作系统等。
❑ 终端的物理属性。
❑ 终端市场价格等。

2. 数据服务产品

运营商的数据服务产品主要通过以上底层数据提取并重新分类后，形成七大基础信息，具体如下。

❑ 身份信息：实名制信息，包括姓名、证件号、民族等。
❑ 上网信息：基于 DPI 上网日志系统，对用户访问地址、下载内容、浏览内容等分析偏好。
❑ 位置信息：实时位置与 POI 数据结合，掌握出行特征和交通相关属性。
❑ 社交信息：通过通信相关性确定交友圈，语音短信主被叫确认交友信息。

　　❏ 通信信息：分析某类用户群的整体通信行为特征。

　　❏ 终端信息：提取终端型号、类别、品牌和价格数据。

　　❏ 消费信息：根据语音、流量、短信、增值业务消费、手机价格等判定消费能力。

　　运营商基于以上七大数据维度，在金融业务场景形成以下数据服务体系。

（1）精准获客

　　基于运营商丰富的用户画像，结合大数据挖掘技术以及行为预判等，通过对已有客户的分析，筛选出用户共性特点，帮助行业客户精准定位营销目标客户群。

　　该服务主要融合了 6 类数据信息，可以帮助金融机构识别用户的消费偏好、App 使用偏好、消费需求、渠道行为习惯、兴趣偏好及社交关系，如图 3-21 所示。

图 3-21　画像分析数据维度

　　1）基本信息：可以体现用户的现籍地、原籍地、性别、客户年龄、在网时长、归属集团号标识、VIP 手机号标识。

　　2）消费信息：统计用户的月消费总金额、月消费话音总金额、月数据流量及月流量消费金额等。

　　3）缴费信息：主要涵盖缴费日期、缴费工号、缴费方式及第三方支付编码等。

4）流量分析：通过上网日期、App ID、App 类型、App 名称及 App 使用流量等维度形成精准的用户行为。

5）通话信息：主要涵盖用户的来话通话时长、去话通话时长、通话次数及通话对象等。根据通话对象及通话行为等可以形成用户的关系网，进一步挖掘用户的价值。

6）位置信息：主要区分用户的夜间常驻位置及白天常驻位置，可以了解用户的居住位置及环境、工作区域及环境属性等，间接体现了用户的资质及职业收入水平。

（2）风险名单识别

运营商筛选风险名单，主要通过各维度指标和信分模型两种方式进行停机预测分析，根据最终的未停机用户数，反向确定相关白名单客户群，金融机构以此进行后续授信及精准营销等事宜。

风险名单识别的维度规则参考如下：属于上网卡用户；运营商体系的风险评分模型得分不大于 480；在网时长小于 24 个月；当月停机天数不小于 6；过去 6 个月客户存在三无（无月租、无套餐、无捆绑）情况；过去 6 个月通话次数最小值为 8；过去 6 个月月末停机次数不小于 1；过去 6 个月通话次数最大值为 8。

（3）高收入人群定义

高收入人群模型通过用户金融消费能力、金融收入能力、通信消费能力、行为特征偏好四个维度进行构建，综合反映用户收入消费能力，展现客户价值。该模型可为相关营销活动明确目标人群，也可以为相关政府部门提供税务等信息核查方向。

高收入人群定义的维度规则参考如下。

❑ 金融消费能力：具有出入高档消费场所、居住高档小区等特征。
❑ 金融收入能力：利用综合 VIP 号码等级、是否中高端用户、银行卡使用稳定性、月均银行 App 使用次数、是否有稳定的收入等判断收入水平。
❑ 通信消费能力：结合月总账单、在网时长判断消费能力及稳定性。
❑ 行为特征：识别是否属于旅游爱好者、是否有车、核心交往圈规模等。

（4）车主模型构建

通过对用户的产品订购、增值服务开通、车主服务使用的类型和频率等行为情况，运用数据分析方法，评估判断用户是车主的可能性。

车主模型构建的维度规则参考如下。

❑ 增值服务：具有车主管家、车主百事通、车主服务、车主小秘书等使用行为。

❑ 集团短信：具有 12123 道路安全服务、车主管家、车主服务等号段通信行为。

❑ 用户话单：具有拨打 122 报警、主叫保险企业报案、主叫 12580 便民服务挪车、交通违章误罚投诉和申诉等行为。

❑ 用户订购产品：具有通讯录车主服务业务包、来电提醒车主服务包、车主服务权益升级产品、车主服务体验等使用行为。

❑ 用户 App 及上网日志分析：具有交管 12123、e 代驾、行车记录仪、导航、违章查询、交管、司机、违章、代驾、记录仪、导航犬、凯立德、车况、养车等关键词的 App 应用的使用记录。

（5）车险定价

依据运营商位置能力，自动识别车主行动轨迹，根据车主的日常行车路线、里程、行车习惯、出险记录、职业、年龄、性别，可以给出非常不同的定价。如工薪族车主行车路线主要是两点一线，较为稳定，而经常各地出差做生意的企业车主路线常变，两者相比，企业车主出险概率高，定价也须高于工薪车主。

3.4　企业验证数据源

在企业金融场景，金融机构对申请企业的相关身份真实性进行线上验证，申请人一般是法人或者企业授权的股东，需要提供企业营业执照及法人身份证或法人授权证明，金融机构通过线上企业验证服务，主要对企业名、企业统一社会信用代码、法人姓名及法人身份证 4 个核心要素进行验证。

现阶段拥有最全企业数据的应该是在 2018 年成立的国家市场监督管理总局，其是国务院直属机构，为正部级，整合了国家工商行政管理总局、国家质量监督检验检疫总局、国家食品药品监督管理总局等的职责。

虽然最全的企业数据掌握在国家市场监督管理总局手中，但其对外提供企业相关数据公示及提供免费查询服务的平台是其主管下的国家企业信用信息公示系统及全国组织机构统一社会信用代码数据服务中心。

3.4.1　全国组织机构统一社会信用代码数据服务中心

全国组织机构代码管理中心是国家质量技术监督局授权管理全国组织机构代码工作的事业单位，自 1993 年开始实施全国组织机构统一代码标识以来，目前在全国范围内已建立起了一套分层的组织机构代码管理体系，全国组织机构代码信息网络系统是由全国组织机构代码中心集中投资、各地分中心落实配套资金建立的。

全国组织机构代码管理中心于 2017 年 9 月更名为全国组织机构统一社会信用代码数据服务中心，隶属于国家市场监督管理总局。其主要职责有：参与制定全国法人和其他组织统一社会信用代码标准、管理主体标识码（组织机构代码）资源、建立和运行维护统一信用代码数据库、与有关登记管理部门建立代码校核机制和信息共享工作机制等。

1. 成立背景

1989 年，国务院发文决定在全国范围内全面实行组织机构统一代码标识制度，统一代码标识是由技术监督部门赋予中华人民共和国境内的国家机关、事业单位、团体、民间机构、企业和其他依法成立的组织机构的唯一、始终不变的法定代码标识。

《全国组织机构代码编制规则》作为强制性国家标准于 1997 年再次公布；《组织机构代码管理办法》（以下简称《办法》）经 2007 年 12 月 28 日国家质量监督检验检疫总局局务会议审议通过，2008 年 11 月 11 日公布，自 2009 年 3 月 1 日起施行。《办法》规定：税务、工商、人事、民政、计划、统计、金融、保险、劳动保障、财政、经贸、公安、海关等部门在各自业务管理活动中，应当使用机构代码。

国家标准委员会发布了强制性国家标准《法人和其他组织统一社会信用代码编码规则》，该标准于 2015 年 10 月 1 日起实施。2015 年 12 月 31 日发布的《法人和其他组织统一社会信用代码制度建设总体方案》中提到，从 2016 年 1 月 1 日起，全国质监部门（市场监督管理部门）不再向机关、事业单位、社会团体及其他依法成立的机构发放和更换组织机构代码证书。该方案还提到我国现有机构代码分为两类：一类是原始码，即由登记管理部门在法人和其他组织注册登记时发放的代码，主要包括工商部门的工商注册号、机构编制部门的机关及事业单位证书号、民政部门的社会组织登记证号等；另一类是衍生码，即在法人和其他组织注册后，相关部门发放的管理码，如组织机构代码管理部门的组织机构代码、银行的机构信用代码、税务总局的纳税人识别号等。

当前我国机构代码不统一，缺乏有效的协调管理和信息共享工作机制，大多数代码仅用于各部门内部管理，一些部门信息数据相互割裂封闭，存在信息孤岛问题。各类机构代码长度、含义、作用不同，有的部门如工商、民政、机构编制部门等，在法人和其他组织成立时赋码，有的部门如税务部门等，在行使管理职能过程中再次赋码。法人和其他组织在设立和办理相关业务时须到多个部门申请代码，有的还收取费用。多个代码共存现象较为普遍，影响了同一主体信息比对，增加了社会负担，降低了行政效率。

因此，2016 年 10 月 18 日，国家质量监督检验检疫总局发布《国家质量监督检验检疫总局关于修改和废止部分规章的决定》（总局令第 184 号），正式废止组织机构代码管理办法。组织机构代码在优化营商环境改革中退出了历史舞台。

至此，统一社会信用代码将取代组织机构代码作为今后法人和其他组织的唯一身份标识，在建立政府诚信、规范市场监管秩序中发挥巨大作用。

2. 数据来源

全国组织机构代码信息数据库是以组织机构代码为唯一标识的数据集中式海量级数据库。该数据库以覆盖全国的网络系统为基础，由全国组织机构统一社会信用代码数据服务中心以及 46 个分支机构和 2600 多个基层办证点每天汇总本地组织机构信息及电子档案信息上报到国家代码中心，形成实时动态的全国组织机构代码共享平台和电子档案库，包括我国每一个合法登记的组织机构基本信息。组织机构代码由各级质量技术监督部门代码机构依法采集地址、电话、注册资金、经营（业务）范围等多项基本信息。

3. 相关服务

我国境内依法注册及登记的企业、个体工商户、事业单位、机关、社会组织及其他组织机构，可通过机构代码或注册地址在全国组织机构统一社会信用代码公示查询平台查询相关企业的基本工商信息。

该平台仅为社会公众提供一般性查询和验证，不支持出于商业目的的批量查询，若金融机构有批量查询的需求，需要与全国组织机构统一社会信用代码数据服务中心联系商榷实际需求及合作模式。

4. 机构服务情况

根据《2020年国家法人和其他组织统一社会信用代码数据》12月公布的动态信息：截至2020年12月31日，法人和其他组织统一社会信用代码国家数据库共有法人机构和非法人组织5252万个。按照《中华人民共和国民法典》（简称《民法典》）的规定分类，法人机构共4633万个，其中营利法人（含有限责任公司、股份有限公司以及社会服务机构等）3958万个，非营利法人（事业单位、社会团体、基金会和社会服务机构等）496万个，特别法人（机关、农村集体经济组织、城镇农村的合作经济组织以及基层群众性自治组织等）179万个；非法人组织（包含个人独资企业、合伙企业以及不具有法人资格的专业服务机构等）619万个。另外，已申领统一社会信用代码的个体工商户7216万个。相关分布情况如图3-22所示。

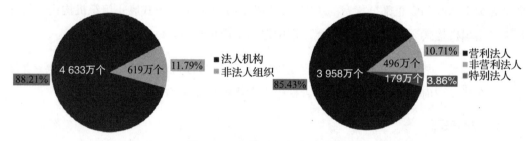

图3-22 机构及组织占比分布

3.4.2 国家企业信用信息公示系统

国家企业信用信息公示系统于2014年2月上线运行，公示的主要内容包括市场主体的注册登记、许可审批、年度报告、行政处罚、抽查结果、经营异常状态等（不含港、澳、台地区企业信息）。

自2021年11月26日起，国家企业信用信息公示系统查询时需要用户进行实名认证。

1. 成立背景

2013年3月15日，《征信业管理条例》正式施行，征信业务市场化进程正式开启。但征信服务更偏向于金融行业的信用体系生态，非金融业无法直接、顺畅地得到征信的相关服务。能满足全行业市场主体信用信息的公共服务平台，更有利于市场的活跃。

2014年2月7日国务院批准发布的《注册资本登记制度改革方案》中，将注册资本实缴登记制度改为认缴登记制度，同时取消了企业年检制度，提出企业应当将股东认缴出资额或者发起人认购股份、出资方式、出资期限、缴纳情况通过市场主体信用信息公示系统向社会公示。企业股东（发起人）对缴纳出资情况的真实性、合法性负责；将企业年度检验制度改为企业年度报告公示制度，有利于通过信息公示、社会监督等手段保障公平竞争，强化对企业的信用约束。

2014 年 10 月 1 日，《企业信息公示暂行条例》（以下简称《条例》）正式实施，国家工商总局颁布的《经营异常名录管理暂行办法》《企业公示信息抽查暂行办法》等 5 部规章也于同日实施。《条例》和规章的颁布实施，是工商、市场监管部门加强事中事后监管的重要改革举措，对于转变政府监管方式，运用大数据等手段提升监管水平，加快社会诚信体系建设，充分发挥信用在维护市场经济秩序中的基础作用，具有重要意义。

2014 年，全国工商、市场监管部门在已有信息化建设的基础上进行改造，建立了连接国家工商总局和各省级工商、市场监管部门的过渡性的全国企业信用信息公示系统，面向全国提供公共服务。

2015 年，国家工商总局起草了《国务院关于加强政府部门企业信息统一归集公示的意见（代拟稿）》，组织编制了《国家企业信用信息公示系统信息化工程（"全国一张网"工程）建设方案》，按照相互兼容、节约高效的原则，将过渡性系统升级重构为国家企业信用信息公示系统。

2. 机构产品

国家企业信用信息公示系统提供全国企业、农民专业合作社、个体工商户等市场主体信用信息的填报、公示和查询服务。

1）查询市场主体信用信息时，可输入名称或注册号进行查询。系统支持按名称的关键词模糊查询，一次最多显示 50 条记录。对于无效的查询条件，将不会显示查询结果。

2）市场主体填报年度报告和其他信息时，通过本系统选择登记机关所在地区，点击"企业公示信息填报"进行填报。

查询方式如下。

❑ 输入企业注册号查询。

❑ 输入企业全称精确查询或企业名称关键字模糊查询。模糊查询结果记录多于 5 条时，可输入更精确的查询条件进行再次查询。

❑ 输入统一社会信用代码查询。

该系统可以查到由工商部门提供的从 2014 年 3 月 1 日起，商事主体通过各级工商机关使用省局业务系统办理登记或备案等业务完毕后的信息（不含港、澳、台地区企业信息），包括登记信息（包括企业基本信息、投资人信息及企业变更信息）、备案信息（企业主要人员信息及分支机构信息）、行政处罚信息（企业因违反工商行政法律法规被工商部门作出处罚的记录）、商事主体公示信息（由商事主体按照规定报送、公示的年度报告信息和获得许可的信息）。

3. 机构服务情况

截至 2021 年 7 月，中国市场主体总量从 2012 年的 5500 万户增长到 1.46 亿户，增长了超 1.6 倍，年均净增长超过 1000 万户。

截至 2019 年 8 月，国家企业信用信息公示系统网站页面累计访问量达到 15 090.53 亿次，市场主体累计查询量达到 220.7 亿次；截至 2020 年，经营异常名录实有企业 664.86 万户，严重违法失信企业名单实有企业 98.24 万户。

国家企业信用信息公示系统没有商业化的对外部门，属于政府免费公开对外的企业信用查询平台，也是天眼查、企查查、爱企查及启信宝四大商业查询机构的主要数据来源，这四家企业算是"间接帮助"公示系统实现了市场化的应用及服务。

第 4 章 *Chapter 4*

反欺诈及风险防控相关数据源

所有的"互联网+"场景业务要发展壮大，均离不开完备有效的反欺诈及风险防控能力。《2020 反欺诈年度报告》中提到：数据欺诈和网络攻击的风险仅次于极端天气和自然灾害，已成为全球需要共同面对的风险，数据欺诈和网络攻击导致行业损失超千亿元。《数字金融反欺诈技术应用分析报告（2021 年）》提到数字金融欺诈的特点有：数字金融欺诈发生的场景多，受害群体范围广，数字金融欺诈的受害群体层次多、年轻化；数字金融欺诈产业链成熟，团伙专业灵活；数字金融欺诈手段多、难辨别；数字金融欺诈窝点不固定。数字金融反欺诈圈层扩大，需要多机构跨领域合作。

行业反欺诈及风险防控能力发展至今，已逐渐形成以数据为核心的反欺诈体系。反欺诈相关的模型算法及算力均有相关的处理办法，合规有效、可使用的数据则成为行业的短板。本章重点介绍十大合规有效的数据源及现有数据产品。

4.1 央行征信

4.1.1 成立背景

1. 一代征信

（1）解决早期银行体系企业多头贷款的痛点

20 世纪 90 年代初，各大商业银行在全国各地设立分行，为本地企业提供信贷服务，是最早打破行业、地域分工格局的行业。当时信息化还未成熟，全国各地网络也并未完全覆盖，各银行间系统联网程度弱，难以沟通各自企业贷款客户的信息，一些企业找到"贷款窍门"，在多个银行同时开户申请贷款，各银行均无法获悉完整的企业贷款记录，因此并无有效防范手段。

1992年，原中国人民银行深圳分行针对此情况推出了贷款证制度，即把企业的概况和在各家银行的贷款、还款情况由各贷款银行登记在一个纸质的文本贷款证上，企业到哪儿去贷款，都必须提供贷款证，这样贷款银行就可以查询到企业在其他银行的贷款信息。

经过4年的尝试，贷款证制度相对完善且有效，但缺乏相关的管理办法让各银行都积极参与执行，因此中国人民银行在1996年制定了《贷款证管理办法》，把贷款证作为制度推广到全国。

在个人信用方面，1999年中国人民银行批准建立上海资信有限公司，试点个人征信。个人征信复制了企业信用方面积累的经验，把分散在各商业银行和社会有关方面的个人信用信息归集起来，形成个人信用档案信息数据库，提供个人信用报告查询服务。

（2）社会信用体系建设的基础需求

全国支持联网后，中国人民银行开始着手建设银行信贷登记咨询系统（企业征信系统前身），从1997年开始花了5年时间终于建成。

加入WTO后，国内金融业及市场进入了高速发展阶段，当时的银行信贷登记咨询系统已经不能满足需求，金融机构类型及金融服务类型已经不局限于信贷板块，更多的金融服务业态的发展也需要征信信用体系的数据支持。

同时为了响应党中央、国务院关于加快社会信用体系建设、加快建设征信系统的重要战略部署的要求，中国人民银行于2004年开始组织商业银行启动金融信用信息基础数据库建设工作，并于2006年正式宣布全国联网运行，提供查询服务。个人征信系统也于2004年完成建设。

2006年，经中编办批准，中国人民银行设立中国人民银行征信中心（以下简称"征信中心"），作为直属事业单位，专门负责征信系统的建设、运行和维护。

2. 二代征信

（1）系统功能及性能的更新迭代

2011 年启动了二代征信系统建设调研工作，2014 年开始建设，于 2018 年试运行，并于 2020 年 1 月切换上线，开始提供二代的征信记录查询。

与一代征信系统相比，二代征信系统改进了系统技术架构，支持系统快速扩展和资源优化，大幅提升了信息采集和征信服务效率，并强化了系统安全防护能力，加强了用户身份管理、信息传输管理等，确保征信信息安全。具体体现在以下 5 个方面。

1）加强用户管理，采用数字证书，实现用户登录双因素认证，为查询用户发放 USB Key 证书，实现机构查询身份强认证。

2）加强用户访问控制，支持绑定登录终端，提高用户身份验证强度，强化信息安全监测。

3）强化数据传输和存储安全防护，保障数据采集和对外服务各环节流转安全。

4）强化异常查询监测，及时发现异常查询行为。

5）优化企业和个人异议处理流程，提高异议处理自动化程度和处理效率。

（2）大数据背景下的新一代征信体系需求

一代征信系统通过采集、整理、保存、加工企业和个人的基本信息、信贷信息和反映其信用状况的其他信息，建立企业和个人信用信息共享机制，加快解决金融交易中的信息不对称问题。

为了全面反映企业和个人信用状况，中国人民银行从 2005 年开始积极推动工商、环保、质检、税务、法院等公共信息纳入征信系统，共采集了 16 个部门的 17 类非银行信息，包括行政处罚与奖励信息、公积金缴存信息、社保缴存和发放信息、法院判决和执行信息、缴税和欠税信息、环保处罚信息、企业资质信息等。

2013 年 3 月 15 日施行的《征信业管理条例》，明确了征信系统是由国家设立的金融信用信息基础数据库的定位。

2014 年 1 月 15 日，国务院常务会议部署加快建设社会信用体系、构筑诚实守信的经济社会环境，会议通过《社会信用体系建设规划纲要（2014—2020 年）》。纲要中提到

2014年6月底前要完成的任务包括推动部署建立统一的信用信息平台，逐步纳入金融、工商登记、税收缴纳、社保缴费、交通违章等信用信息。2014年12月8日，中国人民银行征信中心与最高人民法院、环境保护部、国家税务总局等8家机构签订信息采集合作备忘录，彼此实现在信息数据方面的互联互通。这意味着除银行体系的黑户外，在工商体系的环保黑户、偷税漏税企业等也将进入银行黑名单，其获得贷款的难度将大大提升。

数据覆盖量级及维度的提升、征信服务范围的扩大、征信服务的市场化等均对一代征信系统的原架构及服务能力提出了新的要求。

4.1.2 二代征信的特点

一代征信受初期规划的限制，无论是征信报告内容的丰富度还是报告的可读性，均不符合现阶段国家层面及市场层面对征信体系的期待及要求。二代征信与一代征信相比，内容更加丰富，信息采集范围更广，报告涵盖的信息维度更符合国家数据开放及社会信用体系发展的要求。另外，二代征信的报告展现形式、易读性也更便于普通用户理解，而一代征信报告更适合专业人员使用。

二代征信从报告头，信息概要，个人基本信息，信贷交易明细信息，欠税、判决、缴费等信息及提示信息6个内容板块进行了相应的优化及丰富。

❑ 报告头：多种证件类型合并，新增防欺诈警示和异议信息提示。

❑ 信息概要：新增信贷交易违约信息概要、相关还款责任人信息汇总、非信贷交易信息概要（例如公共信息概要、查询记录概要）。

❑ 个人基本信息：个人手机号码新增至5个、居住信息新增住宅电话、职业信息新增单位性质和单位电话。

❑ 信贷交易明细信息：贷款账户细分为循环贷账户、非循环贷账户、循环额度分账户。循环贷账户新增还款金额、被追偿信息、相关还款责任信息、授信协议信息；还款记录拉长到5年，原有一代文字描述改为结构化数据便于正确解析。

❑ 欠税、判决、缴费等信息：提供欠税信息，判决信息，缴费、欠费等信息，处罚、强制执行信息。

❑ 提示信息：提供了更丰富的异常提示信息和个人异议信息等。

6个新增内容板块情况如图4-1所示。

报告头信息丰富
➢ 多种证件类型合并
➢ 新增防欺诈警示和异议信息提示

个人基本信息数量增多
➢ 个人手机号码新增至5个
➢ 居住信息新增住宅电话
➢ 职业信息新增单位性质和单位电话

细化信贷交易明细信息
➢ 贷款账户细分为循环贷账户、非循环贷账户、循环额度分账户
➢ 新增还款金额、被追偿信息、相关还款责任信息、授信协议信息
➢ 还款记录拉长到5年，原有一代文字描述改为结构化数据便于正确解析

补充欠税、判决、缴费等信息
➢ 提供欠税信息
➢ 提供判决信息
➢ 提供缴费、欠费等信息
➢ 提供处罚、强制执行信息

信息概要更丰富
➢ 新增信贷交易违约信息概要
➢ 新增相关还款责任人信息汇总
➢ 新增非信贷交易信息概要，例如公共信息概要、查询记录概要

二代征信报告新增内容

提示信息优化
提供了更丰富的异常提示信息和个人异议信息等

图 4-1　二代征信报告新增内容

4.1.3　个人征信服务

1. 主要数据来源及维度

通过比对中国人民银行征信中心发布的《个人信用信息基础数据库数据接口规范》中的要求及征信报告中的信息维度，可以得知个人征信服务的个人信用信息基础数据库采集的机构对象及信息情况。

（1）8类金融机构

由于征信的核心内容是与信贷类相关的，因此其主要采集的机构也指从事信贷业务的机构，包括银行业金融机构、证券公司、融资租赁公司、保理公司、小额贷款公司、P2P 消费金融机构、融资性担保公司、保险公司等。

（2）8类采集信息类型

采集的信息主要包括个人信用信息、个人身份信息、特殊交易信息，其中个人信用信息按照业务种类的不同又分为贷款业务、准贷记卡业务和贷记卡业务。因此，个人信用信息基础数据库采集的信息主要包括贷款开立信息、贷款还款信息、准贷记卡发卡信息、准贷记卡透支及还款信息、贷记卡发卡信息、贷记卡还款信息、个人身份信息和特殊交易信息 8 类，如图 4-2 所示。

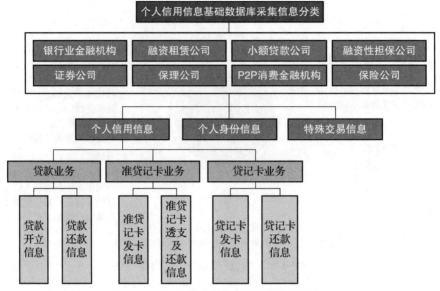

图 4-2　个人信用信息基础数据库采集信息

（3）8 类信息采集指标

1）贷款开立信息采集指标由借款人姓名、借款人证件类型、借款人证件号码、金融机构代码、贷款业务号码、贷款类型、贷款合同金额等组成。

2）贷款还款信息采集指标由金融机构代码、贷款业务号码、贷款余额、最高贷款余额等组成。

3）准贷记卡发卡信息采集指标由持卡人姓名、持卡人证件类型、持卡人证件号码、金融机构代码、准贷记卡账户、开户日期、币种、信用额度等组成。

4）准贷记卡透支及还款信息采集指标由金融机构代码、准贷记卡账户、出单日期、最近一次实际还款日期等组成。

5）贷记卡发卡信息采集指标由持卡人姓名、持卡人证件类型、持卡人证件号码、金融机构代码、贷记卡账户、开户日期、币种、信用额度等组成。

6）贷记卡还款信息采集指标由金融机构代码、贷记卡账户、已使用额度、最高使用额度等组成。

7）个人身份信息采集指标由姓名、证件类型、证件号码、性别、出生日期等组成。

8）特殊交易信息记录的是在信贷业务过程中发生的展期（延期）、担保人代还、以资抵债等交易的有关信息。特殊交易信息采集指标由金融机构代码、相关业务号码、特殊交易类型、发生日期等组成。

此外，中国人民银行征信中心个人信用数据库还采集电信用户缴费信息、个人住房公积金信息以及个人参加养老保险的信息。随着条件的成熟，个人信用数据库还将采集更多的信息，以全面反映个人的信用状况，包括个人缴纳水费、电费、燃气费等公用事业费用的信息，个人欠税的信息，法院判决信息等。

2. 产品服务

（1）个人信用报告

个人信用报告是央行征信中心通过个人征信系统为个人或个人金融业务提供的最基础产品，它记录了信贷用户与金融机构间发生业务关系时相对客观的信息。

个人征信系统已实现了在全国所有商业银行分支机构都能接入并查询任何个人在全国范围内的信用信息。根据《个人信用信息基础数据库暂行管理办法》的规定，商业银行仅在办理如下业务时可以向个人征信系统查询个人信用报告：

❑ 审核个人贷款、贷记卡、准贷记卡申请的；
❑ 审核个人作为担保人的；
❑ 对已发放的个人信贷进行贷后风险管理的；
❑ 受理法人或其他组织的贷款申请或其作为担保人，需要查询其法定代表人及出资人信用状况的。

由于持牌信贷业务基本接入了个人征信系统，因此贷款用户只要有以上业务的申请行为，其相关的数据均会形成相应的个人信用报告。根据使用对象的不同，个人征信系统提供不同版式的个人信用报告，包括银行版、个人查询版和征信中心内部版三种，分别服务于商业银行类金融机构、消费者和中国人民银行。

个人信用报告主要由报告头、个人基本信息、信息概要、非信贷交易信息、公共信息及查询记录六大核心模块组成。

1）报告头：描述报告的标识信息、信息主体的证件信息、报告的交付对象信息以及提示报告使用者注意的全局性信息。报告头内容字段及报告样例如图 4-3 所示。

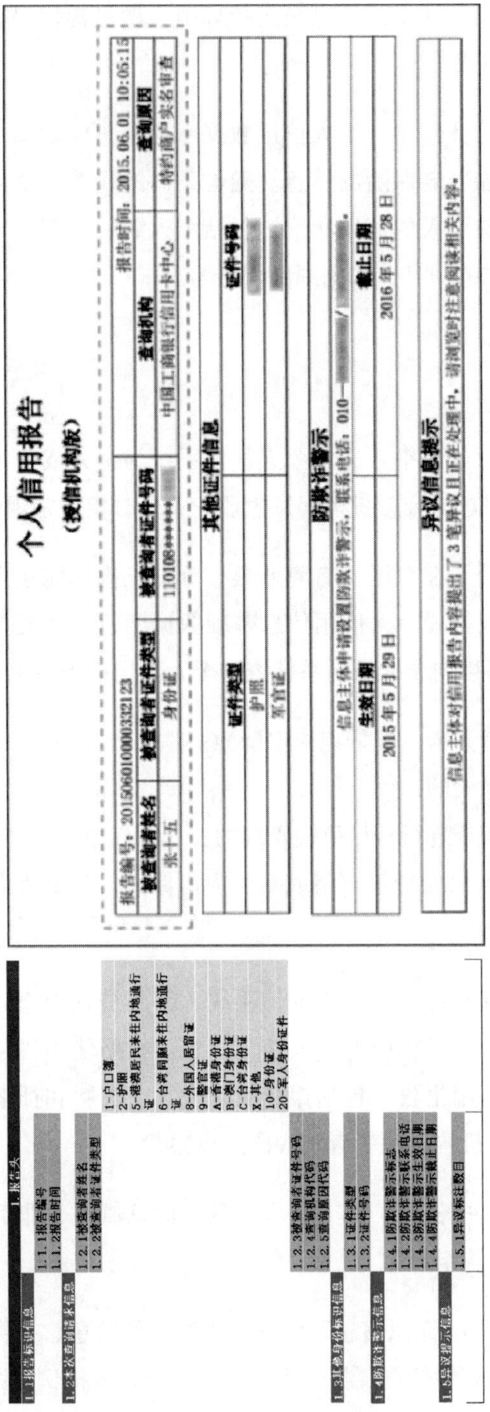

图 4-3 报告头内容样例

2）个人基本信息：描述信息主体的属性，包括学历、婚姻状况、联系方式、职业、地址等，以对个人基本信息有全面的了解。个人基本信息内容字段及报告样例如图 4-4 所示。

3）信息概要：主要是让使用者能够迅速了解该信用报告主要包含哪些内容，即信息主体的主要违约情况和负债情况，以对信息主体的信用状况有一个基本判断。信息概要包含评分信息、信贷交易信息提示、信贷交易违约信息概要、信贷交易授信及负债信息概要。如图 4-5 所示。

4）非信贷交易信息：非信贷交易信息反映后付费业务的缴费情况，目前非信贷交易信息包括电信业务。

5）公共信息：用于记录信息主体的社会表现，通过展示信息主体在社会公共部门所形成的正、负面信息，帮助金融机构识别客户身份、判断收入范围，从另一侧面反映其还款能力和经营能力。公共信息包含欠税记录信息、民事判决信息、强制执行信息、行政处罚信息、住房公积金参缴记录信息、低保救助记录信息、执业资格记录信息、行政奖励记录信息等。

6）查询记录：描述最近两年查询记录明细信息，主要记录查询操作员什么时间、什么原因查询了借款人的个人信用报告。

非信贷交易信息、公共信息及查询记录 3 项内容如图 4-6 所示。

（2）个人业务重要信息提示

贷后最重要的是可以及时获取关注用户群中出现的风险用户行为提示。中国人民银行征信 2015 年 10 月上线的个人业务重要信息提示主要起到贷后风险用户行为提示的功能，该产品是征信中心联合商业银行共同研发的，利用个人征信系统即时更新的数据，每周一将各机构客户在其他机构出现重要事项的信息，主动推送给该机构。主动推送的提示信息有以下 5 种情况：

1）用户贷款业务"五级分类"中新增"不良"的信息；

2）贷款或信用卡业务新增"当前逾期总额"大于 300 元的 61 ～ 90 天逾期或 90 天以上逾期信息；

3）信用卡业务"账户状态"新增"呆账"；

一 个人基本信息

(一) 身份信息

性别	出生日期	婚姻状况	学历	学位	就业状况	国籍	户籍地址	电子邮箱
男	1981.08.15	已婚	本科	学士	在职	中国	北京市朝阳区	...otmail.com

通讯地址: 北京市西城区

编号	手机号码	信息更新日期
1	138...	2015.05.01
2	138...	2015.01.22
3	139...	2014.02.01
4	133...	2014.01.22
5	186...	2013.11.12

(二) 配偶信息

姓名	证件类型	证件号码	工作单位	联系电话
李...	外国人居留证	123	北京分公司财务部	138...

(三) 居住信息

编号	居住地址	住宅电话	居住状况	信息更新日期
1	北京市朝阳区	010—832	按揭	2015.05.01
2	北京市海淀区	010—621	集体宿舍	2015.01.22
3	北京市西城区	010—598	租房	2014.02.01
4	北京市西城区	010—590	租房	2014.01.22
5	北京市海淀区	010—578	租房	2013.11.12

(四) 职业信息

编号	工作单位	单位性质	单位地址	单位电话
1	中国人民银行	机关、事业单位	北京市西城区	010—...

图4-4 个人基本信息内容字段及报告样例

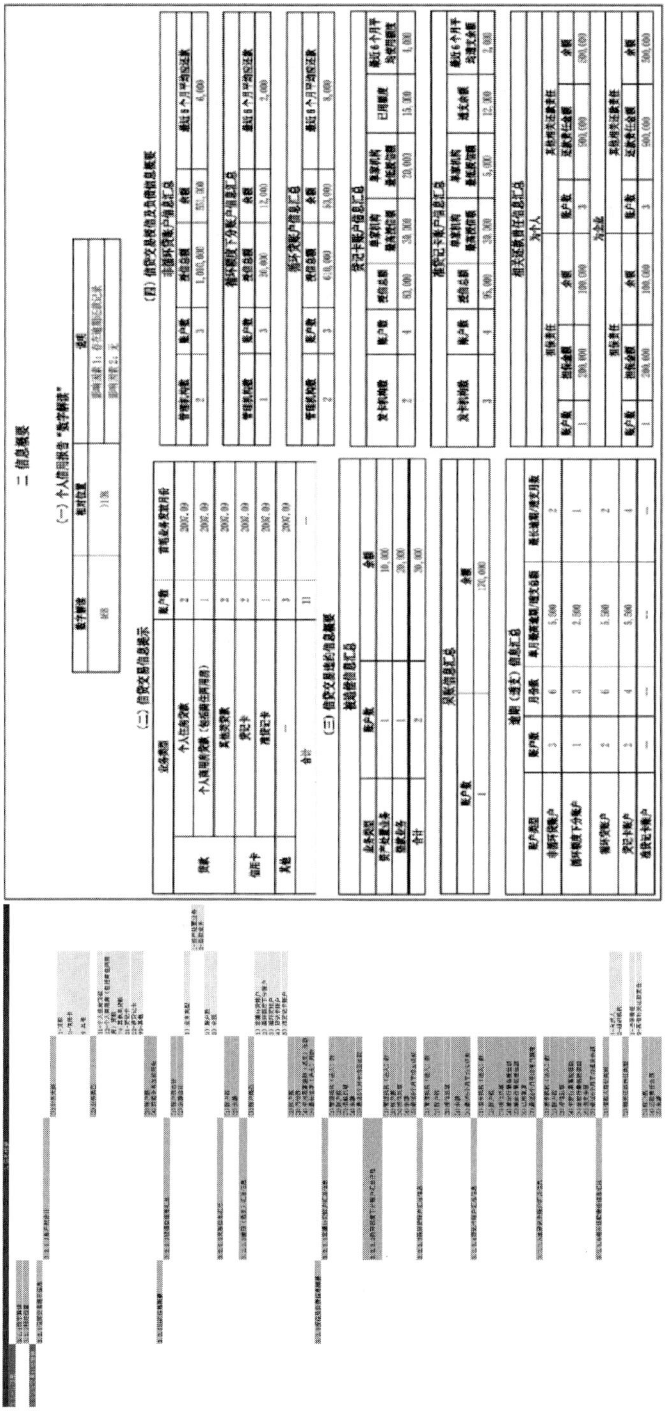

二、信息概要

图 4-5　信息概要内容示例

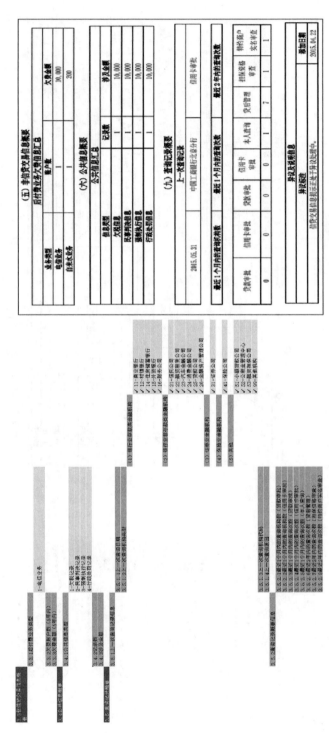

图 4-6 非信贷交易信息、公共信息及查询记录 3 项内容示例

4）提示日期前 30 天之内在"其他机构"有贷款或信用卡申请的；

5）被法院列为失信被执行人等。

信息提示方式包括页面展示和下载、接口主动推送、邮件主动推送 3 种。

金融机构可以将该产品嵌入本机构风险管理系统，将每周获取的提示信息与本机构借款人信息及信用报告进行匹配，快速筛选出对本机构业务有疑似风险的借款人，通过客户经理的进一步调查、了解，完成对疑似风险借款人的风险评估，并根据本机构的业务情况采取进一步的措施。

4.1.4　企业征信服务

1. 主要数据来源及维度

企业征信系统的机构基本信息来自各金融机构存储对公客户基本资料的系统，如客户信息管理系统、信贷管理系统等，数据采集的机构范围为在该行开立基本户的对公客户及在该行有信贷业务的对公客户，采集内容是以上两类客户在金融机构系统中的基本信息。对于基本户，未激活状态（金融机构已在本行系统中录入了客户资料但尚未通过中国人民银行的开户许可核准）的客户信息不需要报送。

信贷业务的采集范围包括贷款、贸易融资、银行承兑汇票、票据贴现、保理、信用证、保函等，以及与业务相关的担保、垫款、欠息信息。其中贷款包括各类贷款，如流动资金贷款、固定资产贷款、项目融资贷款、并购贷款、银团贷款和委托贷款等。

（1）机构基本信息部分的采集内容

采集内容包括机构基本信息和家族成员信息。

机构基本信息包括机构主要标识信息、基本属性信息、机构状态信息、联络信息、高管及主要关系人信息、重要股东信息、主要关联企业信息、上级机构 / 主管单位信息。

1）主要标识信息包括机构信用代码、组织机构代码、登记注册号类型、登记注册号码、纳税人识别号（国税）、纳税人识别号（地税）、开户许可证核准号、贷款卡编码、客户号、管理行代码、客户类型。

2）基本属性信息包括机构中文名称、机构英文名称、注册（登记）地址、国别、注册（登记）地行政区划、成立日期、证书到期日、经营（业务）范围、注册资本币种、注册资本、组织机构类别、组织机构类别细分、经济行业分类、经济类型。

3）机构状态信息包括机构状态、基本户状态、企业规模。

4）联络信息包括办公（生产、经营）地址、联系电话、财务部联系电话。

5）高管及主要关系人信息包括法定代表人、高管人员及主要关系人的身份标识。

6）重要股东信息包括持股 5% 以上及银行认为重要的股东的身份标识信息和持股比例等。

7）主要关联企业信息包括除本企业的股东外，与本企业存在直接或间接控制关系的关联企业的标识信息及持股比例等。

8）上级机构 / 主管单位信息包括上级机构或主管单位的标识信息。

家族成员信息是指与该机构的法定代表人、主要投资者个人、关键管理人员、实际控制人有三代血亲和两代姻亲关系的人员信息。

（2）机构信贷业务部分的采集内容

企业征信系统从放贷机构采集的信息可以分为借款人基本信息和信贷业务信息两大类。其中借款人基本信息包括借款人概况信息、资本构成信息、财务报表信息和关注信息；信贷业务信息包括贷款业务信息、贸易融资信息、保理业务信息、票据贴现信息、银行承兑汇票业务信息、信用证业务信息、保函业务信息、公开授信信息、不良信贷资产处置信息、担保信息、垫款信息和欠息信息。

2. 产品服务

（1）企业信用报告

企业信用报告是央行征信中心通过企业征信系统为企业或企业金融业务提供的最基础产品，它记录了信贷企业与金融机构间发生业务关系时相对客观的信息，主要用于金融机构金融业务的审批和事后管理。

企业信用报告主要包括以下核心模块：报告头，信息概要，信贷记录明细，非信贷记录明细，公共记录明细、评级信息、声明及异议标注信息。

1）报告头：用于描述信用报告的查询机构、身份标识信息及报告时间等基本要素。

2）信息概要：包括信用提示（如借贷交易分类汇总数据、非信贷交易账户数等）、未结清信贷及授信信息概要（如逾期信息）、相关还款责任信息概要、已结清信贷信息概要及负债历史（如逾期类负债的汇总）等内容。

3）信贷记录明细：记录了被追偿业务，未结清中长期借款、短期借款，未结清贴现，未结清银行承兑汇票、信用证、保函，未结清授信协议，已结清中长期借款、短期借款等内容。

4）非信贷记录明细：主要记录了公用事业缴费信息。

5）公共记录明细、评级信息、声明及异议标注信息：包括融资规模控制信息、评级信息、征信中心声明、异议标注、数据提供机构说明等内容。

（2）信贷资产结构分析产品

信贷资产结构分析产品是央行征信中心联合商业银行共同研发，以企业征信系统中的信贷信息和借款人基本信息为基础，反映本机构各信贷业务产品余额、发放额、不良率在信贷市场的集中度、份额，以及在同类型机构中所处位置的征信汇总数据。

金融机构可使用该产品自行组合分行业、分地区、分信贷业务等查询条件，得出相应的全市场集中度、本机构的市场份额和在同类型机构的排名数据，提供的数据既有时点值，又有时期值，同时还提供了时间序列数据，以帮助金融机构用户信贷政策和信贷资产调整。

（3）关联查询产品

关联查询产品如同现在所说的关联图谱能力，挖掘贷款申请人之间、贷款申请人与贷款机构之间、贷款机构之间的经济或股权关联关系。

关联查询产品是征信中心在 2006 年基于财政部及银监会的关联关系，结合企业征信系统借款人基本信息和信贷数据进行研发的。

关联查询产品可以满足金融机构对关系复杂的集团客户的查询需求，查询范围涵盖投资、担保、高管兼职、集团母子、家族企业等 33 种关联关系，如关联关系群的信贷汇总和不良信息，以及关联企业群的贷款还款集中到期的信息。

（4）贷后服务——对公业务重要信息提示产品

对公业务重要信息提示产品利用企业征信系统实时更新的数据，将各机构企业客户在征信系统出现异常业务（贷款、贸易融资、票据贴现、保理、信用证、银行承兑汇票、保函七项）的信息，主动推送给该机构。

金融机构可以将该产品嵌入本机构风险管理系统，将每日获取的提示信息与本机构借款人信息及信用报告进行匹配，快速筛选出对本机构业务有疑似风险的借款人，通过客户经理的进一步调查、了解，完成对疑似风险借款人的风险评估，并根据本机构的业务情况采取进一步的措施。

4.1.5 服务情况

2012 年我国个人征信系统记录的自然人人数为 8.2 亿，2015 年记录的自然人人数达到 8.8 亿。截至 2019 年，征信系统收录了 10.2 亿自然人、2834.1 万户企业和其他组织的信息，规模已位居世界前列；个人和企业征信系统分别接入机构 3737 家和 3613 家，基本覆盖各类正规放贷机构；2019 年，个人和企业征信系统累计查询量分别为 24 亿次和 1.1 亿次。

中国人民银行举行的"金融支持保市场主体"系列新闻发布会上提到，截至 2020 年，征信系统共收录 11 亿自然人、6092.3 万户企业及其他组织的信息，其中，收录小微企业 3656.1 万户、个体工商户 1167 万户。

4.2 持牌征信机构数据（以百行征信为例）

我国征信机构分为个人征信和企业征信两类，均由中国人民银行征信管理局管理。目前个人征信只有 2 家——百行征信和朴道征信，另外还有 1 家钱塘征信在备案受理审核中。已备案企业征信机构 134 家，另有 44 家企业征信机构被注销。

企业征信机构被注销的核心原因是相关业务调整，主动申请退出企业征信业务备案，或者连续 6 个月以上未实质开展征信相关业务。获得备案的企业若无核心数据产品服务能力，就无法提升市场竞争力，规模就难以达到其布局该领域的预期。

我们以百行征信为例进行介绍。百行征信于 2018 年 3 月 19 日在深圳成立，是中国第一家获得个人征信业务经营许可的市场化征信企业，由中国互联网金融协会牵头，与芝麻信用、腾讯征信、前海征信、考拉征信、鹏元征信、中诚信征信、中智诚征信、华道征信 8 家获得企业征信备案的机构共同成立。

2020 年 7 月，百行征信完成了企业征信业务经营备案，成为国内唯一拥有个人征信和企业征信双业务资质的市场化征信机构。

百行征信承担了两个主要责任：一是链接央行未能覆盖的网络小贷机构、P2P 平台和新兴的消费金融平台，补充央行征信传统金融群体外上亿人的信用信息；二是承担了将个人征信数据市场化服务的主要职能，是实现个人征信数据集中合规创新应用的主要出口，为新型金融业态及金融服务上下游机构提供合规的个人征信数据服务。

4.2.1　数据维度

百行征信有四大类型数据的报送机制，分别是申请信息报送、单笔贷款数据报送、循环授信合并账单报送、循环授信借据逐笔报送，其中后三者包含批核、用款、还款、逾期、展期信息，如图 4-7 所示。

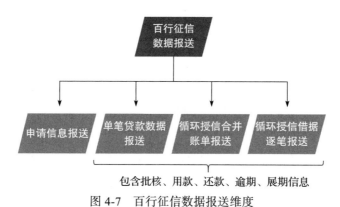

图 4-7　百行征信数据报送维度

从其数据的报送机制可以了解百行征信数据库拥有的数据情况。

1. 申请信息数据维度

❑ 身份标识信息：姓名、身份证。

❑ 业务信息：查询原因（01—授信审批、02—贷中管理、03—贷后管理、04—个人查询、05—异议处理、06—担保查询）、贷款担保类型（01—信用、02—抵押、03—质押、04—担保）、贷款用途（无场景贷款、教育、医美、租房、数码、买车、装修、旅游、农业生产企业经验、未知）、申请贷款金额、贷款编号/授信账户编号。

❑ 联系信息：手机号、家庭地址、家庭电话、工作单位名称、工作单位地址。

❑ 设备信息：工作单位电话、终端类型（手机、电脑、PAD、其他）、设备 IMEI/MEID、MAC 地址、IP 地址、设备操作系统标签（iOS、Android、Windows、Mac 等）。

2. 单笔贷款账户数据维度

❑ 身份标识信息：姓名、身份证、手机号。

❑ 贷款信息：贷款编号、原贷款编号、贷款担保类型、贷款用途、贷款申请时间、账户开立时间、贷款放款时间、贷款金额、还款期数、账单日类型、每期贷款周期、账单日列表、首次还款日、逾期宽限期。

❑ 设备信息：终端类型、设备 MER/MEID、MAC 地址、IP 地址、设备操作系统标签。

3. 单笔贷款贷后数据维度

❑ 身份标识信息：姓名、身份证、手机号。

❑ 贷后还款、逾期、结清信息：贷款编号、还款期数、本期还款状态、本期应还款日、实际还款时间、本期应还款金额、实际还款金额、逾期天数、本期还款状态确认时间、本次贷款状态、24 个月还款状态。

4. 单笔贷款展期数据维度

❑ 身份标识信息：姓名、身份证、手机号。

❑ 贷款信息：贷款编号、贷款担保类型、贷款用途、贷款申请时间、账户开户时间、贷款放款时间、贷款金额、还款期数、账单日类型、每期贷款周期、账单日列表、首次还款日、逾期宽限期。

❑ 设备信息：终端类型、设备 MER/MEID、MAC 地址、IP 地址、设备操作系统标签。

5. 循环授信账户数据维度

❑ 身份标识信息：姓名、身份证。

❑ 循环授信账户信息：授信账户操作代码、循环授信账户编号、授信担保类型、授信申请时间、授信账户开立时间、授信到期日期、授信额度、授信账户状态、授信账户信息变动时间、固定账单日、固定还款日、逾期宽限期。

❑ 联系信息：手机号、家庭地址、家庭电话、工作单位名称、工作单位地址、工作单位电话。

❑ 设备信息：终端类型、设备 MER/MEID、MAC 地址、IP 地址、设备操作系统标签。

6. 循环授信账单数据维度

❑ 身份标识信息：姓名、身份证。

❑ 账单信息：循环授信账户编号、账单编号、原账单编号、账单日期、账单金额、账单应还款日、逾期宽限期、未出账单金额。

❑ 设备信息：终端类型、设备 MER/MEID、MAC 地址、IP 地址、设备操作系统标签。

7. 循环授信账单还款数据维度

❑ 身份标识信息：姓名、身份证。

❑ 账单还款信息：循环授信账户编号、账单编号、账单应还款日、账单金额、实际还款金额、本期账单状态、账单状态确认时间。

❑ 循环授信账户信息：当前逾期金额、当前用信金额、24 个账户还款状态。

8. 循环授信借据账户数据维度

❑ 身份标识信息：姓名、身份证。

❑ 借据信息：循环授信账户编号、借据编号、原借据编号、借款申请时间、借据开立时间、接口金额、借款用途、还款期数、账单日类型、每期还款周期、账单日列表首次还款日、逾期宽限期。

❑ 设备信息：终端类型、设备 MER/MEID、MAC 地址、IP 地址、设备操作系统标签。

9. 循环授信借据还款数据维度

❑ 身份标识信息：姓名、身份证。

❑ 借据还款信息：循环授信账户编号、借据编号、还款期数、本期还款状态、本期应还款日、实际还款时间、本期应还款金额、实际还款金额、逾期天数、逾期金额、本期还款状态确认时间、当前用信总额、本笔借据状态。

4.2.2　个人征信产品服务

百行征信作为央行征信的市场化机构，其个人征信产品服务形态基本向央行征信的个人征信产品看齐。根据数据采集来源及维度，百行征信的产品进行了一定的场景细分。

1. 基础征信服务产品——个人信用报告

个人信用报告是百行个人征信数据库的基础征信产品，面向加入百行信用信息共享的机构和消费者依法提供个人信用报告查询服务。与央行个人征信报告相比，百行个人信用报告属于补充和延展产品，因为其涵盖了大量消费金融记录。

2. 增值征信服务产品

增值征信服务产品主要包含特别关注名单、反欺诈系列产品、多头申请监测产品、信贷行为标签产品、百行智绘产品及共债预警产品。

（1）特别关注名单

特别关注名单主要覆盖了最高法执行局、各地金融监管局的失信被执行人信息和退出经营的 P2P 恶意逃废债借款人信息，并容纳百行征信能获取的其他数据源。

（2）反欺诈系列产品

基于百行征信丰富的数据源，并结合图形技术和深度学习技术，以业务订单为中心建立信息真实性多维度模型和集体欺诈模型，设定逾期类、逃废债名单类、团伙比对类等多类别规则，形成了规则报告、风险画像及评分三类产品形态，即反欺诈系列产品。

（3）多头申请监测产品

多头申请监测产品采用实时运算，从多种身份维度进行匹配，帮助金融机构识别多头申请行为。

（4）信贷行为标签产品

信贷行为标签产品基于信贷数据进行加工，针对共债和逾期行为细化提供多维度基本信贷行为刻画，帮助金融机构设置用户筛查策略。

（5）百行智绘产品

百行智绘产品是百行征信与支付类数据源共同合作推出的标签类产品，融合了支付数据的多个维度信息，兼顾客户的还款能力及意愿，对借款人贷前、贷中、贷后的还款可能性进行综合评估。百行征信根据交易流水，以及借款、还款和还款失败等记录，多维度呈现借款人的用户画像，包含用户的历史还款指数、借款意愿、借贷风险等，可为金融机构完善贷前审批策略，减少风险事件发生的可能性，协助金融机构筛选、过滤高风险客户。

（6）共债预警产品

共债预警产品可为金融机构提供风险预警信息，包括基本信息变动、新贷款申请、负债过高、发生逾期、逾期后还清以及纳入惩戒名单等，并支持机构定制化需要监测的信息，主动跟踪监测。

4.2.3　小微企业征信产品服务

百行征信的企业征信主要适用于小微企业。在互联网金融时期，大量的小微企业主通过各线上金融平台申请小额贷款，沉淀了借还款及逾期违约数据，百行征信拥有的核心企业信用数据就以这类群体数据为主。百行征信的小微企业征信产品服务主要包含 3 类：数据共享类产品、风铃风险类产品、经营分析类产品。

（1）数据共享类产品——小微企业信用报告

小微企业信用报告依靠小微企业及小微企业主的借贷信用数据，通过融合企业与企业法定代表人、董监高等个人信用信息，充分挖掘企业和企业主的信用关联关系及风险要素，从企业借贷交易、企业主信贷行为、抵质押融资物、财务报表，以及工商、司法、电力、税务等公共信用信息，多维度帮助金融机构筛查客户风险，辅助经营决策。

（2）风铃风险类产品

百行征信风铃风险产品体系包括企业关联方探查、人企关联核验、空壳企业识别、红黄绿通道、受益所有人识别、企业模糊匹配、企业关联方风险信号、企业关联方综合画像、小微企业反欺诈及小微企业多头监测 10 类产品。

1）企业关联方探查。以申请人企业身份 ID 进行搜索关联，挖掘其在工商体系有股权的或者担任高管的全量数据，帮助金融机构快速定位申请人的法人身份信息关联的所有企业信息。

2）人企关联核验。以申请人身份 ID 进行搜索关联，挖掘其在工商体系担任法人、股东和高管的全量数据，帮助金融机构快速定位申请人的自然人身份信息关联的所有企业信息。

3）空壳企业识别。对于容易引发洗钱、非法集资、电信诈骗、骗贷、POS 套现、票据诈骗、包装贷等的空壳企业及其对公账户，提供识别服务，防范空壳企业骗贷。

4）红黄绿通道。该产品集成了"反洗钱名单""被列入经营异常名录""来自高风险国家地区"等20多个风控指标，并划分为红、黄、绿通道。

5）受益所有人识别。该产品可协助进行反洗钱侦测工作，满足客户新建立业务关系时识别、核实非自然人客户的受益所有人需求，支持识别直接或间接拥有25%及以上的企业股权或者表决权的自然人（及非自然人节点信息），以及通过人事、财务等其他方式对企业进行控制的自然人及企业高级管理人员。

6）企业模糊匹配。通过输入企业名称关键字，快速反馈匹配的精准名称列表，自动填充企业基础信息。

7）企业关联方风险信号。基于社会公共信用信息，结合百行征信的个人与企业征信业务优势，通过企业及关联方标识，对风险进行1～7级的分级，返回风险信号综合等级、单条风险等级、详情信息等，帮助客户高效精准识别被查主体的风险情形，筛选黑灰客户。

8）企业关联方综合画像。整合多维海量企业数据，经过深度整合、科学关联，生成层级逻辑清晰的小微企业综合风险报告；同时通过构建企业自身风险、关联人群风险、关联企业群风险、财务表现等六个维度的风险分模型，对小微企业自身及周边风险的类型、量级等因素进行综合分析，得到信贷综合评分，可帮助金融机构在贷前预审阶段提前预知小微企业的潜在风险。

9）小微企业反欺诈。从小微企业法人和小微企业两个维度，对法人及关联企业的负债能力、履约行为、企业经营状态、人企关系核验、司法涉诉等进行风险评估，可以用于小微企业主和小微企业进行信贷业务的贷前、贷中及贷后的风险识别。

10）小微企业多头监测。百行征信汇集了合作的各金融机构的贷款申请主体的申请行为数据，用于全面识别多头申请客户，实现小微企业多头借贷超短时查询监测，并融合企业关联方个人多头申请等数据进行关联分析，预防共债风险。

（3）经营分析类产品

企业经营线上数据主要依赖于企业税票及用电数据，百行征信分别推出了基于企业税票及电力征信相关产品。

1）企业税票征信产品。根据用户输入的企业标识、税务标识，获取企业发票数据，主营商品、业务分析、采购分析、成本费用、上下游稳定性分析等多维度数据信息，辅助诊断企业经营风险。

2）企业电力征信产品。百行征信与电力机构合作开发的电力征信数据产品，通过企业的用电状态，即开工状态、用电量波动、用电费用、用电行为、违约、预警接口六大类 20 余项指标，反映用电企业经营状况。

4.2.4　服务情况

百行征信在 2021 年 5 月对外公布了成立三周年的业绩数据：截至 5 月 22 日，百行征信累计拓展法人金融机构 2084 家，个人征信系统收录信息主体超 2 亿人，相较去年同期增长了 135%。

信贷数据源覆盖大型国有银行、全国性股份制银行、城商行、农商行、民营银行、村镇银行、消费金融企业、汽车金融企业、小贷、融资租赁等 20 余类金融机构。

替代数据源渠道数达 30 个，基本实现个人和企业征信业务中公安、司法、工商、电力、税务、运营商、银联、航旅等基础数据源的广泛覆盖。

面向市场推出征信产品 28 款，所有产品累计调用量突破 7.1 亿笔。其中基础征信产品——个人信用报告累计调用量超 3.2 亿笔，增长了 167%，日均调用量增长了 100%；信息核验、反欺诈、特别关注名单等增值征信产品累计调用量超 3.9 亿笔，增长了 636%，日均调用量增长了 700%。

4.3　司法大数据：中国法研

本节以中国司法大数据研究院（以下简称"中国法研"）为例。

中国法研是 2016 年 11 月 10 日经最高人民法院党组研究决定组建的以人民法院信息技术服务中心为主导，由中国电子科技集团企业、新视云企业和华宇企业参股的现代企业制研究机构。2017 年 7 月 31 日，经国家工商总局批准正式定名。

中国法研隶属于最高人民法院信息中心，负责对最高人民法院大数据管理和服务平台的数据进行运营、加工和增值，是最高人民法院信息中心唯一授权的可对外的司法数据服务单位。其汇聚了全国各级人民法院的海量审判执行信息，现存案件数量已达 1.4 亿件；对接全国 3000 多家法院，现存数据覆盖所有法院案件审判流程信息。

4.3.1 开放背景

2013 年最高人民法院向社会开通"全国法院失信被执行人名单信息公布与查询"平台，查询者可通过该平台查询全国法院（不包括军事法院）失信被执行人名单信息。该平台的开放是根据《中华人民共和国民事诉讼法》相关规定，最高人民法院在 2013 年 10 月 8 日制定了《关于公布失信被执行人名单信息的若干规定》，为推进社会信用体系建设，对失信被执行人进行信用惩戒，促使其自动履行生效法律文书确定的义务。

2013 年 11 月 21 日，最高人民法院以法发〔2013〕13 号印发《关于推进司法公开三大平台建设的若干意见》。该意见推进审判流程公开平台、裁判文书公开平台、执行信息公开平台建设，并提到人民法院应当充分发挥执行信息公开平台对失信被执行人的信用惩戒功能，向公众公开以下信息，并方便公众根据被执行人的姓名或名称、身份证号或组织机构代码进行查询：

1）未结执行实施案件的被执行人信息；

2）失信被执行人名单信息；

3）限制出境被执行人名单信息；

4）限制招投标被执行人名单信息；

5）限制高消费被执行人名单信息等。

4.3.2 数据维度

最高人民法院根据《国家"十五"计划期间人民法院物质建设计划》的要求，参照《全国政府系统政务信息化建设 2001—2005 年规划纲要》，制定了《人民法院计算机信息网络系统建设规划》和《人民法院计算机信息网络系统建设管理规定》。根据上述的建设规划和管理规定的相关要求，制定了《人民法院信息网络系统建设技术规范》（以下简称《技术规范》）。

基于《技术规范》中提到的 188 项原始数据信息，根据民事、刑事、行政三大场景对数据进行一定的处理归集后，可以生成七大类数据集：民事相关数据、民事破产相关数据、刑事相关数据、行政相关数据、执行相关数据、强制清算数据及失信被执行人相关数据。

1）民事相关数据维度：案号、原审案号、后续案号、案件标识、经办法院、法院所属层级、案件进展阶段、案件类型、所属地域、立案时间、立案案由、立案标的金额、结案时间、结案案由、结案标的金额、结案方式、诉讼地位及一审诉讼地位。

2）民事破产相关数据维度：案号、案件标识、经办法院、法院所属层级、案件进展阶段、所属地域、立案时间、立案案由、结案时间、结案案由及生效日期。

3）刑事相关数据维度：案号、原审案号、后续案号、案件标识、经办法院、法院所属层级、案件进展阶段、案件类型、所属地域、立案时间、立案案由、附带民事请求赔偿金额、犯罪金额、结案时间、结案案由、附带民事判处赔偿金额、结案标的金额、结案方式、诉讼地位及一审诉讼地位。

4）行政相关数据维度：案号、原审案号、后续案号、案件标识、经办法院、法院所属层级、案件进展阶段、案件类型、所属地域、立案时间、立案案由、立案标的金额、结案时间、结案案由、结案标的金额、结案方式、诉讼地位及一审诉讼地位。

5）执行相关数据维度：案号、案件标识、案件类型、执行法院、执行法院层级、所属地域、案件进展、立案日期、执行标的、结案日期、原审案号及后续案号。

6）强制清算数据维度：案号、案件标识、经办法院、法院所属层级、案件进展阶段、所属地域、立案时间及结案时间。

7）失信被执行人相关数据维度：被执行人姓名/名称、性别、年龄、身份证号码/组织机构代码、执行法院、省份、执行依据文号、立案时间、案号、做出执行依据单位、生效法律文书确定的义务、被执行人的履行情况、失信被执行人行为具体情形及发布时间。

4.3.3　产品服务

中国法研已覆盖全国 3525 家法院，汇聚了各级人民法院的海量审判执行信息，包括案件信息、文书信息及失信信息，实现了跨层级、跨地域、跨系统、跨部门、跨业务的司法数据共享融合。

利用分析挖掘算法，从个人或企业的特征中挖掘出潜在价值信息，抽出针对司法角度的用户标签信息，形成个人或企业涉诉信息画像产品服务。

个人或企业涉诉信息画像系列产品主要抽取风险相关的数据，形成执行公开信息、失信老赖名单、限制高消费名单、限制出入境名单、民商事裁判文书、民商事审判流程、罪犯及嫌疑人名单七大类数据画像。该服务适用于反欺诈、信贷风控、票据查验、资产追溯、企业法律风险评估等业务。

（1）执行公开信息

执行公开信息指个人或单位在法院被执行的案件信息，内容包括立案时间、被执行人姓名或名称、证件号码、执行案号、执行法院、执行标的、执行内容、执行状态、异议备注、终本日期、未履行金额、申请执行人、关联判决案号、判决结果等。

（2）失信老赖名单

失信老赖名单指个人或单位被法院认定为失信被执行人或者老赖的信息，内容包括具体日期、被执行人姓名或名称、证件号码、执行案号、执行法院、执行内容、日期类别、执行状态、异议备注、省份、履行情况、具体情形、发布时间、执行依据文号、执行依据单位、未履行金额等。

（3）限制高消费名单

限制高消费名单指个人或单位被法院限制高消费的信息，内容包括具体日期、被限制人姓名或名称、证件号码、执行案号、执行法院、执行内容、日期类别、执行状态、异议备注等。

（4）限制出入境名单

限制出入境名单指个人被法院限制出入境的信息，内容包括具体日期、被限制人姓名、证件号码、执行案号、执行法院、执行内容、日期类别、执行状态、异议备注等。

（5）民商事裁判文书

民商事裁判文书指法院及仲裁机关对民商事诉讼仲裁案件作出的司法文书，内容包括结案时间、当事人姓名或名称、证件号码、案号、诉讼地位、审理机关、文书类型、涉案事由、涉案金额、审理结果、审理程序、审理人员、异议备注、完整内容查看地址、原告当事人、被告当事人、其他当事人、代理律师、代理律所、前次法院、前次案号、前次判决、前前次法院、前前次案号、前前次判决、胜负、涉诉币种、法院级别等。

（6）民商事审判流程

民商事审判流程指法院及仲裁机关在审理民商事诉讼仲裁案件过程中依法公开的信息，内容包括立案、开庭、送达等流程信息，具体日期，当事人姓名或名称，证件号码，案号，诉讼地位，审理机关，公告类型，涉案事由，公告内容，日期类别，异议备注，所有当事人等。

（7）罪犯及嫌疑人名单

罪犯及嫌疑人名单指公检法机关在刑事侦查、检控、审判中公开的信息，内容包括处理时间、当事人姓名或名称、证件号码、案号、侦查／批捕／审判机关、违法事由、处理结果、异议备注等。

除以上产品形态外，还可以提供如涉诉风险监测报告、背景调查报告／建议，防范企业自身及外部重大风险监测预警等服务。

4.4　航旅大数据：中航信

航旅数据源是中国民航信息网络（以下简称"中航信"），其服务的客户包括近 30 家国内航空企业、近 200 家地区及海外航空企业以及近 7000 家机票代理人，服务范围覆盖 300 个国内城市、80 个国际城市，并通过互联网进入社会公众服务领域。

中航信掌握了除春秋航空外的国内 95% 以上的航旅用户数据，包括乘客的每次票务购买，值机、登机、到达等所有信息。

中航信于 2002 年正式成立，是隶属于国务院国资委的中央企业，是专业从事航空运输旅游信息服务的大型国有独资高科技企业，也是国资委监管企业中唯一从事信息服务的中央企业。其前身为民航旅计算机信息中心。

中航信的主营业务是面向航空企业、机场、机票销售代理、旅游企业及民航相关机构和国际组织，全方位提供航空客运业务处理、航空旅游电子分销、机场旅客处理、航空货运数据处理、互联网旅游平台、国际国内客货运收入管理系统应用和代理结算清算等服务，是目前航空旅游行业领先的信息技术及商务服务提供商，中航信所运营的信息系统被列为国务院监管的八大重点系统之一。

中航信已成为全球第四大 GDS 旅游分销系统提供商，拥有全球最大的 BSP 数据处理中心。

4.4.1 成立背景

航旅大数据蓝皮书中提到：在 1990 年前后，机票查询预订只能通过中航信的企业内部网。随着互联网的发展，中航信开发了基于个人计算机的通用网络前端平台，用户可以采取灵活的接入方式，以客户的身份访问中航信的服务器，使用其系统资源。

中航信同时开发了互联网订座引擎（IBE），主要为商务网站开发机票预订系统使用。IBE 本身并不是一个完整的应用系统，而是提供访问中航信主机系统的 API，客户需要在 IBE 的基础上进行二次开发。IBE 基于业界标准协议 TCP/IP，使用跨平台的 Java 技术，这使得 IBE 可以运行在多种应用平台上，具有很强的伸缩性。IBE 能为客户提供统一接入主机的渠道，大大降低了各个应用系统接口的开发成本，减少了推向市场的时间，有效实现了自己特有的扩展应用。通过 IBE，客户可以把 CRS（计算机分销系统）和自己的非 CRS 支持的应用系统结合起来，很容易地把中航信的 CRS 应用加入现有的业务系统中去。

2003 年，国内三大航空企业之一的中国国际航空股份有限公司率先投产中航信电子客票系统，中国南方航空股份有限公司、中国东方航空股份有限公司等也相继与中航信合作推广电子客票系统，自此中国民航电子客票的建设全面展开。随着电子客票的全面实施，通过电商渠道进行机票订购成为可能，其促进了线上机票代理行业的发展。

2004—2005 年，随着携程、艺龙等 OTA（在线旅行社）的崛起，每日订票量达到上万张，航旅数据真正开始实现大规模的互联网化。2006 年之后，以今日天下通、易行天下等为代表的机票分销 B2B 平台异军突起，日均交易量达 10 万张以上。短短几年时间，机票销售的网上交易量及在线支付量呈几何级倍数迅猛增长，这是各航空企业依靠传统经营手段完全无法实现的，航旅行业的数据时代已经来临。

随着竞争加剧、降低销售成本的压力增大，航空企业纷纷加强自身直销渠道的建设，逐渐降低对代理渠道的依赖。但是国内代理已经掌握了绝大部分的销售渠道。2015 年年末，携程、去哪儿网、艺龙三家 OTA 在机票预订市场的总交易规模占比达 50% 以上，单日销售量 30 万张以上，而 B2B 平台因为场景较为单一而逐渐没落，移动互联网订票渠道的绝大部分用户掌握在 OTA 手中。

社会大环境促进了航旅相关行业的市场发展和业务增长，互联网尤其是移动互联网的井喷式发展更是带动了航旅数据领域飞速前进，航旅大数据时代已经到来。

4.4.2　数据维度

中航信早期参考国际通行数据标准制定的《中航信标准数据格式》，非常翔实地分享了中航信掌握的数据维度。

《中航信标准数据格式》中描述了目前中航信航班控制系统（ICS）、计算机分销系统（CRS）和离港系统（DCS）最常用、最关键的数据，下面分别对各类数据维度作简要说明。

（1）收益数据、SCH 数据、航班数据

这三类数据均来自 ICS。收益数据根据航空企业的不同要求，包括 30 个左右抽取点的航班数据，通常用于航空企业的收益管理系统；SCH 数据是航空企业的航班计划数据，通常是收益系统的辅助，也可以用于单独分析；航班数据为航空企业昨日起飞航班的汇总情况，因为这部分数据可以使航空企业立即获得昨日航班运营的整体信息，比较常用，所以单独作为一份数据。

（2）PNR 数据（销售）

该数据来自 ICS 的 PNR 数据，记录前一天发生航段交易的 PNR 中该航段的航段组等信息。

（3）PNR 数据（成行）

该数据来自 ICS 的 PNR 数据，记录前一天起飞航班上所有确认状态的 PNR 的航段组、旅客组和责任 Office 等信息。

（4）CKI 数据（详细）/CKI 数据（汇总）、LDP 数据

CKI 数据（详细）是使用航信离港值机系统的接收旅客或 NOSH（值机未登机）旅客的值机信息，CKI 数据（汇总）是 CKI 数据（详细）的汇总信息；LDP 数据是使用航信配载系统的航班配载信息。

（5）BIDT 数据

该数据是航信对航空企业开账的明细数据，全部来自 ICS 的 PNR 数据。

（6）MIDT 数据

该数据是航信在参考国外 GDSMIDT（全球分销系统市场信息数据）内容格式的基础上，制定的航信标准的 MIDT 数据，全部来自 CRS 的 PNR 数据。

4.4.3　产品服务

航旅用户群体具有天然的高净值属性，航旅用户相关数据在客户资质判断、金融风控额度评估、轨迹反欺诈及营销环节，均有显著的应用价值。

国民人均收入的上升促进了消费升级，具备旅游出行消费能力及需求的人群规模也逐年增长。而 OTA 的发展提高了用户订票的便捷度，也间接刺激了人们日常航空出行的需求，航旅在出行工具中的渗透率大大提升。

用户数量的增加，可以带动相关数据在各机构场景中覆盖率的提高。而且数据由统一的机构管理，各省市各航空企业的用户数据打通也更容易，数据标准化输出就不成问题。同时，时效性问题也在航旅数据的不断商用过程中满足风控商用价值。最重要的是，航旅数据的确在部分风控过程中的贷前审核及用户资质评估方面得到不错的效果反馈。中航信核心的产品服务为航旅客户画像标签，具体包括基础标签和航旅分。

1. 基础标签

标签维度：一年内飞行次数最繁忙的乘机月份、最繁忙月份乘机次数一年内的平均折扣、头等舱乘坐次数、商务舱乘坐次数、经济舱乘坐次数、最频繁乘机出发城市、最频繁乘机到达城市、最频繁使用航空企业及乘机次数、国内飞行次数、国外飞行次数、免票次数平均票价、总延误时间（分钟）、平均延误时间（分钟）、平均提前出票天数、最后飞行时间、最后起飞时间、最后抵达城市、总共飞行里程数（km）。

（1）优质客户标签

标签维度：客户等级、出行次数、平均票价、平均折扣、累计里程（km）、头等舱乘坐次数、商务舱乘坐次数、经济舱乘坐次数、最频繁乘坐次数、最频繁乘机出发城市、最频繁乘机到达城市。

（2）民航风险人员名单

民航风险人员名单指在使用航旅出行服务的过程中有堵塞 / 抢占 / 冲击值机柜台、安检通道、登机口（通道）等行为的用户，该类用户会被纳入民航限制乘坐民用飞机严重失信人名单，并被限制乘坐民用飞机。

2. 航旅分

航旅分是中航信立足于国内航旅数据实际情况，结合国际上领先的信用评分系统建立方法而设置的，是适用于进入行业多种应用场景的独立第三方航旅人群评分系统。消费能力、品牌认知度、价格敏感度、成长值 4 个细分维度与"航旅分"共同组成了该评分体系。

1）消费能力：根据商旅人群在商务活动中的消费频率和单次消费的金额综合评判出其消费能力。

2）品牌认知度：综合评判商旅人群对航空企业品牌价值的认可度。

3）价格敏感度：根据商旅人群折扣舱位的不同选择，评估价格对其重要性。

4）成长值：根据商旅人群的商务出行变化，综合评判其未来的成长趋势。

4.5　铁路大数据：12306 网站

中国铁路客户服务中心（以下简称"12306 网站"）是铁路服务客户的重要窗口，集成了全路客货运输信息，为客户提供客货运输业务和公共信息查询服务。

12306 网站于 2010 年 1 月 30 日（2010 年春运首日）开通，用户在该网站可查询列车时刻、票价、余票、代售点、正晚点等信息。2013 年 12 月 8 日，12306 手机客户端正式开放下载。

4.5.1　开放背景

铁路客运的快速发展积累了大量数据，这些数据产生于系统运行、业务运营、旅客出行等各个环节，对它们整合和分析可为管理部门提供决策支持，为运营部门业务开展提供支撑，为客户提供更个性化、更好的社会化服务。因此，充分发掘和利用这些数据资产，可为铁路部门产生巨大的价值。

中国铁路客票团队从 2012 年开始进行大数据的应用技术研究，针对数据采集、存储、处理、共享、可视化及数据安全等形成技术积累和人才储备，对客运业务及运营需求进行数据归类、模型建立和经验总结，将技术、应用与实践相结合，搭建小规模的大数据平台，并在部分业务系统中开展试点应用。

中国铁路总公司 2017 年发布《铁路大数据应用实施方案》(以下简称《方案》)，其中提到 2017 年是铁路大数据的全面开局之年，《方案》作为顶层设计文件，为铁路大数据工作指明了方向。同期，铁路数据服务平台的基本功能研发完毕，为铁路大数据应用奠定了技术基础。2018 年，基于"平台＋应用"模式，大数据应用在多个铁路局集团企业同步展开。

《方案》提到，按照各业务领域大数据应用的发展成熟度和紧迫程度，铁路大数据应用将分 3 个阶段有序推进：

1）2017—2018 年，强化基础，重点突破。此前，铁路大数据应用的基础尚薄弱，该阶段的首要任务是建立健全数据标准、数据管理的体制机制、技术平台、人才队伍等基础设施，围绕个别重点应用开展先行先试。

2）2019—2020 年，深化应用，持续提升。在数据服务平台初步建成的基础上，开展数据资源汇集，建立大数据应用的数据基础，进而开展各专业大数据应用。在该阶段，专业内大数据应用全面深化，跨专业大数据应用全面展开，跨行业大数据应用初步启动。

3）2021—2025 年，全面应用，引领行业。专业内、跨专业大数据应用得到全面深化，跨行业大数据应用取得显著成效，铁路大数据在行业外的影响力显著提升。

4.5.2 数据维度

为了更好地研究铁路大数据具有哪些数据维度，铁路客运用户画像系统成为主要的研究对象。铁路客运用户画像系统连接了铁路 12306 互联网售票系统、客管系统、清算系统、客服系统、财产保险信息系统、短信平台、电子支付平台等客运生产和服务系统，以及客运相关的延伸服务系统（互联网订餐、广告和站车 Wi-Fi 运营服务等）。由于各系统构建的时间不同，采用的技术不同，系统中存储的数据类型和格式也千差万别，要把这些数据都纳入铁路客运用户画像系统中，需要经过标准化加工和整理后才能使用。以下是 10 套系统及采集的数据维度的简要说明。

（1）铁路客票发售和预订系统

铁路客票发售和预订系统（简称"客票系统"）主要包含旅客实名信息、铁路客票数据、订票存根等。

（2）铁路 12306 互联网售票系统

铁路 12306 互联网售票系统为旅客提供了互联网售票渠道，该系统产生了大量的用户登录、查询、购票、支付等日志数据，以及用户的基本信息，包括姓名、身份证号、手机号、邮箱等。

（3）铁路旅客运输管理信息系统

铁路旅客运输管理信息系统（简称"客管系统"）是以客运管理和服务人员为用户，集客运乘务管理、站车交互、旅客服务于一体的综合管理信息系统，实现了旅客运输管理和服务信息的共享。

（4）铁路旅客运输清算系统

铁路旅客运输清算系统以清算规则为依据，通过创建清算数据库、构建清算模型和规则库进行清算处理，为运输企业提供收入费用的清算和资金结算服务，同时利用智能分析和数据挖掘技术为运输企业提供辅助决策支持。

（5）12306 客户服务系统

12306 客户服务系统是铁路服务客户的重要窗口，系统采取语音自助、人工在线、网站查询、客户信箱等方式，为社会和铁路客户提供客货运输业务和公共信息查询服务，并受理旅客投诉、咨询和建议，累积了大量旅客的反馈数据和问题处理方式集。

（6）铁路财产保险信息系统

铁路财产保险信息系统是为适应铁路保险业务快速发展的需要，以保险核心业务系统、电子商务系统、财务系统为重点，利用既有铁路信息资源构建的保险信息服务体系，实现了投保、承保、理赔、客户服务等保险业务全流程的电子化和网络化。

（7）短信平台

短信平台与现有交易业务系统紧密结合，提供短信收发功能，目前主要包括铁路

12306 互联网售票系统注册用户的注册通知、购票通知、行程通知等数据，有助于提升用户体验和实现精准营销。

（8）电子支付平台

电子支付平台为业务系统提供支付功能，支撑客户进行业务办理，如互联网购票、窗口 POS 购票、货运业务办理等。

（9）延伸服务系统

延伸服务系统涉及酒店预订、餐饮服务、广告、定制服务和站车 Wi-Fi 运营服务等子系统，主要包括用户的查询、订阅、广告点击、服务定制等方面的数据，铁路客运用户画像系统可以从延伸服务系统中获取相关数据。

（10）外部系统

除上述内部系统外，还可以通过接口从气象、航空等外部系统获取主要航线的架次、起飞时间、票价以及重要地区的气象数据等。

4.5.3　产品服务

铁路大数据的主要服务可以分为身份核验服务、用户资质核验服务和标签类服务。

1. 身份核验服务

2014 年 1 月 1 日，《铁路安全管理条例》正式施行，第六十四条明确规定：铁路运输企业应当按照国务院铁路行业监督管理部门的规定实施火车票实名购买、查验制度。

《铁路旅客车票实名制管理办法》于 2014 年 11 月 15 日通过，自 2015 年 1 月 1 日起施行，要求实施铁路旅客车票实名购买、查验制度。车票实名购买是指购票人凭乘车人的有效身份证件购买车票或者铁路运输企业凭乘车人的有效身份证件销售车票。车票实名查验是指铁路运输企业对实行车票实名购买的车票记载的身份信息与乘车人及其有效身份证件原件（即"票、人、证"）进行一致性核对的行为。车票实名购买和实名查验统称为车票实名制管理。

此后，通过互联网、电话等方式购票时，购票人需要提供真实准确的乘车人有效身份证件信息；取票时，需要提供乘车人的有效身份证件原件或复印件。2022 年，交通运输部发布了新修订的《铁路旅客车票实名制管理办法》，于 2023 年 1 月 1 日起施行。

目前铁路互联网售票系统注册用户近 6 亿，全部旅客信息都是通过实名制核验的，所有的身份证数据都真实、可靠。服务机构将系统内的所有有效身份证数据打包形成核验产品，对第三方服务平台提供身份核验服务，可发挥铁路旅客数据的价值，降低第三方支付平台实名制实施的难度。

当然，铁路部门的身份核验服务相比于公安部的身份核验服务在覆盖率、准确性及时效性上仍有差距，在一些不涉及资金及敏感信息的场景中，铁路部门的身份核验服务可替代公安部的身份核验服务。

2. 用户资质核验服务

用户资质核验支持验证用户性别、是否学生身份、是否社会新人、是否高端商旅人士、常住地是否二线城市或三线城市、是否旅游达人等。验证逻辑如下：

1）根据身份证号的性别位判断用户性别。

2）最后一次购买学生票到现在不超过 4 个月。数据库只记录了学生群体最后一次购票的日期，通过当前查询时间与最后一次乘车时间差校验其学生身份概率。

3）最后一次学生票乘车日期到现在超过 4 个月小于 1 年，并结合年龄 27 岁以下判断是否社会新人。

4）12 个月内乘坐高端席别比例超过 $X\%$ 的为高端商旅人士，X 可以由金融机构定义。高端席别指软卧、高级软卧、商务座、特等软座、软包。

5）将城市划分为 4 个等级，其中一线城市为直辖市，二线城市为省会城市，三线城市为地级市城市，四线城市为其他城市。根据乘客常出发点所在城市进行判断。

6）统计日期前 24 个月内旅客到达旅游城市的次数占总乘车次数的比例大于 10% 的定义为旅游达人。

3. 标签类服务

根据对铁路底层数据的分析，理论上可以实现以下系列标签服务，但标签服务有时涉及数据形态未达到合规的脱敏或去标识化，存在一定的政策风险，因此以下产品服务即使可以实现，也肯定会非常谨慎且限制对外开放的条件。

（1）账户属性

年龄层：根据身份证号判断年龄，用当前年份减去出生年。

关联身份证个数：12306 注册用户账户中关联的通过身份核验的常用联系人个数。

关联手机号个数：12306 注册用户账户中留存手机号且通过身份核验的常用联系人个数。

（2）乘车决策数据统计

作为乘车人购票总次数：统计本身份证作为乘车人的火车票张数，包括全部购票方式（网络购票、手机端购票、线下购票）的自购、他人代购数量，且不扣除退票数量。

作为乘车人退票总次数：统计本身份证作为乘车人的火车票的退票张数。

作为乘车人改签总次数：包括自己改签、他人代改签的数量。

作为乘车人 GDC 列车购票总次数：统计本身份证作为乘车人的全部购票方式的自购、他人代购的 GDC 列车购票总次数。

作为乘车人普通列车购票总次数：统计本身份证作为乘车人的全部购票方式的自购、他人代购的普通列车购票总次数。

行程变化比例：乘车人购票之后退票、改签总次数与乘车人出行总次数之比。

车票挂失次数：乘车人挂失票的次数，只要是用该旅客的身份证件信息购票的都包括在内。

车票挂失比例：乘车人的挂失车票的比例，为挂失次数与购票总次数之比。

乘车总次数：该旅客乘车的总次数，等于该旅客作为乘车人的车票数量减去退票的数量。

（3）乘车时间数据统计

总旅行时长：统计周期内乘车人的总乘车时间。

工作日乘车比例：旅客乘车时间为工作日的次数与旅客的乘车总次数之比。

最近出发时间段：该旅客最近一次乘车出发时间段。

最近到达时间段：该旅客最近一次乘车到站时间段。

（4）乘车消费数据统计

乘车消费总金额：该旅客乘车消费总金额（含自购票、由他人代购票），含作为乘车人实际出行的车费金额，如有退票，扣减已退车票的金额。

GDC 列车消费总金额：该旅客乘车车次是 GDC 开头的消费总金额，含自购票、由他人代购票的车费金额，如有退票，扣减已退车票的金额。

普通列车消费总金额：该旅客乘车车次是普通列车的消费总金额，含自购票、由他人代购票的车费金额，如有退票，扣减已退车票的金额。

（5）乘车等级、席别数据统计

GDC 等级列车乘车比例：该旅客 GDC 车乘车总次数与该旅客乘车总次数之比。

普通列车乘车比例：该旅客普通列车乘车总次数与该旅客乘车总次数之比。

高端席别（软卧、高级软卧、特等软座、商务座）乘车次数：乘车人乘坐软卧、高级软卧、特等软座、商务座席别次数。

普通席别乘车数量（其他）：乘车人乘坐除软卧、高级软卧、特等软座、商务座以外的席别次数。

高端席别（软卧、高级软卧、特等软座、商务座）乘车比例：乘车人乘坐软卧、高级软卧、特等软座、商务座席别比例，为高端席别的次数与该旅客的乘车总次数之比。

普通席别乘车比例（其他）：乘车人乘坐除软卧、高级软卧、特等软座、商务座以外的席别比例，为普通席别次数与该旅客的乘车总次数之比。

（6）购票行为数据统计

线下购票比例：乘车人通过售票窗口、自动售票机、电话等购票的比例（含自购票、其他用户为其购票）。

互联网购票比例：乘车人在 12306 网购买车票的比例，包括其他用户为其购票。

手机购票比例：乘车人在 12306 手机端购买车票的比例，包括其他用户为其购票。

提前 N 小时购票比例（N 为 0 ～ 24）：乘车人提前 0 ～ 24 小时购票的比例，为提前 0 ～ 24 小时购票次数与乘车总次数之比，包括其他用户为其购票。

提前 N 小时购票比例（N 为 24 ～ 48）：乘车人提前 24 ～ 48 小时购票的比例，为提前 24 ～ 48 小时购票次数与乘车总次数之比，包括其他用户为其购票。

提前 N 小时购票比例（N 为 48 以上）：乘车人提前 48 小时以上时间段购票的比例，为提前 48 小时以上购票次数与乘车总次数之比，包括其他用户为其购票。

（7）订单交易数据统计

交易未支付总张数：购票人购买车票时未完成支付的车票总数量。

作为购票人的退票数量：购票人购买车票后又进行退票的总张数。

作为购票人的改签数量：购票人改签的总张数。

孩票数量：购票人购买儿童票的数量。

残军票数量：购票人购买残军票的数量。

孩票比例：购票人购买儿童票的比例，为该旅客购买孩票的张数与该旅客购票总张数之比。

残军票比例：购票人购买残军票的比例，为该旅客购买残军票张数与该旅客购票总张数之比。

4.6 税务大数据：航天信息

航天信息是由中国航天科工集团有限公司控股、以信息安全为核心技术的 IT 行业高新技术国有上市企业，于 2000 年 11 月 1 日成立，2003 年 7 月 11 日在 A 股市场成功挂牌上市。

航天信息基于 17 年的税务数据沉淀，在 2016 年布局企业征信成立了爱信诺征信，爱信诺征信原则上是旗下企业信用评级、企业信用报告、同业合作及数据合作业务的主要对外出口。

4.6.1 成立背景

1. 背负国家重点工程的历史重任

航天信息是在"金税工程""金盾工程""金卡工程"三个国家重点工程中诞生的，这三块相关业务的核心都是信息安全。航天信息围绕这个核心开展与之相关的软件（防伪税控体系、系统集成等）与硬件（IC 卡、税控盘等）业务。

航天信息在税务数据领域的布局严格来说始于 2000 年，此时国务院批准推广防伪税控系统，"金税工程"二期建设方案获得批准。同年，航天信息股份有限公司正式成立，在"金税工程"二期期间，企业完成上市，并在企业行业信息化取得一定突破；在金税三期期间，企业完成税控产品的迭代，参与了国家"三金工程"，迅速拓展了 IC 卡、物联网领域（"金税工程"1994—1998 年是一期，1998—2003 年是二期，2005 年至今是三期）。

紧接着在 2013 年 12 月，发改委、财政部、国家税务总局和国家档案局联合下发

《关于组织开展电子发票及电子会计档案综合试点工作的通知》（以下简称《通知》）。《通知》要求：京东、苏宁和海尔等电子商务企业针对网购开具电子发票；中国电信、中国联通和中国人保财险等企业建设电子会计档案，接收、记账、归档保存电子发票；航天信息、东港等企业完善电子发票系统的输出接口，做好与会计档案电子化管理试点单位会计核算等相关系统的对接。

《通知》为后续航天信息的税务系统业务的发展指明了方向，也奠定了其与京东、苏宁等知名电商合作电子税务的基础。《通知》下发的同一个月，航天信息在上海承建的电子发票系统上线。

2015 年，航天信息拥有超过 500 万的一般纳税人企业用户。

2. 航天信息二次创业的规划

2011 年，航天信息在企业年报中提出：寻求二次创业开始，转变思路从内生发展转向内生到外延，在金融领域的布局展开就是顺理成章的事。2012 年，制定了进军金融科技产业的战略部署。航天信息历年沉淀了近千万企业的核心税务数据，各类与征信有关的数据也在不断丰富，支付业务、投融资业务及理财业务的合作成了众多企业消费数据、信贷数据、资产数据的来源。

无论从信用内容层面、可操作层面，还是信息具体内容上讲，税收信用都是社会信用的重要组成部分。

税收信用不仅关乎税收自身，还在整个税收过程中体现了个人或企业的纳税意愿、纳税能力、纳税速度。到目前为止，欠税记录已经是央行信用报告中的一部分。

从可操作层面来讲，在信用额度评价中经常用到的银行流水可以通过一些技术手段来伪造，所产生的信用额度会相对扩大。而对于企业来说，税收信用是一种相对"保守的信用"，由于企业收入与增值税挂钩，而且使用航天信息自有的防伪税控专用设备，在判断信用额度上会更谨慎，因此将两者联合比对会有更好的征信效果。所以说，税收信用必将成为日后商业信用评定的核心之一。

从信息具体内容上来讲，航天信息的防伪税控信息不是单纯的一个年度纳税额，而是每一次交易的时间、额度及对应的交易内容。

4.6.2 数据维度

航天信息作为企业征信备案机构之一，具有相对完整的企业工商体系数据，但其最核心的是税务及发票相关的数据。根据航天信息参编的《电子发票基础信息规范》，可以得到以下发票相关的数据维度。

（1）基础通用信息

基础通用信息内容包括发票代码、发票种类代码、发票号码、开票类型、开票日期、合计金额、合计税额、价税合计金额、代开标志、代开单位、清单标志。

（2）红字发票信息

红字发票信息内容包括原发票代码、原发票号码、冲红原因。

（3）销售方信息

销售方信息内容包括销售方识别号、销售方名称、销售方电话、销售方地址、开户银行名称、开户银行账户。

（4）购买方信息

购买方信息内容包括购买方类型、购买方识别号、购买方名称、购买方电话、购买方地址、开户银行名称、开户银行账户。

（5）开票项目信息

开票项目信息内容包括商品行性质、项目名称、规格型号、计量单位、含税标志、数量、单价、金额、税目、税率、税额、商品编码、优惠政策标识、优惠说明、零税率标识、扣除额。

（6）安全信息

安全信息内容包括二维码、校验码、开票方电子签名、防伪密文。

（7）发票状态标志信息

发票状态标志信息内容包括入账状态、冲红状态。

（8）附加信息

附加信息内容包括开票人、收款人、复核人、查验 URL。

（9）发票关联信息

发票关联信息内容包括订单号、支付流水号、支付方式、支付平台名称、支付平台编码、物流运单号、物流平台名称、物流平台编码、发票开具服务平台名称、发票开具服务平台编码。

4.6.3 产品服务

1. 爱信融

爱信融是爱信诺征信旗下的金融产品，以授权采集企业经营信息为基础，利用经营信息及其他渠道信息设置准入条件，结合核心税务数据预测企业未来的销售收入增长情况、评估企业变化趋势、评估企业未来债务违约的可能性、定量评估企业信贷风险程度、评估企业授信额度、判定企业信用等级，结合信用评分、授信额度和贷后管理指标等风控方案，帮助金融机构向符合授信条件的企业、企业主发放人民币信用贷款，用以满足其经营周转的资金需求。

2. 金融信用报告

依托航天信息的数据资源优势，整合企业的多维度信息，包括工商、司法、经营、资产、反欺诈等，形成全面的企业整体画像，为银行等各类金融机构提供审贷报告、贷后报告、预警报告等贷后监控预警分析报告，帮助其合理评定企业的信用状态，及时防范信贷风险，降低不良贷款损失。

根据《企业信用调查报告格式规范》对于企业信用报告的要求，爱信诺征信主打的信贷融资审贷报告及贷后报告的核心字段表内容应该与图 4-8 所示的普通调查报告数据维度相同或类似。

经营场所信息表	经营场所建筑面积	经营场所使用面积	经营场所使用关系						
股权结构信息表	机构投资者名称	组织机构代码	出资方式	认缴出资额	出资比例	实缴出资额	个人投资者姓名	身份证件名称	身份证件号码
董（监）事会主要成员表	姓名	职务	国籍（地区）	性别	身份证件名称	身份证件号码	学历	履历	备注
分支机构信息表	中文名称	英文名称	组织机构代码	负责人	住所	联系电话	传真电话	备注	
主要设备表	设备名称	型号	数量	单位	权属	技术状况	备注		
资产负债表（资产）	流动资产	货币资金	短期投资	应收票据	应收账款	坏款准备	应收账款净额	预付账款	……
利润表	营业收入	营业成本	销售费用	管理费用	财务费用	资产减值损失	公允价值变动净收益	投资净收益	……
现金流量表	经营活动产生的现金流量	销售商品、提供劳务收到的现金	收到的税费返还	收到的其他与经营活动有关的现金	经营活动现金流入小计	购买商品、接受劳务支付的现金	支付给职工以及为职工支付的现金	支付的各项税费	支付的其他与经营活动有关的现金
开户信息表	开户银行名称	开户时间	银行账户	账户用途	账户状态	备注			
银行融资信息	银行名称	融资形式	融资额度	融资金额	融资起始日期	融资到期日期	逾期天数	逾期金额	备注
资产负债表［负债及所有者权益（股东权益）］	在建工程	工程物资	固定资产清理	生产性生物资产	油气资产	无形资产	……		
无形资产表	名称	证书编号	登记机关	受保护起始日期	受保护终止日期	备注			
人员构成表	人员总数	从业3年以下员工数	从业3～5年员工数	从业5年以上员工数	初级职称员工数	中级职称员工数	高级职称员工数	……	
经理及其他高级管理人员表	姓名	职位	国籍（地区）	性别	履历	备注	……		
上市信息表	上市地点	上市时间	备注						
专项登记证信息表	专项登记证名称	专项登记证形式	专项登记证号码	专项登记证审批机关	……				
主要资质信息表	资质证名称	资质证号码	资质证发证机关	资质证核发日期	资质证有效期起始日期	资质证有效期终止日期	备注		

图 4-8 普通调查报告数据维度

4.7　交通大数据

交通大数据包含高速卡口、北斗卫星、ECT、运政等数据大类。本节以高速卡口和北斗卫星两大类数据进行分析。

4.7.1　数据宝

贵州数据宝网络科技有限公司（以下简称"数据宝"）是中国领先的国有数据资产代运营服务商，2016 年成立于中国首个大数据综合试验区——贵州省贵安新区，致力于为国有数据资源方提供数据治理智能化、建模加工产品化、场景应用商品化、流通交易合规化等数据要素商品化全生命周期管理服务，同时也是华东江苏大数据交易中心的股东与运营方，2021 年被工信部评为国家级大数据试点示范单位。

股东包括：贵州省贵安新区（产业基金）、中科院中科创星（产业基金）、国家工业信息安全发展研究中心（工业和信息化部电子第一研究所）全资子企业、海尔资本（旗下政府引导基金）、鲲鹏基金（贵安新区管委会）及上海拓鹏集团。

数据宝是国内少数同时具备"国资参股、政府监管扶持、市场化运作、大数据资产交易合法经营资质"属性的大数据"国家队"，被纳入国家大数据（贵州）综合试验区建设"七新"成果。

数据宝成立至今已连接超过 50 家部委、央企 / 国企数据，包括公安部、运营商、银联、工信部及交通运输部等，是国内少有的多源合规数据源授权运营服务机构。

1. 高速卡口数据开放背景

2016 年，交通运输部办公厅发布的《关于推进交通运输行业数据资源开放共享的实施意见》中明确提出"建立健全行业数据资源开放共享体制机制"以及"完善行业数据资源开放共享技术体系、建立互联互通的行业数据资源开放共享平台"等目标。随后，交通运输部又相继出台了《数字交通发展规划纲要》《推进综合交通运输大数据发展行动纲要（2020—2025 年）》等文件，均提到了要构建和完善数据资源开放机制。

2019 年，数据宝通过与交通运输部合作，推动交通大数据的重要组成部分——高速大数据的开放共享，通过建立"安全堡垒机集群"，确保"底层数据不出库""数据交互零缓存"，在保障国有数据安全的前提下，自主研发成熟的交通大数据产品，助推交通大数据的稳步开放、安全流通及合法合规应用。

数据宝深度运营的高速大数据资源具有覆盖全国所有高速通行车辆（海南、西藏除外）、数据权威合法、数据库动态更新、结构化数据、支持数据回溯、支持灵活开发应用等特点，并可以与其他国有数据融合应用于智慧交通、保险、金融、物流、汽车、政务等行业相关场景，以大数据为引擎，有效驱动相关行业领域的数字化能力，推动产业降本增效、转型升级。同时，这也是加快培育数据要素市场、进一步激活国有数据价值、推动大数据产业规范化发展的一项重要案例工程。

2020 年 4 月，中共中央、国务院发布《关于构建更加完善的要素市场化配置体制机制的意见》，提出要加快培育数据要素市场，将"数据"作为新型生产要素，和"土地、劳动力、资本、技术"并列为五大重要生产要素。意见提出："推进政府数据开放共享。优化经济治理基础数据库，加快推动各地区各部门间数据共享交换，制定出台新一批数据共享责任清单。研究建立促进企业登记、交通运输、气象等公共数据开放和数据资源有效流动的制度规范。""提升社会数据资源价值。培育数字经济新产业、新业态和新模式，支持构建农业、工业、交通、教育、安防、城市管理、公共资源交易等领域规范化数据开发利用的场景。"交通运输数据作为重要的公共数据，在意见中被重点提出。

2021 年 12 月，交通运输部最新发布的《"数字交通"十四五发展规划》针对行业成体系、成规模的公共数据较少，数据开放与社会期望还存在差距的现状，提出研究制定交通运输公共数据开放和有效流动的制度规范，推动条件成熟的公共数据资源依法依规开放和政企共同开发利用。

2. 核心数据来源

交通运输部汇集了全国 29 个省级行政区（目前不包括西藏、海南、台湾、香港、澳门）、2 亿台车（乘用车及运营车）、12 000 个高速出入口站点、25 000 多个 ETC 门架的数百亿级数据。

交通运输部高速卡口包含五大系统，分别为治超系统、支付系统、ETC 门架系统、称重系统及 OCR 系统，如图 4-9 所示。

1）治超系统：全称治超非现场执法称重系统，该系统能在 0.5 ～ 200km/h 速度范围内检测过往车辆的车型、超重、流量、轴重、总重和速度等数据，其称重性能保证能够在交通流量较大或车速较快的路段快速采集车辆信息，而不影响正常交通。

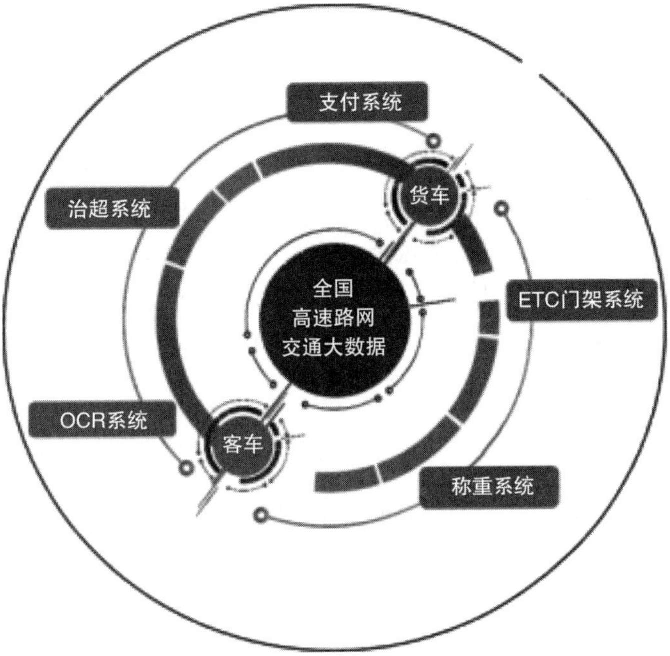

图 4-9　高速卡口的五大系统

2）支付系统：主要支持 CPC（复合通行卡）、ETC 及支付宝、微信支付方式的融合支付。

3）ETC 门架系统：是一种类似交通探头的设施，架设在高速公路上方，替代原有的省界收费站的功能，就像交通探头一样架设在高速公路上方，通过射频装置读取车载 ETC 的信息，实现对车辆行驶路径的精准记录。

4）称重系统：主要针对的是货车，可自动检测到车辆的速度、轴重、轴数、轴距、整车重量和通过时间等信息，并自动分离车辆，形成一条完整的车辆称重信息。

5）OCR 系统：主要用于识别抓拍的车辆照片信息，提取车牌号、车牌颜色、车辆型号等数据。

高速卡口的各系统汇总数据主要分为入口、出口及门架三大节点进行数据采集。

入口采集字段：通行标识 ID、行政区划代码、省份、通行介质类型、OBU 序号编号、通行介质编号、入口日期及时间、入口时间、入口小时、入口实际车牌号、车牌颜色、车籍、入口实际标准车牌号、入口识别车牌号、入口识别标准车牌号、入口车型代码、入口车种代码、入口车货总重、入口轴数、入口收费站编号、入口收费站名称、入口车道编号、入口车道类型。

出口采集字段：通行标识 ID、行政区划代码、省份、通行介质类型、计费方式、OBU 编号、通行介质编号、出口日期及时间、出口时间、出口小时、出口实际车牌号、车牌颜色、车籍、出口实际标准车牌号、出口识别车牌号、出口识别标准车牌号、出口车型代码、出口车种代码、出口车货总重、出口轴数、出口收费站编号、出口收费站名称、出口车道编号、出口车道类型、入口收费站编号、入口收费站名称、入口日期及时间、入口车货总重、计费总里程数、最小费额里程数、是否开放式收费站、支付类型、通行省份个数。

门架采集字段：通行标识 ID、行政区划代码、省份、ETC 门架编号、ETC 门架 HEX、行驶方向、门架顺序号、门架类型、对向门架 HEX、通过日期及时间、通过时间、通过小时、通行介质类型、OBU 编号、通行介质编号、计费车牌号、车牌颜色、车籍、实际标准车牌号、识别车牌号、识别标准车牌号、车型代码、车种代码、轴数、座位数 / 载重、车道编号、车辆速度、入口收费站 HEX、入口收费站名称、入口日期及时间、入口状态、入口车货总重、上一个门架 HEX 值、通过上一个门架的时间、计费里程、交易前累计里程、交易后累计里程。

2020 年之前，高速卡口的数据 ID 如车牌号，主要通过 OCR 系统进行牌照识别提取，而各省站点建设之初，各站点均与不同的服务商合作，各服务商提供的 OCR 系统及识别能力均有差异，同时由于各种现场环境因素（如天气、位置、灯光等）会导致采集的数据产生缺失或误识别，从而导致各种脏乱数据非常多，无法直接市场化，因此需要三步走。首先进行数据有序化治理，实现数据标准基础化；然后各省间数据进行共享比对，实现数据有效优化，促进各省积极采集及共享数据，同时按照交通运输部的治理反馈优化内部采集流程，提高区域数据采集质量；最后通过商品化产品打造流程，将数据维度按照场景需求进行拆分，结合各自模型能力实现相应的产品形态。

3. 主要产品服务

数据宝交通数据系列产品 API 已经有数百种，细分的产品模块也有约 20 种，此处仅选择几个大产品板块进行分享。

（1）货车风险综合评估

货车风险综合评估对货车的高速动态驾驶行为进行大数据分析，形成超速、超载、路线分布、时间段分布等系列驾驶行为因子库，用于保险、金融、汽车、智慧交通、政务等相关领域的场景。为了达到有效的风险识别效果，其主要的维度约为 50 项，如图 4-10 所示。

总行程数	总行驶里程数	出口地级市通行频次 Top20	高速通行所遇风险驾驶车辆时长
全天逐 3 小时行程数分布	节假日行驶里程	入口地级市通行频次 Top20	高密集车辆路段行驶时长
节假日行程数	工作日行驶里程	常跑路线 Top10	路线弯曲程度
工作日行程数	清晨行驶里程	通行路线离散程度	超车行为分析
疲劳驾驶行程数	上午行驶里程	活动半径	跟车行为分析
过度疲劳驾驶行程数	午后行驶里程	活动范围集中度	
长距离行程数	黄昏行驶里程	高速通行支付行为偏好	
中距离行程数	前半夜行驶里程	高速通行支付稳定性	
短距离行程数	后半夜行驶里程	载货行为分析	
长时间行程数	超速行驶里程	满载行驶里程	
行程数中位数	拥堵行驶里程	满载行驶时长	
行程数标准差	繁忙道路行驶里程	运输总量	
平均速度（出入站）	平均行驶里程（活跃日）	货物周转量	
平均速度（门架）	平均行驶里程（行程）	运输饱和度	
超速行为（出入站）	行驶里程中位数	高速通行所遇风险驾驶车辆数量	
超速行为（门架）	行驶时长标准差	高速通行所遇风险驾驶车辆频次	

图 4-10　货车风险评估维度

营运货车风险预测模型基于车辆静态信息、北斗车联网动态行驶数据、高速动态行驶数据等多个维度数据，采用领先的机器学习对营运货车风险进行全面筛选，对其风险高低进行精准评估，补充了传统车险所不具备的动态风险维度，帮助车险相关企业快速识别及区分营运货车风险。

非营运货车风险预测模型基于车辆静态信息、高速动态行驶数据等多个维度数据，采用领先的机器学习对非营运货车风险进行全面筛选，对其风险高低进行精准评估，补充了传统车险所不具备的动态风险维度，帮助车险相关企业快速识别及区分非营运货车风险。

为了让评估结果更直观，数据宝提供了可视化报告，报告包含风险评分、车险数据、高速行驶数据、维度评级及高速动态数据。

（2）乘用车风险综合评估

传统家用车业务一般都被当作优质业务，是各家保险企业所争夺的重点。然而随着自主定价的逐步放开，传统的优质业务可能会由于判断风险的数据维度不足导致保费充足度下降。

乘用车风险预测模型基于全国高速大数据的里程及多维动态因子，以对风险进行评价的形式输出模型结果，评估维度包括高速里程、高速行驶时间偏好、高速危险驾驶行为、高速路线重复率及高速通行频次，赔付率经过保险企业评估得到了非常好的印证。

（3）物流金融解决方案

1）C端物流金融——个体司机为主。通过线上对货车的高速运力指数排名及整体经营情况进行评估，并对车辆历史及当前的运输经营情况实现线上的动态分析及监测，生成基于动态数据的车辆经营风险评估报告，用于面向C端物流金融的风险控制及物流承运商的筛选。

评估维度包括通行情况（包含通行次数、通行里程、通行时长、支付行为偏好、支付行为稳定性）、运输情况（包含累计货物周转率、平均运距、平均运输饱和度、总空载占比）、货源地情况（包含货源地分析、货源地运输体量占比、货源地运输次数占比、返程高速通行比例、返程平均货重、返程空载通行比例）、TOP货源分析（包含货源地、货重占比、通行次数占比、周转率占比、平均运输饱和度、平均运距、空载占比）、货源地TOP线路。

2）B端物流金融——企业、车队为主。通过线上对企业或车队名下车辆的高速运力指数排名及整体经营情况进行评估，并对企业的运输经营情况实现线上的动态分析及监测，生成基于动态数据的企业或车队经营风险评估报告，用于物流金融的风险控制及物流承运商的筛选。

评估维度主要是企业或车队名下每辆车的通行情况（包含通行次数、通行里程、通行时长、支付行为偏好、支付行为稳定性）、运输情况（包含累计货物周转率、平均运距、平均运输饱和度、总空载占比）、货源地情况（包含货源地分析、货源地运输体量占比、货源地运输次数占比、返程高速通行比例、返程平均货重、返程空载通行比例）、TOP 货源分析（包含货源地、货重占比、通行次数占比、周转率占比、平均运输饱和度、平均运距、空载占比）、货源地 TOP 线路，以上数据全部合计后，可作为该企业或车队的运营报告。

除以上产品外，高速卡口相关的数据产品还包括：

1）高速返程空驶险。结合网络货运平台的数据，对平台派送的订单可能造成的返程空驶风险，以保险产品的形式进行分摊，帮助网络货运平台提升用户黏性，同时帮助保险公司增加保费规模。

2）车险反欺诈分析。对异地投保、篡改吨位、篡改使用性质、事故等欺诈行为进行智能分析及识别，并帮助还原车辆事故现场，降低承保和理赔中的欺诈风险。

3）疑似套牌车识别。基于车辆高速通行数据进行建模分析，可以精确识别及定位疑似套牌车的通行情况。

4）车辆行程验证。为金融机构或保险机构提供事前车辆行程真实性验证。

5）货车月经营评估。为物流企业提供其合作货车的月经营情况统计，亦可满足金融机构对货车的放贷额度的评估需求。

6）货车过路费预估。为物流企业提供货车过路费资金需求规划的数据依据，为金融机构提供过路费信贷产品定价依据。

7）人车匹配风险识别。通过高速数据与银联数据融合，根据人车常出没区域及消费习惯等综合判断人车身份匹配，减少人车不一致的盗用身份情况。

4.7.2　中交兴路

全国道路货运车辆公共监管与服务平台（以下简称"货运平台"）由交通运输部、公安部、应急管理部推出，是 12 吨以上重载货车的国家级监管平台。将货运车辆通过车载卫星定位装置（主要是北斗卫星）接入货运平台，可为个体货运车辆及小型货运企业提供动态监控服务，也可为大中型货运企业的监控平台提供所属车辆的动态数据接入服务，既可有效解决个体货运车辆及小型货运企业的车辆监控主体缺失的问题，也有利于引导大中型货运企业提升动态监控水平。

中交兴路是货运平台的建设和运营单位，同时也是货运平台内北斗卫星相关数据的商业化企业。

1. 成立背景

2011 年，货车个人经营业户占总经营业户的 91%，约 652 万户，平均每经营业户车辆不到 2 辆。个人无力承担安全监管责任，抗风险能力弱，相关部门也无有效的手段可以实现全面管控。

另外，当时我国货车保有量占机动车保有量总数的 7.8%，但货车肇事导致的死亡人数约占交通事故死亡总数的 28%。2012 年货车的万车事故率比同期全国交通事故万车事故率高出 1 倍多。全国货车交通事故造成 18 621 人死亡，其中货车司机 2666 人，大货车俨然成了大"祸车"。基于以上现状，规划建设了统一的管控平台，并陆续出台配套的相关政策文件。

2013 年 1 月，由中交兴路作为技术支持单位建设的"全国道路货运车辆公共监管与服务平台"正式上线运行。

《国务院关于加强道路交通安全工作的意见》（国发〔2012〕30 号）：重型载货汽车和半挂牵引车应在出厂前安装卫星定位装置，并接入道路货运车辆公共监管与服务平台。

《交通运输部关于贯彻落实〈国务院关于加强道路交通安全工作的意见〉的通知》（交运发〔2012〕490 号）进入运输市场的重型载货汽车和半挂牵引车必须安装符合标准的卫星定位装置，并接入全国道路货运车辆公共监管与服务平台。凡未按要求接入公共监管平台的，不予市场准入审批。

《交通运输部关于加快推进"重点运输过程监控管理服务示范系统工程"实施工作的通知》（交运发〔2012〕798 号）：自 2013 年 6 月 1 日起，所有新进入示范省份运输市场的"两客一危"车辆及重型载货汽车和半挂牵引车，在车辆出厂前应安装北斗兼容车载终端，重型载货汽车和半挂牵引车应接入全国道路货运车辆公共监管与服务平台。凡未按规定安装或加装北斗兼容车载终端的车辆，不予核发或审验道路运输证。

《交通运输部办公厅关于在示范省份做好全国道路货运车辆公共监管与服务平台管理

维护工作的通知》(厅运发〔2013〕41 号):凡未按规定安装或加装北斗兼容车载终端,并直接接入道路货运车辆公共监管与服务平台的车辆,不予核发或审验道路运输证。对新出厂车辆已安装的北斗兼容车载终端,任何单位和个人不得随意拆卸,不得改变车载终端监控中心的域名设置,不得将终端指向其他平台。

根据交通运输部、公安部、国家安监总局《道路运输车辆动态监督管理办法》(2014年第 5 号令),要求 2014 年 7 月 1 日起,全国新进入市场的重型载货汽车和半挂牵引车必须全部安装、使用卫星定位装置,已经进入运输市场的重型载货汽车和半挂牵引车于2015 年 12 月 31 日前全部安装、使用卫星定位装置,并接入全国道路货运车辆公共监管与服务平台。

2. 数据维度

根据《全国道路货运公共监管与服务平台数据录入规范》(以下简称《录入规范》)的要求,可以推测出中交兴路运营的货运平台的主要数据维度包含车主 / 业户、联系人、联系人手机、车牌号、车辆识别代码 / 车架号、车辆型号、总质量、核定载质量、牵引总质量、外廓尺寸、货箱内尺寸、轴数等。《录入规范》要求车辆登记证及行驶证图片另行上传。

基于货运平台采集的数据维度,结合中交兴路推出的车旺大卡等服务平台获取的数据,将数据分为静态数据和动态数据,作为其商业化的底层数据维度。

(1)静态数据

静态数据包含车辆基础信息、行驶证、运输许可证、车主信息、企业信息等。

数据维度:车牌号、车牌颜色、车辆所属省 / 市 / 县、车辆品牌、车辆型号、车辆类型、道路运输证有效起止日期、道路运输证签发机关、行驶证信息、车辆合格证信息、行驶证、车辆合格证图片、车辆长 / 宽 / 高、车辆自重、车辆额定载重、车辆牵引质量、车辆容积、外廓(长、宽、高)、货箱(长、宽、高)、车辆出厂时间、轴数明细(前后轴数、轴距、轴重)、转弯半径、终端型号、车主姓名、企业注册资本、企业运单数、车主手机操作系统等。

(2)动态数据

动态数据包含位置、方向、速度、运单信息等。

数据维度：车机 SIM 卡号、经纬度、省 / 市 / 县、行驶里程数、ACC 状态、定位方式（GPS/ 北斗卫星）、报警标志位、行驶方向、车机速度、GPS 速度、GPS 时间、运单状态、发货品类、制动信号、转向灯。

3. 主要产品服务

中交兴路的数据产品沉淀了近 10 年，相对来说比较丰富，主要包括位置类信息产品，货车入网、车主真实性、套牌车、道路运输证等验证产品，以及企业运力、车辆运力、车辆信息等 API 查询产品。此处选择车辆最新位置查询和车辆轨迹查询这两个在金融行业相对常用的数据产品进行分享。

（1）车辆最新位置查询

根据输入的车牌号或车架号查询车辆的最新定位信息（当前具体位置、经纬度、当前速度、方向等），支持查询多车。

具体产品接口包含：车辆最新位置查询（入参：车牌号）接口；车辆最新位置查询（入参：VIN 车架号）接口；多车批量最新位置查询接口。

（2）车辆轨迹查询

根据输入的车牌号或车架号查询车辆指定时间段内的轨迹信息（经纬度、GPS 速度、时间、行驶里程数、海拔等）。

具体产品接口包含：车辆轨迹查询（入参：车牌号）接口；车辆轨迹查询（入参：VIN 车架号）接口。

4.8　电力大数据

电力大数据的两个来源分别是国家电网和南方电网，两者除了覆盖城市区域不一样外，数据维度基本一致。

4.8.1　国家电网

国家电网有限公司（以下简称"国网"）成立于 2002 年 12 月 29 日，是根据企业法规定设立的中央直接管理的国有独资企业，是关系国民经济命脉和国家能源安全的特大型国有重点骨干企业。企业以投资、建设、运营电网为核心业务，承担着保障安全、经济、清洁、可持续电力供应的基本使命。企业经营区域覆盖 26 个省（自治区、直辖市），覆盖国土面积的 88% 以上，供电服务人口超过 11 亿人。

国网电子商务有限公司、国网雄安金融科技集团有限公司分别成立于 2016 年 1 月、2018 年 7 月，按照国家电网有限公司党组决策部署，实行"一套本部运作、两翼协同发展"的经营管理模式，承担"服务电网数字化转型、发展能源数字新产业"的重要使命。

2018 年 8 月和 10 月，国网雄安金融科技集团下属国网征信有限公司、国网商用大数据有限公司相继成立，两个企业按照"两块牌子，一套人马"运作，集约高效开展电力数据产品服务。目前，国网征信企业业务模式已获监管部门中国人民银行认可，基本完成征信行政许可。

按照国网企业统一部署，国网雄安金融科技集团的功能定位为打造集能源、金融、数据交易于一体的线上综合金融服务平台，主要业务包括：依托国家电网公司相关数据，分析评价供应商及电力用户信用情况，输出信用评价结果。同时，国网雄安金融科技集团作为企业营销数据变现的集中运营主体，以及企业营销数据对外合作的统一出入口，以征信业务为基础，延伸拓展其他电力大数据业务。

4.8.2　南方电网

中国南方电网公司是中央管理的国有重要骨干企业，由国务院国资委履行出资人职责。企业负责投资、建设和经营管理南方区域电网，参与投资、建设和经营相关的跨区域输变电和联网工程，为广东、广西、云南、贵州、海南五省区和港澳地区提供电力供应服务保障；从事电力购销业务，负责电力交易与调度。

鼎信信息科技有限责任公司（以下简称"鼎信"）成立于 2017 年 3 月，是中国南方电网公司的全资子企业，下设云平台、金融科技、智能制造、GIS 平台、网络安全、平台应用、数据及集成、移动应用等 16 个业务团队。作为南方电网公司信息化工作重要的支撑、服务、保障单位，鼎信发挥安全保障中心、应用研发中心、技术服务中心的作用，为南方电网公司的生产、经营、管理和发展提供全方位的信息化支撑与服务。鼎信是南方电网早期大数据应用对外提供服务的试点企业，于 2019 年更名为南方电网数字电网研究院有限公司。

经过几年的试点运营，南方电网公司已经有较为成熟的大数据服务行业的布局路径，在 2021 年年终工作座谈会上，为南方电网大数据服务有限公司等 5 家机构举行了揭牌仪式。南方电网大数据服务有限公司获得南方电网数字电网研究院有限公司入股，承载着南方电网公司大力发展数字产业化、产业数字化的重要使命，主营大数据运营及服务、新型数字基础设施投资与运营、通信网络投资与运营等业务。

4.8.3 数据维度

电力数据包括用电客户档案信息、电量信息、电费信息、业扩报装信息、用电检查信息等多种维度的数据，能够很好地反映企业生产经营的真实状况，蕴含巨大风控价值。

❑ 客户档案信息：包括客户名称、用户编号、行业分类、证件类型、证件号码、用电地址、合同容量、运行容量、用户分类、用电类别、缴费方式、供电单位。

❑ 电量信息：主要是月用电量。

❑ 电费信息：包括应收电费时间、应收电费金额、实收电费时间、实收电费金额。

❑ 业扩报装信息：包括原有合同容量、申请合同容量、合计合同容量、原有运行容量、申请运行容量、合计运行容量、申请执行起始日期、申请执行截止日期。

❑ 用电检查信息：包括违约用电信息、窃电信息、停电时间、追捕电费、追捕电量及立案标识。

4.8.4 产品服务

1. 贷前——反欺诈

用户通过输入企业名称、统一社会信用代码和企业用电编号（非必填）等信息查询信贷反欺诈产品，反馈企业欺诈分、欺诈风险级别和风险代码。其中，欺诈分范围为 20 ～ 100，企业欺诈分越高，欺诈风险越大；欺诈风险级别分为正常、关注、风险三级，根据企业所属地区和行业对应不同的欺诈分；风险代码是指输出对评分贡献度较高的一级指标代码，反映企业在该风险指标的表现较为明显。

企业反欺诈模型是通过对企业的用电量、电费以及违约信息进行分析，通过与行业对应值进行对比来计算各项指标的信用得分，并综合输出加权总得分，以此判断企业在用电行为上的欺诈可能性。电力反欺诈风险验证维度如图 4-11 所示。

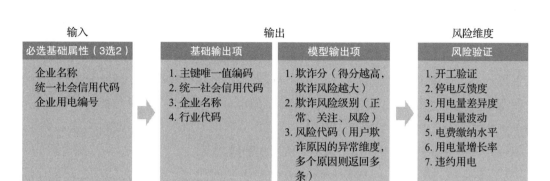

图 4-11　电力反欺诈风险验证维度

1）开工验证：通过分析企业在电力系统中的账户状态信息和送电状态信息，验证企业是不是正常的电力用户。用电客户销户状态编码判断企业是否已在电网体系进行销户；用电客户送电状态编码判断企业是否存在经营行为。

2）停电反馈度：通过分析企业当前用电故障状态和连续 24 个月的停电次数，验证企业开工的连续性。

3）用电量差异度：通过分析企业月用电量与同行业水平差异度及企业 12 个月内自身用电差异度，验证其当前用电水平是否处于合理区间。

$$企业用电行业指数 = 企业上月用电量 / 行业平均用电量$$
$$企业自身用电差异度 = （企业最近 12 个月最大用电量 - 企业最小用电量）/$$
$$企业最近 12 个月平均用电量$$

4）用电量波动：通过分析企业连续 12 个月用电量小于同行业平均月用电量的次数，

以及企业近 12 个月用电波动与行业水平的差异度，验证企业用电趋势是否符合行业规律。

5）电费缴纳水平：通过分析企业近 12 个月电费的缴费次数、金额与同行业平均水平的差异度，以及当前电费余额水平，验证企业在此期间是否有正常的经营状态。

6）用电量增长率：通过识别企业本月电费支出和对未来电费支出的资金储备，分析企业近 12 个月的平均用电量增长率，可有效识别处于衰退期的企业，防范道德风险。

7）违约用电：通过分析企业长期欠费时长、近 36 个月内长期违约用电、窃电等行为的发生情况，反映企业的信用水平。

2. 贷中——授信辅助

用户通过输入企业名称、统一社会信用代码和企业用电编号（非必填）等信息查询授信辅助产品，反馈企业识别信息、授信评分以及模型分项指标得分。模型分项指标得分包括基础用电信息得分、用电量差异度得分、用电量波动得分、电量趋势水平得分、电费缴纳水平得分、违约用电得分。其中，授信评分范围为 20～100，是对前述 6 项得分的综合评估。企业授信评分越高，表示其信用水平越高。

授信辅助模型着力于帮助银行解决贷款发放前的信息不对称问题，对还款积极性差、还款能力弱的高违约可能性企业，预先进行电力信用评价及筛查。模型充分覆盖水平指标、加速指标和趋势指标等综合反映企业生产经营能力的指标，如图 4-12 所示。

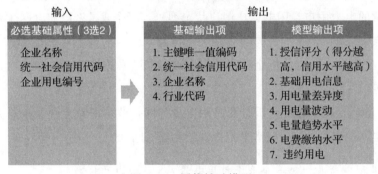

图 4-12 授信辅助模型

1）基础用电信息。反映企业在生产安全方面的信息，通过用电安全等级分类、电网故障次数、检查通过比率等信息反映企业操作风险，而且通过用电时长反映企业真实的生产经营时长。

2）用电量差异度。通过分析企业过去 12 个月平均用电量情况，以及与同行业平均月用电量的差异，反映企业生产规模及行业地位。

3）用电量波动。通过分析企业过去 3 个月、6 个月和 12 个月用电量较上一年的变动情况，反映企业在短、中、长期表现出的生产经营规模增缩情况及潜在发展趋势。

4）电量趋势水平。通过分析企业过去 12 个月用电波动性，结合企业在过去 3 个月、6 个月、9 个月所表现出的周期性波动特征，综合反映生产经营的稳定性。

5）电费缴纳水平。通过分析企业过去 12 个月电费账户的缴费频率、平均回款时长、预付费金额和电费余额，反映企业用于生产经营的流动资产状况。

6）违约用电。通过分析企业在过去 12 个月内发生欠费、逾期及违约用电等失信行为的次数和程度，综合反映企业的信用水平及还款意愿。

3. 贷后——风险预警

用户通过输入企业名称、统一社会信用代码和企业用电编号等信息查询贷后预警产品，反馈企业贷后预警分数、预警级别和告警码。其中，预警分数范围为 20 ～ 100，得分越高表示企业当前经营风险越高；预警级别分为正常、低风险、中风险、高风险 4 个等级，根据企业所属地区和行业对应不同的预警分值；告警码是指输出对风险评分贡献度较高的一级、二级指标代码，反映企业在该风险指标的表现较为明显。

贷后风险预警模型主要基于企业用电数据，构建五大类十八小类量化指标，如图 4-13 所示。该模型利用时间序列、聚类、回归等分析算法，实现对企业各项指标的时间序列及行业水平比较，客观反映企业在贷后产生的生产经营异动，提前揭示企业运营风险。

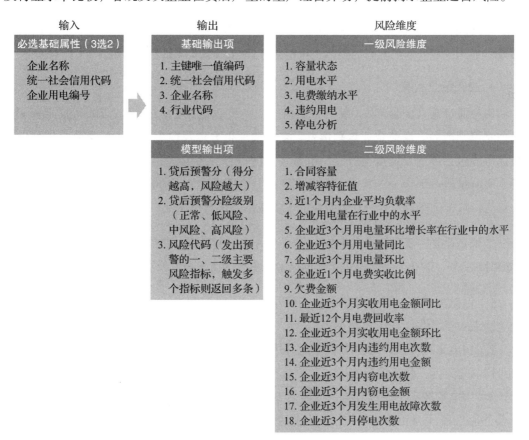

图 4-13　贷后风险预警模型

一级风险维度包括如下 5 项。

1）容量状态。通过分析企业在当月内合同容量大小、增减情况、平均负载率等指标，可以预测未来的生产规模，反映企业发展趋势。

2）用电水平。通过分析企业近 3 个月用电量同比、环比，以及与行业水平的对比差异度，可从企业自身角度及时识别其生产经营的异动情况，同时甄别出呈上升发展态势行业中仍发展缓慢的企业。

3）电费缴纳水平。通过分析企业当月电费回收情况、近 3 个月的实缴电费金额同比和环比，在剔除周期性用电变化的情况下，反映企业用于生产经营的流动资产状况，同时反映了企业的还款积极性。

4）违约用电。通过分析企业在近 3 个月内发生违约用电、窃电等失信行为的次数和程度，及时提示企业信用水平变化情况。

5）停电分析。通过分析企业在近 3 个月内发生的用电故障和停电的次数，反映其内部管理尤其是安全生产方面的缺陷，可对企业经营操作风险起预警作用。

4. 空壳企业监控

用户通过输入企业名称、统一社会信用代码和企业用电编号（非必填）等信息查询空壳企业识别产品，反馈企业识别信息、空壳概率得分以及模型分项指标得分。模型分项指标得分包括停电反馈度得分、用电量差异度得分、用电量波动得分、电费缴纳水平得分、用电量增长率得分。其中，空壳概率得分范围为 20 ～ 100，是对前述 5 项得分的综合评估，基于机器学习算法计算企业的空壳概率，该数值越大，企业空壳的风险越高。

空壳企业监控模型是将企业在过去 12 个月的用电量和电费情况与行业水平及自身变化趋势对比分析，得出企业为空壳企业的风险概率，为市场监管及业务准入提供有效参考。

1）停电反馈度。通过分析企业当前用电故障状态和连续 12 个月的停电次数，验证企业开工的连续性。

2）用电量差异度。通过分析企业月用电量与同行业水平差异度以及企业 12 个月内自身用电差异度，验证其当前用电水平是否处于合理区间。

3）用电量波动。通过分析企业连续 12 个月用电量小于同行业平均月用电量的次数，以及企业近 12 个月用电波动与行业水平的差异度，验证企业用电趋势是否符合行业规律。

4）电费缴纳水平。通过分析企业近 12 个电费的缴费次数、金额与同行业平均水平的差异度，以及当前电费余额水平，验证企业在此期间是否有正常的经营成本支出和对未来电费支出的资金储备。

5）用电量增长率。通过企业过去 12 个月平均用电量增长率，可有效识别处于衰退期的企业，防范道德风险。

4.9　保险大数据：中国银保信

中国银行保险信息技术管理有限公司（以下简称"中国银保信"）成立于 2013 年 7 月，是经国务院批准，由中国银行保险监督管理委员会直接管理的金融基础设施运营管理单位，注册资本 20 亿元，总部设在北京。

4.9.1　成立背景

早在 2006 年，就由行业协会牵头、经营车险的保险企业分摊费用陆续在所属地开始建立车险信息平台。分散的车险信息平台数据掌握在各地的行业协会及保司手中，由于数据孤岛现象导致行业高速发展过程中出现大量的骗保行为，理赔案件数量居高不下。因此，保险行业也需要有类似银行业银联这样的机构，作为统一、权威的行业操盘手。

中国保险行业协会于 2011 年尝试整合全国的车险信息平台，设立非营利性的保联数据股份有限公司，效仿了中国银联及其下属银联数据服务有限公司的命名方式，意为"保险联合"。

中国保险信息技术管理有限责任公司（简称"中国保信"，是中国银保信的前身）2012 年开始筹建，2013 年 7 月注册成立。同年 10 月 18 日，中国保信完成分省平台和集中平台的管理权接收工作，正式实现对全国车险平台的统一管理。当时全国统一的车险数据平台囊括了 20 多个省的车险业务数据，另有 13 个省建立了独立的车险信息平台。

2014 年 7 月 4 日，中国保信顺利完成 11 个省车险平台的零故障安全迁移，实现了除北京、上海外的 30 多个省市车险平台大集中。

2014 年 8 月，《国务院关于加快发展现代保险服务业的若干意见》（国发〔2014〕29 号）特别指出"加快中国保险信息技术管理有限责任公司发展"，中国保信迎来高速发展的契机。

中国保信接手车险平台只是第一步，按照保监会的规划，希望建立一个大而全的数据平台，将平台范围扩大到非车险、寿险甚至健康险等信息平台领域。之所以选择车险平台作为平台集中的第一步，是因为车险信息平台已颇具规模。

在保监会的支持下，中国保信搭建的信息共享平台覆盖范围扩大到了寿险、健康险等领域。

2016 年年底全国车险反欺诈信息系统上线。

2017 年 2 月，中国保信个人客户主数据管理系统正式上线，为建立统一的保险消费者个人账户，支撑税优、税延保险产品的额度管理、跨账户服务流转，以及建立行业风险数据库、消费者服务平台和信用信息平台奠定了基础。

2018 年 8 月，中国保信联合北京中交兴路发布首个面向保险行业风险管理应用的重载货车车联网数据服务产品。借助该产品，保险企业可以获取多维度的车辆动态数据因子和风险评分，精准识别车险运营风险，实现重载货车车险精准定价，并有效实施风险管控措施。

2018 年 9 月，车险数据清理及比对服务系统正式上线。各保险企业可通过车险数据清理及比对服务系统，对车险平台的数据质量进行持续跟踪监控，支持差异数据的线下补报，为后续提高车险平台数据质量提供有力的系统保障和功能支持。

2019 年 9 月 16 日，中国银保信在北京揭牌，中国保险信息技术管理有限责任公司正式更名为中国银行保险信息技术管理有限公司。

4.9.2 数据维度

1. 车险数据维度

根据《财产保险业务要素数据规范》中机动车辆保险业务要素专项数据规范，主要数据维度包括保单主题和理赔主题。

（1）保单主题

保单主题数据维度包括保单标的关系人信息、车险保单信息、车险保单标的责任信息、车险标的信息、车险代收车船税信息及车险批单。

1）保单标的关系人信息：中文名称、保单编号、标的编号、关系人序号、关系人编号、关系人分类代码、关系人类型、关系人名称、关系人证件类型、关系人证件号、通信地址国家或地区代码、通信地址省代码、通信地址市代码、通信地址区县代码、通信详细地址、邮政编码。

2）车险保单信息：保单编号、交强险保费浮动因素、交强险保费浮动比率、无赔款优待原因、无赔款优待系数、自主定价系数、交通违法系数。

3）车险保单标的责任信息：保单编号、保单标的责任编号、责任限额类别名称、责任限额。

4）车险标的信息：保单编号、车辆所有人、车辆号牌号码、车辆号牌种类代码、发动机号、车辆识别码、车架号、车辆类型代码、车辆种类代码、整备质量、准牵引总质量、核定载质量、核定载客人数、车辆能源种类代码、排量、功率、车辆车型编码、车辆制造厂名称、车辆出厂日期、车辆中文品牌名称、车辆英文品牌名称、车辆生产国家代码、进口车标志、新车标志、新车购置价格、车辆实际价值、货币代码、车辆使用性质代码、车辆状态代码、过户车辆标志、车辆初次登记日期、车辆转移登记日期、检验有效期截止日期、验车验证情况代码、港澳车标志、进口玻璃标志。

5）车险代收车船税信息：保单编号、纳税类型代码、减免税类型代码、纳税人识别号、当年应缴税额、往年补缴税额、滞纳金总额、总缴付金额、完税凭证号、开具税务机关代码。

6）车险批单：批单编号、批改过户标志、机动车停复驶类型代码、机动车停驶申请日期、机动车停驶起期、机动车停驶止期、机动车停驶原因、机动车复驶申请日期、机动车提前复驶日期。

（2）理赔主题

理赔主题数据维度包括车险查勘信息、车险立案信息、车险赔案信息、车险赔款计算书、车险车辆损失信息、车险财产损失信息、车险人员伤亡信息、车险追偿信息。

1）车险查勘信息：报案编号、立案编号、查勘序号、保单编号、查勘类型代码、查勘方式代码、查勘日期、查勘地点、查勘人员、查勘费用、查勘情况说明、查勘地点代码、第一现场标志、单车事故标志、单方事故标志、互碰自赔标志、保险事故分类代码、事故责任划分代码、事故处理方式代码、责任认定书类型代码、代位追偿案件标志、代位索赔申请书标志。

2）车险立案信息：立案编号、保单编号、理赔类型代码、单车事故标志、单方事故标志、三者车逃逸标志、互碰自赔标志、责任认定书类型代码、代位追偿案件标志、代位索赔申请书标志、事故责任划分代码。

3）车险赔案信息：赔案编号、立案编号、保单编号、车辆全损标志。

4）车险赔款计算书：赔款计算书编号、赔付标的序号、赔案编号、条款编号、责任编号、立案编号、保单编号、损失赔偿类型代码、结案追加费用代码、责任认定书类型代码、代位索赔申请书标志、免赔率、免赔额。

5）车险车辆损失信息：赔款计算书编号、赔付标的序号、车辆损失序号、保单编号、立案编号、赔案编号、条款编号、责任编号、第三方车辆标志、第三方车辆交强险保单编号、第三方车辆交强险所属保险机构编号、出险车辆号牌号码、出险车辆号牌种类代码、出险车辆种类代码、出险车辆车架号、出险车辆发动机号、出险车辆车型编码、出险车辆制造厂名称、出险车辆出厂日期、出险车辆交通状态代码、出险车辆所有人、出险车辆行驶证有效期、出险车辆驾驶员姓名、出险车辆驾驶员证件类型代码、出险车辆驾驶员证件号码、出险车辆驾驶员驾驶证号码、出险车辆驾驶员准驾车型代码、出险车辆驾驶员驾驶证状态代码、损失配件序号、损失配件名称、损失配件描述、修理或更换配件代码、修理或更换配件件数、修理或更换配件材料费单价、修理或更换配件工时类型代码、修理或更换配件工时、修理或更换配件人工费用、修理机构名称、修理机构编号、修理机构类型、修理开始日期、修理完成日期、预估损失金额、核定损失金额、残值回收预估金额、货币代码。

6）车险财产损失信息：财产损失序号、赔款计算书编号、赔付标的序号、保单编号、立案编号、赔案编号、条款编号、责任编号、损失财产名称、财产损失描述、损失财产所有人、预估损失金额、核定损失金额、残值回收预估金额、货币代码。

7）车险人员伤亡信息：赔款计算书编号、赔付标的序号、人员伤亡序号、立案编号、赔案编号、保单编号、条款编号、责任编号、伤亡人数、伤亡情况描述、伤亡人员姓名、伤亡人员证件类型代码、伤亡人员证件号码、伤亡类型代码、伤亡人员属性代码、伤亡人员交通状态代码、受伤部位、伤情类别代码、伤残程度代码、伤亡人员医疗类型代码、医疗机构名称、损失赔偿类型明细代码、预估损失金额、核定损失金额、抢救垫付金额、货币代码。

8）车险追偿信息：赔案编号、追偿序号、保单编号、被追偿方车辆号牌号码、被追偿方车辆号牌种类代码、被追偿方车辆发动机号、被追偿方车辆车架号/VIN码、被追偿方车辆商业三者险承保机构编号、被追偿方车辆商业三者险承保地区代码、被追偿方车辆交强险承保机构编号、被追偿方车辆交强险承保地区代码。

2. 人身险数据维度

根据《人身保险业务要素数据规范》中人身险的数据规范，数据维度主要包括保单主题和理赔主题。

（1）保单主题

保单主题数据维度包括人身险保单和保单险种。

1）人身险保单：保单编号、投保单编号、保单形式代码、保单印刷编号、保单团个性质代码、产品编号、家庭单标志、无名单标志、定额保险标志、语种代码、签单机构编号、承保日期、保单寄送标志、保单送达日期、保单回执客户签收日期、保单回执客户签收标志、保单生效时间、保单满期日期、保单终止日期、保单复效日期、保单终止时间、保单终止原因代码、首期交费日期、续期保费交至日期、保单状态代码、互联网保险业务标志、销售渠道类型代码、销售渠道编号、交费频率代码、收付款方式代码、投保人银行代码、投保人银行名称、投保人银行账户、投保人银行账户名、货币代码份数、当期保费、现金价值保额、保单余额、结算利率、总累计保费、当期借款金额、总垫交金额、管理机构编号、监管辖区代码、承保地区代码、投保人客户编号、受益人类型代码、特别约定内容、佣金比例、佣金金额。

2）保单险种：保单险种编号、保单编号、条款编号、被保险人客户编号、保单险种状态代码、主附险性质代码、主险险种编号、社保标志、货币代码、份数、当期保费、累计保费、基本保额、风险保额、现金价值、累计红利金额、累计红利利息、累计红利保额、最近红利分配日期、退保金额、累计领取年金金额、满期金金额、累计赔付金额、累计赔付次数、险种生效日期、险种满期日期、险种中止日期、险种终止日期、首期交费日期、续期保费终交日期、续期保费交至日期、交费频率代码、交费期间类型代码、交费期间、保险期间类型代码、保险期间、年金领取年龄、年金起领日期、年金领至日期、养老金领取年龄、养老金起领日期、养老金领至日期、分保标志。

（2）理赔主题

理赔主题数据维度包括报案信息、立案信息、赔案信息、赔案保单明细、赔案责任明细等。

1）报案信息：报案编号、被保险人客户编号、报案方式代码、死亡标志、报案日期、死亡日期、报案人姓名、死亡原因代码、与被保险人关系类型代码、出险日期、报案人性别代码、出险地点省代码、报案人出生日期、出险地点市代码、报案人证件类型代码、出险地点区县代码、报案人证件号码、具体出险地点、报案人固定电话、出险原因分类代码、报案人联系电话、出险描述、报案人电子邮箱地址、不立案原因、报案人通信地址报案注销标志、报案人邮政编码、报案注销日期、报案人信息通知方式。

2）立案信息：立案编号、报案编号、保单编号、立案日期、立案状态代码、申请日期、申请人姓名、申请人性别代码、申请人出生日期、申请人与出险人关系类型代码、申请人证件类型代码、申请人证件号码、申请人固定电话、申请人联系电话、申请人电子邮箱地址、申请人通信地址、申请人邮政编码、领款方式、申请人信息通知方式、受托人、受托人性别代码、受托人身份、受托人证件类型代码、受托人证件号码、受托人固定电话、受托人手机号码、受托人电子邮箱地址、受托人受托事项、受托人信息通知方式、出险日期、出险地点省代码、出险地点市代码、出险地点区县代码、具体出险地点、出险原因分类代码、出险描述、小额案件标志、小额结案日期、理赔调查标志、异地理赔调查代码、理赔调查开始日期、理赔调查结束日期、调查结论、协调标志、协调原因、保险金领取方式代码、保险金支付方式代码、材料齐备日期、一次性告知日期、审核通过日期、审核通过标志、审核意见、受理机构编号。

3）赔案信息：赔案编号、立案编号、赔付责任类型代码、核算赔付金额、核赔赔付金额、结案日期、保险公估机构编码、保险公估机构名称、估损金额、理赔金额、公估费用、核赔机构编号。

4）赔案保单明细：赔案编号、保单编号、赔付责任类型代码、保单险种编号、货币代码、费用金额、核算赔付金额、核赔赔付金额、拒赔金额、预付金额、通融给付金额合计、协议给付合计、理赔类型代码、理赔结论代码。

5）赔案责任明细：赔案编号、保单编号、责任编号、赔付责任类型代码、给付责任代码、给付责任名称、津贴型标志、核算赔付金额、核赔赔付金额、拒赔金额、预付金额、通融给付金额合计、协议给付合计、免赔类型代码、免赔额、赔付比例、核赔通过日期、理赔结论代码、核赔结论描述、拒付原因代码。

4.9.3　车辆贷款反欺诈产品服务

1. 风险信息监控

（1）被保险人生存状态验证

验证规则：通过与历史赔案中商业车险理赔、意健险理赔、健康险理赔等已死亡人员进行比对，判断被保险人生存状态，防范身份盗用骗保。

（2）车险反欺诈高风险人员名单

验证规则：与中国银保信全国反欺诈系统中高风险人员名单表数据交叉验证，识别司机是否属于高风险人员。

（3）最高法失信被执行人数据验证

验证规则：与全国高法被执行人中人员名单表数据进行比对，识别司机是否存在失信被执行人行为。

（4）车辆历史拒赔情况

验证规则：对投保车辆在商业险历史理赔案件中是否出现拒赔情况进行查询。

（5）车险反欺诈高风险车辆名单

验证规则：通过与现有车险反欺诈高风险车辆名单进行比对，识别该车辆是否在名单上。

2. 保单信息监控

（1）车险保单中车辆基本信息

信息 1：车型是否与车险保单信息匹配。核验车险保单信息中车辆相关信息如车辆品牌、型号、发动机号、排量、车辆初登日期等是否一致。

信息 2：车辆最新保单止期倒计时（含未起保）。根据最新商业险保单及最新交强险保单的起止时间进行判断。

信息 3：车辆最新保单在保时长（含未起保）。根据最新商业险保单及最新交强险保单的投保时间进行在保时长计算。

信息 4：车牌变动标志。根据当期有效商业险保单与同样车架号的上一张保单的车牌号是否一致，或当期有效交强险保单与同样车架号的上一张保单的车牌号是否一致进行判断。

（2）车险保单中承保险种信息

信息 1：车险风险保障监测信息。帮助金融机构查找本车是否投保商业险及交强险。

信息 2：商业险是否退保。

信息 3：是否投保车损险。支持查询是否有当期有效商业险保单车损险投保信息。

信息 4：历史 5 年车损险脱保最大区间。通过车架号查询对应车辆历史 5 年的商业险种车损险投保情况，依次取两张相邻保单中车损险止期与上一张保单中车损险止期的最大时间段。

信息 5：投保地变动标志。根据车架号对应当期商业险保单的投保地与同样车架号的上一张保单的投保地是否一致，或车架号对应当期交强险保单的投保地与同样车架号的上一张保单的投保地是否一致进行判断。

（3）车险保单中人员基本信息

信息 1：被保险人一致性标志。根据当期有效商业险保单中被保人信息与当期有效交强险保单中被保人信息是否一致进行判断。

信息 2：车主一致性标志。根据当期有效商业险保单中车主信息与当期有效交强险保单中车主信息是否一致进行判断。

（4）车险保单中人员变动信息

信息 1：被保险人变动标志。根据当期有效商业险保单的被保人与同样车架号的上一张保单的被保人是否一致，或当期有效交强险保单的被保人与同样车架号的上一张保单的被保人是否一致进行变动判断。

信息 2：车主变动标志。根据当期有效商业险保单的车主与同样车架号的上一张保单的车主是否一致，或当期有效交强险保单的车主与同样车架号的上一张保单的车主是否一致进行变动判断。

3. 理赔事故监控

（1）统计指标监控

信息 1：出险标志。通过历史标的车的有效商业险在统计期（5 年）内的出险次数，或历史标的车的有效交强险在统计期内的出险次数判断是否存在出险。

信息 2：重大事故标志。通过全损次数、火自燃次数、水淹次数、盗抢次数判断是否存在重大事故。

信息 3：单方事故标志。通过商业险标的车单方事故的出险次数判断是否存在单方事故。

信息 4：损失部位标志。通过与近期理赔清单所有损失部位代码情况比对，识别当前部位是否存在重复理赔行为。

信息 5：最高车损险赔付比例。通过所有商业险保单有效期的所有理赔案件中最大车损险结案金额与对应保单最高赔款有效车损险保额（标的）之比计算出最高车损险比例。

信息 6：作为三者的最高赔款金额。通过计算所有理赔案件中车辆作为三者的最高赔付结案金额得出三者最高赔款金额。

（2）融合指标监控

信息 1：车损险保额与贷款比例。计算方法：当期有效商业险保单中车损险信息及险别表中车损险保额与贷款金额之比。

信息 2：最高车损险赔款比例。计算方法：所有理赔案件中最高车损险结案金额与入参贷款金额之比。

信息 3：累计车损险赔款比例。计算方法：所有理赔案件中车损险理赔累计赔款金额与入参贷款金额之比。

信息 4：作为三者的最高险赔款比例。计算方法：所有理赔案件中车辆作为三者的最高赔款金额与入参贷款金额之比。

信息 5：作为三者的最高险赔款比例。计算方法：所有理赔案件中车辆作为三者的累计赔款金额与入参贷款金额之比。

4.10 人社大数据：金保信

金保信社保卡科技有限公司（以下简称"金保信"）成立于 2018 年 11 月，注册资本 5 亿元，是人力资源和社会保障部授权北京惟望科技发展企业作为政府方代表，会同平安养老保险、支付宝、财付通、中金浦成以 PPP 方式联合组建的项目企业。

作为全国社会保障卡线上身份认证与支付结算服务平台（简称"全国社保卡服务平台"）的建设及运营主体，在人社部的指导和支持下，其以电子社保卡服务和大数据应用为双轮驱动，在全国统一的电子社保卡创新应用基础上提供丰富的线上人社服务、大数据应用以及衍生服务。

金保信遵循财政部 PPP 项目规定，与人社部签署《PPP 项目合同书》，主要开展以下两项服务。

1）公共服务：全国电子社保卡平台、国家级就业招聘平台等多项人社业务平台的建设和运营。

2）商用服务：依据与人社部签订的 PPP 项目合同，合法进行人社数据资产的使用和经营。

4.10.1 成立背景

互联网金融的发展推动了互联网金融风控大数据的发展，其中社保数据的应用尤为重要。当时社保大数据并无合规的对外服务机构，主要由金融科技企业提供社保数据爬虫工具，贷款申请人提供社保查询账号及密码，爬虫工具登录社保缴费查询网页爬取相关的社保数据，这种手段不仅不合规，还导致不少用户的社保数据被金融科技企业缓存后进行非法交易。

为了保障金融行业对社保大数据的使用需求及用户数据安全，人社部也在积极探索其数据的开放流通。金保信的成立就是这个过程中的必然产物，其由人社部监督，授权北京惟望科技发展企业主导，引入市场化科技企业共同搭建并研究对外服务的合规路径。

4.10.2 数据维度

社保大数据包括：社会保障数据，如养老保险、失业保险、工伤保险、领取待遇情况、社保注销情况；人力资源数据，如劳动者基本信息、失业登记信息、就业登记信息、用人单位情况、高校毕业生情况。

社保大数据可用的数据字段将近 700，核心的数据维度如下。

（1）基本信息

基本信息数据维度包括基本信息 ID、社保编号 / 社保卡号 / 医保卡号、个人编号、真实姓名、缴存基数、最后缴纳记录时间、证件类型、证件号码（身份证）、民族、出生日期、性别、手机号 / 电话、联系地址、户籍性质、人员状态（在职、离职、失业）、首次参保时间、参加工作时间、参保单位、参保单位编号、单位类型（国企、私企、事业单位）、缴存状态、开户日期、工伤保险缴存说明、失业保险缴存说明、医疗保险缴存说明、养老保险缴存说明、生育保险缴存说明、医保保险余额。

（2）社保类型（缴存）

社保类型（缴存）数据维度包括保险类型、险种编号、参保状态、首次参保时间（当前社保系统）、本次参保时间（同一缴纳单位）、描述信息、缴存基数、缴存单位名称、单位缴存金额、个人缴存金额、单位缴存比例、个人缴存比例、缴存月数。

（3）缴存记录

缴存记录数据维度包括保险名称、所属险种编号、缴存时间、缴存月份、一次性补缴截止月份、缴存单位、描述信息、缴存基数、单位缴存金额、个人缴存金额、缴存总额（单位、个人合计）、缴存状态标记、单位缴存比例、个人缴存比例。

（4）医疗保险结算记录

医疗保险结算记录数据维度包括医疗机构名称、医疗类别、结算时间、结算金额。

4.10.3　产品服务

1. 个人信用评价服务

基于社保十大维度（缴费单位信息、职工缴费信息、离退休信息、死亡信息、供养亲属、冒领信息、转移信息、参保地区信息、失业信息、工伤信息）数据，分析加工形成 120 多个有效特征，采用逻辑回归算法模型计算得出评分，主要评价自然人的还款能力和工作稳定性。

2. 个人信息核验

个人信息核验分个人基本信息核验和缴费信息核验。

（1）个人基本信息核验

❑ 输入：身份证号 + 工作单位全称 + 统一社会信用代码。
❑ 输出：工作单位对比结果（一致或不一致）。

（2）缴费城市核验

❑ 输入：身份证号 + 缴费城市行政区划代码（省市一级）+ 险种类型。
❑ 输出：缴费城市对比结果（一致或不一致）。

（3）社保状态注销核验

❑ 输入：身份证号 + 生存状态。
❑ 输出：生存状态对比结果（一致或不一致）。

（4）个人缴费状态核验

❑ 输入：身份证号 + 个人缴费状态（正常参保、非正常参保）+ 险种类型。
❑ 输出：个人缴费状态对比结果（一致或不一致）。

（5）实际缴费月数核验

❑ 输入：身份证号 + 连续缴费月数区间 + 险种类型。
❑ 输出：连续缴费月数区间对比结果（一致或不一致）。

（6）城镇职工缴费基数 / 城乡居民档次核验

❑ 输入：身份证号 + 城镇职工缴费基数区间 / 城乡居民档次区间 + 险种类型。
❑ 输出：城镇职工缴费基数区间 / 城乡居民档次区间对比结果（一致或不一致）。

3. 黑产识别

通过分析用人单位、收入、工伤情况，判断客户是否存在道德风险；通过分析客户保险缴费状态、收入、所在城市、工作情况，判断客户是否存在恶意骗保 / 退保行为；通过评估用户收入状况，判断投保产品与自身经济实力是否匹配，是否存在洗钱风险。

4.11　其他渠道可用数据

前面介绍的均是官方权威且集中性较高的数据来源。除此之外，一些行业持牌机构、互联网巨头等企业的数据相对分散，但其数据价值在一些特定金融风控场景也是非常高的。金融机构如果要从这些企业获得某类群体相关的有效数据服务，需要花费大量的精力去对接，而掌握大量数据的企业自身也有自营的金融服务，自有数据优先内部使用，因此其核心数据的开放程度不高。以下是 3 类其他渠道可用数据说明。

1. 互联网金融欺诈风险数据

互联网金融欺诈风险数据，主要指以持牌消费金融和持牌小贷等信贷业务为主的机构、导流平台及金融科技企业，在长期金融业务过程中的注册、申请、还贷等环节对异常身份注册、恶意欺诈、恶意逾期等用户形成的特有的风险名单。这些企业通过设立数据产品部门或者旗下的金融科技企业，对外提供欺诈用户风险识别服务。

2. 互联网支付行业风险数据

第三方持牌互联网支付企业约 110 家，前 10 的支付企业的市场占有率基本超过 90%，各支付企业为了防范账号盗号、盗刷、洗钱等欺诈行为，会将用户的身份信息、银行卡被盗信息、有异常和风险的账号记录下来，进入支付企业的风险名单库。同时，各支付企业为金融机构提供支付服务，通过对各金融机构提供贷款及用户还款的支付数据进行分析，可以判断出哪些用户存在违约风险，形成相对实时的违约风险客户名单，并可以分析出哪些用户存在多头借贷行为。

3. 互联网行业风险数据

互联网企业覆盖的用户越多，采集的用户身份数据、社交数据、行为数据、资产数据、消费数据、位置数据等也越多。

互联网企业每天要应对各种网络攻击，会形成足够的 IP、MAC 等风险数据库，为防止盗号、盗刷及撞库等行为也会形成大量与风险身份信息、风险账号信息、风险设备信息等相关的风险数据库。

第三篇 *Part 3*

金融风控数据
应用逻辑

　　金融行业业务类型多样，包括消费金融、信用卡、小微企业金融、理财、供应链金融、物流金融、车险、寿险等。这些业务场景的客户全生命周期可分为潜在期、开发期、成长期、成熟期及衰退期，如图1所示。不同周期下的金融客户生命价值均有对应的场景应用数据需求，如潜在期需要进行新客户获取及预授信；开发期需要进行反欺诈申请、信用评估申请、初始授信额度确定、风险定价及客户激活；成长期需要进行行为信用评估、授信额度调整、定价调整、客户细分、交易反欺诈及活动营销；成熟期需要进行循环客户特征刻画、交叉销售支持及客户维挽；衰退期需要进行风险预警、早期催收及客户挽回。各业务场景均需要大量的数据作为支撑，本篇选择消费金融、车险、物流金融及小微企业金融4类金融场景的数据应用逻辑进行分享。

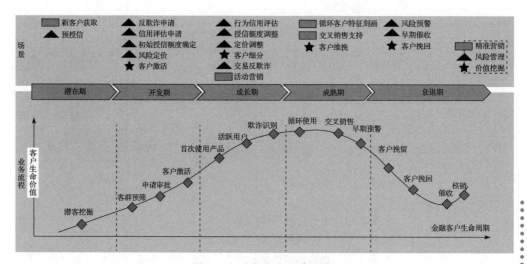

图1　金融客户全生命周期

第 5 章 *Chapter 3*

消费金融风险防控

消费金融反欺诈的主要方法是通过识别用户异常行为，判断该用户可能非真实用户的概率。消费金融的反欺诈路径及逻辑在个人金融所有场景均有参考价值。

制定有效的反欺诈行为，需要了解金融行业的不同业务场景有哪些环节可能泄露用户数据，以及哪些环节可能造成金融机构平台资金或用户资金损失。这些环节在最初设计时均有对应的风险防控方法，而欺诈团伙也是针对这些风险防控方法找到相关漏洞进行突破。

因此，本章主要介绍现阶段金融行业存在哪些高发欺诈行为，欺诈团伙有哪些欺诈辅助工具，针对这些行为应该如何进行风险防控等。

5.1 消费金融欺诈

传统银行信贷、区域小贷均在线下网点进行，贷款申请人提交身份及各种资质材料，网点审核员进行首次审批，总部人员远程复核并作出最终的结果审批反馈。移动互联网的发展，为消费金融全线上化审批流程提供了基础。但也由于全线上化的申请及审批流程，审批人员全程都见不到贷款申请人本人，且不需要线下提供纸质材料，如工作单位证明、收入证明、银行流水、居住证明甚至房产证明等，因此存在欺诈风险。针对线下信贷材料的审核，有一些比较传统的官方身份验证途径和央行征信风险名单验证，但大部分都是人工对材料的真实性进行判断，这个环节存在着可欺诈漏洞，可以通过对资料作假及应对风控审核电话的话术实现欺诈。

随着线上借贷兴起并成为主流，金融机构为了提升用户体验，尽可能减少线上借贷申请材料，反欺诈及风控需要的数据基本都从第三方数据源进行采购，当然移动设备服务过程中贷款申请人的历史数据也会被充分利用来进行相应的风险分析。线下借贷需要贷款人本人到网点现场，比较直观，而消费金融均是远程操作，因此当前贷款申请人是否本人是需要加以识别的，且也是最难识别的。

5.2 金融欺诈图谱

金融欺诈具有专业化、产业化、隐蔽化、场景化的特征。欺诈需要有专业的设备、专业的欺诈手段；各种欺诈设备、欺诈数据及欺诈策略均有专门机构或组织进行生产、非法收集并对外售卖，当然也有正规设备被用于非法场景的；现今金融行业的整体风险防控能力已足够强，欺诈现象虽然有所减少，但并不能杜绝，欺诈设备、欺诈数据等交易也无法断绝，金融欺诈的强隐蔽性使其生生不息；欺诈团伙为了提高欺诈成功概率，根据不同的金融场景、不同的风控策略，对欺诈手段也进行了"升级"，如异地欺诈、小额批量欺诈。

为了更好地提升金融反欺诈的能力，我们需要充分了解金融欺诈图谱的组成，找出欺诈的共性环节，了解三大欺诈主体类型及其对应的主要风险来源和目的、针对性的防控要点等，如图5-1所示。

5.2.1 欺诈主体类型

欺诈主体按照贷款申请人自操作、内鬼协同操作、黑产伪冒操作进行区分，主要分为3类，分别为第一方欺诈、第二方欺诈及第三方欺诈，如图5-2所示。每类主体欺诈均有各自的特点，欺诈目的均是骗贷，但防控的侧重点及难度不同。

1. 第一方欺诈

第一方欺诈是指贷款人本人存在故意骗贷的行为。贷款人使用本人真实的身份信息，但无还款意愿，本着借钱不还的目的进行单个或多个平台借贷。金融机构平台在贷前要准确识别第一方欺诈，其实非常困难，除非该贷款人短期内在其他平台有过骗贷行为，且该行为数据在业内共享，否则贷款人首次欺诈一般防不胜防。各平台会搜集贷款人骗贷前的异常行为，期望能预判其骗贷概率，提高反欺诈能力。

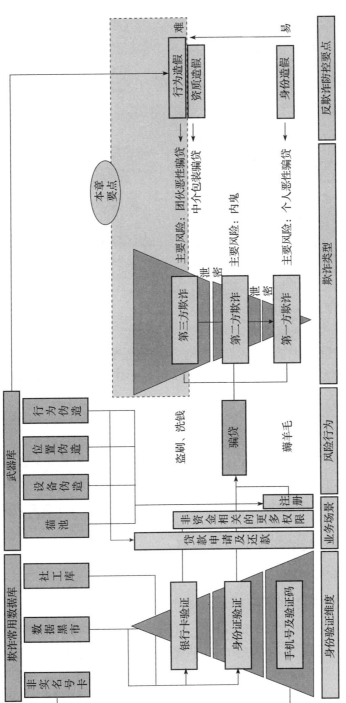

图 5-1　金融欺诈图谱

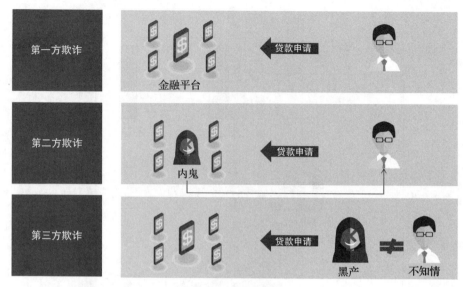

图 5-2 欺诈主体类型

2. 第二方欺诈

第二方欺诈是指企业内部出现了"内鬼"，一般是熟悉欺诈策略或进件渠道的员工进行内部欺诈，又或者是内外勾结欺诈。第二方欺诈实际上就是巴塞尔协议的操作风险中的内部欺诈。

3. 第三方欺诈

第三方欺诈的来源既不是客户，也不是企业内部员工，而是与上述两方都无关的第三方，主要包括线上为主的黑产团伙和线下的黑中介，黑产团伙通过各种手段获取用户身份材料进行身份替代申请欺诈，黑中介通过帮助贷款人包装及伪造资质材料进行欺诈。

5.2.2 欺诈持续及普遍存在的主要原因

1. 流程存在漏洞

反欺诈的流程策略是由反欺诈团队根据个人信贷产品的反欺诈逻辑进行定制的，而反欺诈的逻辑是否完整、是否存在漏洞，一般只能在实践中出现了风险情况，才知道是哪里出了问题。而最熟悉反欺诈逻辑的团队成员中如果有"内鬼"，则这个反欺诈工作基本就无效了。即使没有"内鬼"，人为制定的规则也会存在思维漏洞，如为了提高借贷群体的地域覆盖率，不限制地域申请，这样一些偏远地区的客户贷款后就直接失踪了，催收无法进行，这个地域漏洞就成为欺诈团伙的突破口。

2. 违约成本低

第一方欺诈发生的主要原因是违约成本低，主要体现在以下几个方面：

1）互联网个人信贷的单笔金额一般不大，金融机构对违约客户的处理除了上报央行征信系统外，没有特别好的催收手段，特别是现今催收合规化的要求下，催收成本高，小额违约客户的催收性价比不高，违约客户自身就更加不在意。

2）违约客户不在乎进入信用黑名单，因为限制消费及限制出行的违约措施往往对这类群体的日常生活没有影响。

3. 造假成本低

线上欺诈发生概率普遍高的主要原因是线上信贷支持同一时间批量申请，而线下个人信贷相对依靠现场风控人员，一定程度上控制了信贷进件数量。因此，批量的线上个人信贷中欺诈的占比越高，对于欺诈作案群体来说，其使用的数据、工具的边际成本越低；欺诈申请覆盖的平台越多、申请件数越多，欺诈的成功率越高。这就对各信贷平台的反欺诈应变能力提出了极高的要求。

5.2.3　黑产团伙欺诈的主要防控点

线上信贷无法如线下信贷般由审核人员与贷款申请人进行一对一的现场身份审核，主要依靠技术手段及合规数据源手段对贷款申请人身份进行判断，而黑产团伙利用身份替代的手段避开合规数据源提供的身份验证反欺诈防控，同时通过技术工具实现行为欺诈。

1. 身份欺诈

（1）身份欺诈的 3 种手段

身份验证作为所有信贷行为发生的最初始环节，基于各机构对用户体验与反欺诈策略的平衡，会设置至少两次明面上的身份验证，一般包括手机号的有效（非实名）验证及"身份证信息＋银行卡信息"的验证。黑产团伙要实施身份欺诈，一般通过以下 3 种手段。

1）购买非实名手机号。一些机构平台为了让用户有良好体验，对于注册使用的手机号并未要求实名制。黑产团伙购买大量的小号、虚拟号或物联网卡等不用身份验证的手机卡，从而通过平台的初始验证。

2）社工库。社工库是黑客将网络上泄露的用户身份数据与其通过脱库、撞库获得的数据包及通过钓鱼网站、木马链接等盗号的数据进行整合而形成的数据库，并对外进行销售。黑产团伙可以在社工库批量买到用户身份证、银行卡及手机号等信息，还可以获得用户的电商购物、网络搜索、支付转账、借款还款等各类数据。

3）偏远地区购买身份信息。申请贷款的正式环节一般需要用户提供身份证、银行卡及绑定银行卡的手机号，社工库虽然有大量的用户数据，但由于各个黑产都可以买到，大部分在各金融机构中已经被做了黑产数据标记，欺诈效果不稳定。为了购买"白户"数据，黑产团伙会去偏远山区批量向当地居民购买身份证、银行卡、手机卡等。当地居民一般法律意识薄弱，因此是黑产团伙非常重要的数据来源，这对防控工作带来非常严峻的挑战。

（2）身份信息验证路径

1）铁路数据应用。前面提到很多贷款人的身份材料是通过偏远地区集中购买的，而这些偏远地区的人很少出远门，更别说乘坐火车等交通工具。乘坐过火车的用户，其身份信息在铁路部门会有存档，因而可以识别出从未有铁路出行记录的用户群，从而对这部分群体进行重点排查。

2）运营商数据应用。通过运营商的手机号在网时长可以判断用户的手机号注册时长，一般认为新注册的手机号存在欺诈行为的概率较大，因为目前手机号的普及率已经非常高，换手机号的行为虽然存在，但在贷款前刚好办理了新手机号，从历史数据表现来看，欺诈风险较大，大多数欺诈人员都是准备贷完款就不用该号码。

通过运营商的在网状态可以识别出当前贷款申请人的手机状态，一般正常手机号的在网状态均是在线有效的，而存在风险的手机号大多处于关机、欠费状态。

通过运营商的基站数据可以得知该用户手机号所在的区域，如果与当前申请的设备MAC 或 Wi-Fi 地址不在同一个区域，则其身份大概率存在被盗或中介代操作的风险。

3）银联数据应用。银联体系覆盖了近百亿张银行卡，会针对流水异常、沉默卡、被盗卡等记录的风险行为数据，形成银行卡黑名单，帮助金融机构识别出具有不良卡记录的贷款人。

另外，有些黑产团伙在偏远地区购买了一些山区村民的银行卡，这些银行卡具有几个特征：一是新办的；二是长期为线下支付，且支付地区相对偏远；三是偏远地区的卡一般未开通快捷支付。以上几个特征，银联体系均可以提供相关的识别服务。

2. 资质欺诈

（1）资质欺诈的 3 种手段

1）工作信息欺诈。在常规的反欺诈环节，工作信息造假非常普遍，因为其直接影响贷款的成功率。有工作的比没工作的收入水平稳定，工作好的比工作一般的平均收入水平高，工作单位还能作为贷后催收的一项触达信息。因此为贷款人包装企业、工作岗位、工资收入，甚至公积金社保代缴等是黑产团伙擅长的，包装方式也多种多样。

2）虚假联系人。金融机构为了保障贷后能有多个联系方式触达贷款人，一般在申请环节需要贷款人提供至少一个紧密联系人。这个环节只要填写一个虚假联系人姓名、手机号及关系就可以达到欺诈的目的，金融机构一般不会对该信息进行手机号二要素验证，也无法识别真假。

有些金融机构无须用户提供紧密联系人信息，而是让用户授权金融机构 App 读取贷款人手机通讯录。针对这种方式，黑产团伙一般通过通讯录造假来对抗。

3）资产类材料虚假。小额的个人信贷场景很少需要贷款人提供资产类材料，只有特定的信贷产品如房产贷、汽车抵押贷款或者大额信用贷才需要资产增信。而资产类材料主要是对房产证、行驶证进行造假，仅能通过官方途径判断资产类材料是否真实。

（2）资质信息判断路径

1）央行征信数据应用。针对学历，央行二代征信是有相应的学历及学位信息字段的，只不过无详细的学校及专业、入学及毕业时间。学信网查询不方便时，央行征信是金融机构相对便捷的学历信息反欺诈来源，对那些中介随意填的学历的欺诈行为可以起到很好的防范效果。

针对工作单位，央行二代征信报告中体现了贷款申请人的在职状态、历史的工作单位名称、单位性质、单位地址及单位电话，还包括贷款申请人在企业中的职务、所属行业、职务、职称、进入单位的时间。这些信息完全可以用来核验贷款申请人填写的工作单位信息，也可以作为其工作收入的辅助评估。

2）铁路数据应用。铁路用户特征主要包括性别、年龄、收入水平、职业特点（个体商人、企业老板、公职人员、自由职业）、家庭环境等因素。

不同年龄与性别出行者，在出行目的与出行次数上存在差异。年龄介于 18 ～ 55 岁的城市居民，其出行目的主要是工作、学习、出差、探亲、旅游、访友等，并且其出行频率要显著高于其他年龄段的城市居民。女性出行频率显著低于男性出行频率。随着出行者年龄的变化，出行者对出行时间、出行方式、车次的偏爱会呈现一定的差异。

旅客出行行为将会在一定程度上受到个人职业的影响。按照职业的不同，出行者大致可分为自由职业人员、个体商人、政府企事业单位等部门的公务员，以及中低收入者、学生等几大类。

收入高低会直接影响绝大多数出行者的出行行为。不同收入水平的出行者由于其日常生活习惯的不同，出行行为存在着明显的不同。收入较高、经济能力较强者，鉴于其对生活质量的要求，在出行中更愿意以高价钱获得更好的、更舒适的出行环境。

出行者会在个人经济承受能力与出行需求之间寻找一个相对的平衡点，此外，出行者的出行目的与出行路线的选择也会直接影响其出行行为。例如，不同收入水平的出行者选择的交通工具肯定不一样。

另外，铁路出行黑名单可用来判断用户失信行为。出现在出行失信名单中的用户，说明其在出行过程中有严重的不良行为，那或许其在贷款后会有不还款或者在催收环节恶意辱骂催收人员的行为。

但这部分人群数量较少，实际应用价值不大，却会增加查询耗时，影响用户体验。

3）运营商数据应用。针对学历，运营商对大学生有专门的学生号段，可以用于识别是否在校生，通过手机基站位置及办卡营业网点位置可以判断用户所在学校片区，通过对其在学校时与毕业后的常驻地址进行比较可以得知其毕业状态。

针对单位，运营商可以根据用户在工作时间所处的位置区域与用户填写的单位所属区域是否一致来判断其是否存在欺诈。当然，黑产团伙也许会选择区域一致和虚假单位来对抗反欺诈策略。

针对收入水平，运营商除了特殊行业特殊号段可以精确定位用户资质外，如一些集团企业号段，一般通过用户基站位置来判断，如通过用户的单位区域、居住区域、常去旅游景点或购物商场等综合判断其消费能力及收入水平。

4）银联数据应用。银联体系并无直接的资质数据，但从贷款申请人的消费数据可以判断其消费能力、收入水平及消费偏好。

针对收入验证，利用银联体系中 1 月、3 月、6 月、12 月的入账笔数、天数及金额可以计算其入账流水，虽然该入账金额无法代表其工资收入，但作为辅助项还是具有一定的参考价值。

针对流水情况，利用银联体系中 1 月、3 月、6 月、12 月的消费笔数、天数及金额，再结合消费商户类型，可以得知其相对真实的部分消费能力。

3. 行为欺诈

（1）行为欺诈的几种手段

在线上信贷场景，各机构通过对用户行为信息的采集，分析在操作相关贷款申请的是否真人，以防范黑产批量贷款申请的欺诈。行为欺诈的两个特点是批量和行为一致。批量主要依靠猫池进行实现，行为一致主要通过设备、位置及行为三者模拟真人行为。

1）猫池。猫池是黑产团伙用于手机卡批量管理、接收验证码、实现自动注册登录的核心设备。

2）设备伪造。每个真实的贷款人常用的手机设备一般为 1 ～ 2 台，每台手机的设备序列号、MAC 地址等不一样，而黑产一般会在同一台手机上进行多个用户身份的欺诈申请操作，常规的反欺诈手段很容易识别，因此黑产通过设备伪造软件，不同用户身份均能在同一台手机上实现不同的设备序列号，通过虚拟代理等方式实现 MAC 地址的修改，以此模仿真人设备环境实现欺诈。

3）位置伪造。位置伪造是进一步实现行为欺诈可信度的重要环节，如黑产虽然能通过群控设备同时操控多台手机进行账号登录及借贷申请，但网络地址基本都在同一个地点或区域，且在同一时间段申请用户激增。因此黑产团伙会通过修改设备所在的区域位置，造成贷款人分布式申请的假象。

4）行为伪造。当设备可信、位置可信时，黑产团伙为了应对金融机构对于用户行为的识别，进行了行为伪造。行为伪造是黑产团伙的一个核心步骤，如模拟真人点击手机的频率、力度，真人填写账号信息的规律，手机是否有一定的水平移动等行为。

（2）行为信息判断

1）央行征信数据应用。央行二代征信聚合了信用属性极强的个人金融数据，数据维度包括年龄、职业、学历、借贷情况、还款记录等，这些强相关的基础性金融数据有别于互联网大数据，能更加准确地评估借款人信用资质。另外，二代征信系统报送时效性增强，金融机构更易识别借款人多头借贷、失信等风险。

2）持牌征信数据应用。百行征信自建了一份特别关注名单，数据源直接与最高法执行局、各地金融监管局对接，整合了第一手的失信被执行人信息和退出经营的 P2P 恶意逃废债借款人信息。随着 P2P 退出市场后，P2P 恶意逃废债借款人名单会逐渐失效。

3）铁路数据应用。贷款人经常活动于 A、B 两地，A 为常驻地，B 为旅行或者出差目的地。但其在金融机构的行为表现是经常活动的地方为 C 地，或者其填写的居住地址是 C 地，这个异常地点就是该用户存在欺诈行为的表现。

根据联合国经济和社会事务部统计司在《人口和住房普查原则与建议》中的建议，常驻地可按照以下标准界定：

❑ 在最近 12 个月的大部分时间一直居住的地方，不包括因度假或工作引起的短暂出行。

❑ 至少在最近 12 个月一直居住的地方，不包括因度假或工作引起的短暂出行。

旅客出行一般是从常驻地出发经过一个或多个目的地后返回常驻地。对于普通旅客，在目的地的停留时间要远小于在常驻地的停留时间。铁路出行数据可以描述旅客乘坐火车的出行轨迹，通过分析旅客的出行轨迹、在目的地的停留时间，利用逻辑判断、概率计算等方法可以判断旅客每次出行的起点，从而可以利用旅客一年以上的出行数据推断旅客的常驻地。

当然，利用铁路旅客出行数据推断常驻地信息，受出行数据质量影响，其影响因素主要如下。

❑ 出行次数过少：部分旅客在统计周期内的出行次数过少，不能形成有效的出行回路，无法在出行起点与出行终点之间确定常驻地。

- □ 行程不连续：综合交通背景下旅客可通过多种交通方式完成出行，这导致单一铁路出行数据在整个行程上是不连续的，对于该类型旅客需要结合其他交通方式的出行数据进行判断。
- □ 多出行起点：铁路出行数据可能构成多个出行回路，旅客出行时可能存在多个不同的出行起点，该情况下只能选取比重最大（概率较大）的出行起点作为常驻地。
- □ 目的地最大停留时间：根据不同的出行目的，旅客在目的地的停留时间一般会有一个时间上限，当旅客在目的地的停留时间过长时可能存在多个常驻地，这时无法有效识别旅客常驻地。

4）运营商数据应用。针对金融机构采集的贷款申请人授权的通讯录或者提供的紧密联系人，贷款申请人在运营商体系的通话记录详单数据可以作为相关紧密关系的佐证，若贷款申请人的半年通话记录中并无当下通讯录或者紧密联系人的联系方式，则其存在欺诈的风险。

另外一些金融机构比较关注贷款申请人的兴趣偏好或消费偏好，为了识别贷款申请人是否提供了真实的兴趣偏好或消费偏好，运营商会针对贷款申请人的搜索行为以及安装和使用各类 App 的行为综合形成对贷款申请人当前兴趣偏好或消费偏好的验证产品。

5）银联数据应用。银联体系有大量的套现用户名单、消费交易异常名单、卡状态异常账户，其提供的卡风险评分、行为风险评分、财务风险评分、套现评分及失败交易评分等可以帮助金融机构判断当前贷款申请人基于银联体系的风险情况。

另外，银联体系有大量的信贷机构代扣及贷款发放的数据记录，可以比较全面地了解当前贷款申请人是否存在多头借贷、扣款是否存在异常、贷款机构类型等信息。

6）司法数据应用。司法数据中的案件数据，如民事案件、刑事案件、行政案件、执行案件、民事破产案件等相关信息，其主体数据统称为失信被执行人数据。

是否存在失信被执行行为，通过中法研的数据服务产品查询验证即可。

7）公安数据应用。公安部不良名单涵盖了在逃人员、吸毒人员、涉毒人员、修正人员、违法前科、严重前科、恶性前科等行为人员，行业内一般认为属于以上任何一种状态的贷款申请人都是高风险用户。但公安部的信息不轻易对外，只有一些重要岗位的招聘、金融业务场景等会特批查询使用。

5.3 反欺诈路径

个人信贷主要包含线上和线下两大模式,银行系、消费金融系、网络小贷系、传统小贷系四大放贷主体的个人信贷业务在产品、适用群体及服务模式上均有区别,但业务产品反欺诈策略基本相同,线上、线下模式的反欺诈重点则有所不同。本节重点介绍线上场景的个人信贷反欺诈相关内容。

在个人信贷场景,反欺诈路径主要包括七大模块(设备反欺诈、身份信息验证、信息核验、历史行为核验、反欺诈评分、团伙排查及人工核查),如图 5-3 所示。在实际的线上信贷反欺诈策略中,由于数据可得性和成本问题,很少机构会全部覆盖。

以上任一环节发现存在欺诈风险的,各金融机构的反应是不一样的,可能命中其一则直接拒绝。

5.3.1 设备反欺诈

设备反欺诈主要针对的是贷款申请人的行为欺诈,为了达到理想的设备反欺诈效果,需要进行设备相关信息的采集,采集的信息除了金融机构的 App 上用户注册、申请等环节的操作行为数据及填写的信息数据外,还包括用户非该 App 的其他设备行为数据。除此之外,一些金融机构还会采集用户的手机联系人、短信、支付宝及微信通讯录等敏感信息,以通过加强贷后管控能力弥补贷前风控能力不到位可能导致的坏账问题。

设备可以采集的信息字段非常多,而这些字段即使是比较稳定的信息也会由于各种原因(如重启、换网、换手机等)有一定的变动。有的金融机构通过算法结合设备采集信息、用户使用设备的行为信息(如按压力度、手持设备仰角、手指触面、屏幕滑动和鼠标轨迹等),甚至是设备的 OSI 的数据流单独或者综合起来打造可以与客户身份信息进行匹配的唯一设备 ID 信息——设备指纹,以此来判断登录该设备的是否本人。

另外,还可以通过第三方机构提供的设备指纹黑名单数据对本次申请的贷款人的设备指纹进行风险比对,如果命中黑名单数据,则应该进行拒绝申请处理。设备黑名单数据仅能从少数覆盖设备量较多的第三方企业中获取。

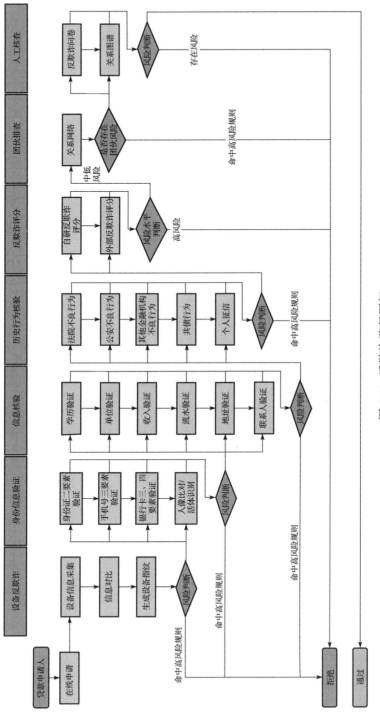

图 5-3　反欺诈路径图解

5.3.2　身份信息验证

设备反欺诈首先将本次登录的机器申请行为及非本人登录行为筛掉，进入第二个环节——贷款申请人需要提供本人身份证、接收贷款的银行卡及本人手机号进行身份信息验证。随着移动设备的活体识别功能的提升，通过该功能识别是否本人在进行贷款操作也成了必要环节。该环节除了身份证信息不对、活体识别非本人会直接被拒绝外，银行卡信息及手机号信息不对只会提醒客户提供准确的银行卡信息及手机号信息。

5.3.3　信息核验

部分信贷机构要求贷款申请人申请贷款时必须填写学历、单位、收入情况、居住及工作地址、紧急联系人等信息，可能还需要提供相关流水单等，该环节可通过第三方数据源与申请人提供的信息进行比对验证。

1. 学历验证

学历验证最权威、合规的来源仅为学信网，但学信网目前只支持学生自主登录进行学历、学籍相关信息的下载。学历、学籍信息非常敏感，因此学信网并不主动向金融机构提供线上批量的学历查询服务。而学生自主提供的学历信息，金融机构很难通过线上服务批量验证，这就产生了服务矛盾点。

在合规的来源服务比较难获取的前提下，很多拥有直接或间接体现学历信息的企业提供了学历辅助验证。如电商平台有学生与非学生的购物身份信息，通过寄收件地址历史数据可以得知；各类开启定位信息的 App 可以通过 GPS 数据判断常驻地是否学校，通过 App 的使用行为如搜索查询等判断其学科类型。当然，以上多数都是从行为数据提取的可能与学历相关的数据，存在一定的误差。

（1）央行征信数据应用

央行征信报告中的个人基本信息包括学历信息，该字段在一定程度上可以帮助金融机构验证用户的学历。央行征信由于覆盖群体数量的问题，覆盖率无法达到100%。在早期，贷款申请人的学历信息均是自己填写的，数据字段并未经过二次验证。近几年央行的学历数据得到学信网或相关部门的校验，准确性有了一定的保证。

（2）运营商数据应用

运营商体系的学历信息主要依靠是否学生卡号段、用卡人的常驻地 GPS 位置、通话关联度等对用户的学历进行判断，只能说大概率是准确的，属于辅助判断，在风控环节用得比较少，一般在营销场景会对用户学历进行提前判断，常用于用户分层。

（3）铁路数据应用

铁路部门中的学历信息主要来源于学生出行主动办理优惠票时的记录。《铁路旅客运输规程》规定：在普通大专院校（含国家教育主管部门批准有学历教育资格的民办大学）、军事院校、中小学和中等专业学校、技工学校就读，没有工资收入的学生、研究生，家庭居住地和学校不在同一城市时，凭附有加盖院校公章的减价优待证的学生证（小学生凭书面证明），每年可享受 4 次家庭至院校之间的半价硬座客票、加快票和空调票。新生凭录取通知书、毕业生凭学校书面证明可买一次学生票。

铁路大数据无法更新用户毕业后的学历信息及再教育情况。

2. 单位验证

针对贷款申请人的工作单位的验证，其实并无直接的数据源提供相关服务。金融机构验证贷款人的工作单位，是为了判断其工作收入稳定性及赚钱能力。为了验证单位的可信度，传统方式是通过贷款申请人提供的盖公章的工作证明（但公章可能是假的），或者通过贷款申请人提供的企业电话（但号码也可能是假的），这两种方式都无法有效识别用户是否存在欺诈。工作证明模板如图 5-4 所示。

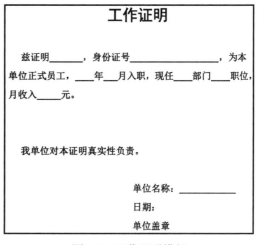

图 5-4　工作证明模板

金融机构会通过贷款申请人社保缴费记录中的企业名来进行验证，但人社部作为合规的数据源并未提供线上批量的查询服务，贷款申请人如果自行查询，只提供图片又会存在造假的可能。

所以，现阶段常用的替代方式是通过电商平台、外卖平台记录的办公区快递信息作为辅助验证，或通过运营商及其他 App 的位置信息对其在工作日常活动的办公区域与其填写的企业所在区域进行比对，以此来识别是否存在欺诈。

（1）央行征信数据应用

央行征信报告中记录了贷款申请人历史的就业状况，可以得知其在职状态及曾经在职的工作单位、单位性质、单位地址及单位电话。以上信息均可以作为贷款申请人工作单位真实性的验证。当然，央行征信的工作单位信息也是贷款申请人申请贷款时填写留存的数据，虽然金融机构会在审批时对该信息进行校验，但肯定不如后续人社部登记的在职员工数据准确。还有很大一部分群体是灵活就业状态，该群体的单位信息基本缺失，只能依靠其他手段进行辅助判断。

（2）人社大数据应用

人社部记录的人员单位信息是最准确、及时的，但其未覆盖不缴纳社保的就职人员的单位信息。金保信可以通过人员状态（在职、离职、失业）、首次参保时间、参加工作时间、参保单位、参保单位编号、单位类型（国企、私企、事业单位）、缴存状态等字段单独或者多个字段融合形成验证单位真实性的数据产品。

3. 收入情况验证

有工作单位的贷款人一般会提供盖公章的工作收入证明作为收入佐证，个人收入证明模板如图 5-5 所示。公章可以使用萝卜章，企业也可能是中介帮忙找的空壳企业，收入具体数字也不一定是真实收入，因此收入证明的可信度并不高。通过社保、公积金缴费信息来印证实际的月收入水平更靠谱，但社保、公积金相关的查询服务对于线上信贷服务的开放程度并不高。有些企业按照最低标准缴纳社保、公积金，不能完全体现高收入人群的真实收入，有些贷款申请人的企业也不代发工资，因此没有纳税收入，通过社保、公积金无法校验。这种情况下，通过银行流水或者其他资产情况验证会更准确。

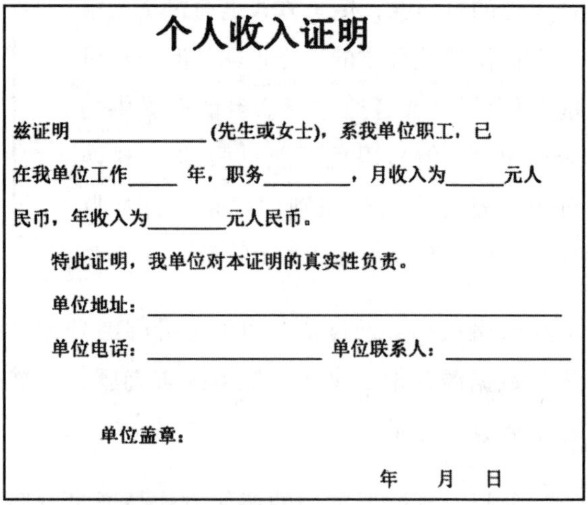

个人收入证明

兹证明____________(先生或女士)，系我单位职工，已在我单位工作____年，职务________，月收入为_____元人民币，年收入为_______元人民币。

特此证明，我单位对本证明的真实性负责。

单位地址：____________________

单位电话：______________ 单位联系人：__________

单位盖章：

年 月 日

图 5-5 个人收入证明模板

另外，可以侧面反映收入情况的是日常消费能力，如日常购物水平、出行打车频率等。个人的准确收入实际上并无准确的数据可以使用，权威数据的部分信息也只能帮助金融机构相对准确地判断其收入水平，应用逻辑如下。

（1）央行征信数据应用

前面提到，央行征信报告中记录了贷款申请人历史的就业状况，可以得知其在职状态及曾经在职的工作单位、单位性质、单位地址和单位电话。工作单位的性质、所在地址在一定程度上可以代表贷款申请人的岗位收入的平均水平，因此结合贷款申请人的年龄、岗位职级、市场同行同岗的薪资水平，可以得出相对合理的区间水平。

另外，央行征信报告中如有贷款申请人的房贷、车贷、居住类型等信息，从资产角度作为判断其收入水平的真实性依据也是不错的选择。

（2）铁路数据应用

金融机构可以根据贷款申请人铁路出行的票价、座位等级、常出行城市、出行偏好（商务、旅游等），综合得出与收入水平相关的信息。

（3）银联数据应用

银联消费标签中包含用户的卡等级信息和卡名称，均体现了用户的资产水平。

另外，银联数据标签中通过建模计算了用户的资产状况评分、房产得分、车产得分、理财行为分、资产变化趋势等。

- ❑ 资产状况评分：根据持卡人的房产、车产相关的状况及理财方面的投入和资产变化趋势，综合评估持卡人的资产状况，分数越高，资产持有状况越好。
- ❑ 房产得分：根据房产所在的城市及购房金额在当地的排名等评估房产得分。
- ❑ 车产得分：根据车的品牌、档次及拥有的车辆数量等评估车产得分。
- ❑ 理财行为分：根据近 12 个月保险类、证券类交易金额进行分值计算。
- ❑ 资产变化趋势：根据房产所在城市及购房金额的变化、车品牌及档次的变化、理财类交易数据的变化来评估资产变化趋势。

4. 流水验证

银行流水验证，既体现用户的收入水平，又可侧面验证其工作单位的真实性，因为代发工资项上会体现代发工资的企业名。金融机构一般会验证最近的三个月至半年的银行流水情况，正常的上班族每月的代发工资基本都很稳定，个体户或灵活就业群体的银行流水波动会比较大。而银行流水的验证其实也无线上批量验证服务。

因此，银行流水在线下贷款场景的验证比较多，贷款申请人打印银行流水在贷款机构门店进行提交。

现在消费金融场景基本都用收入水平验证方式替代用户提供银行流水的验证方式。

5. 地址验证

对于常驻地的真实性，传统方式是让贷款申请人提供水电费单，但无法表明该住址是贷款申请人的。

现在的做法主要是基于 GPS 数据定位贷款申请人的常驻地，还可通过电商类寄收地址形成的地址验证产品与贷款申请人住址进行比对。地址类权威数据服务相对较少。

（1）央行征信数据应用

央行征信报告中记录了贷款申请人申请贷款时填写的居住地址、住宅电话、居住情况及更新日期等信息，可用于对贷款申请人居住位置的辅助判断。

（2）运营商数据应用

运营商通过用户手机卡的基站位置进行常驻地判断，实际通过 GPS 的定位信息可以精确到米级位置，但为了满足数据安全及合规性要求，对外输出时仅能判断用户地址所在区域，可作为区域一致性判断。

6. 紧急联系人验证

在常规的贷款环节中，贷款申请人需要提供至少一个紧急联系人的姓名及手机号，审核人员通过拨打电话进行验证，通过验证话术及接电话的人员回答是否流畅等判断其身份是否贷款申请人的熟人。

通过数据手段代替人工电话验证，只要两步即可：第一步为信息真实性验证，可通过三大运营商的手机号二要素验证紧急联系人的信息真实性；第二步为关系真实性验证，关系真实性一般通过相关的数据进行验证，如通过获取贷款申请人的通讯录，从通讯录中寻找该联系人与贷款申请人的联系时长、频率等综合判断，而通讯录很容易造假。

（1）央行征信数据应用

央行二代征信报告中记录了贷款申请人的三类联系方式：一是贷款申请人的手机号码（最多 5 个）；二是家用固定电话（若有）；三是配偶的联系方式。以上手机号信息更新日期如果比较近，可用于验证贷款申请人填写的紧急联系人的联系方式是不是其自身的其他手机号，有时其填写的配偶联系方式也可能是贷款申请人自己的其他号码。同时配偶项如果有信息，还可以验证贷款申请人填写的是否已婚信息是否准确。

（2）运营商数据应用

运营商体系中通过贷款申请人通讯录中的通话次数、通话时长，再结合主副号段、亲情号段、缴纳手机费等数据信息，可以定位其联系人的关系及所属号码。考虑到敏感数据不能直接对外，运营商对于紧密联系人的验证结果是告知是否存在紧密关系或紧密关系的层级。

5.3.4　历史行为核验

历史行为主要验证的是贷款申请人是否存在明确的违法违规情况。通过历史不良行为名单的比对，若在名单中可判断该贷款申请人的违约概率相对较高，会触发金融机构强拒规则。

1. 法院不良名单验证

法院的不良名单验证主要分为企业法人和个人不良名单验证，企业法人不良名单包括存在企业贷款违约、集资、洗钱及其他违法违规企业行为的法人，个人不良名单包括个人贷款违约、航空及高铁出行黑名单等行为自然人。金融机构可以通过司法大数据中的失信老赖名单、限制高消费名单、限制出入境名单、罪犯及嫌疑人名单进行校验，如果当前贷款申请人在以上名单中，该环节一般会采取拒绝策略。

2. 共债行为验证

共债行为验证是为了防范当前贷款人一定时间内在多个金融机构平台均成功获得贷款资金。共债行为严重者的负债能力偏弱，存在还款能力不足造成违约还款的风险。共债行为需要各金融机构共享用户贷款信息，以此帮助当前金融机构识别贷款申请人是否存在共债行为，但数据孤岛一直是行业难点。

百行征信的共债预警产品是合规数据源中覆盖互联网金融机构数量最多的产品，其覆盖了大量的互联网金融新老客户的历史及实时信贷行为，可以帮助金融机构识别当前贷款申请人是否存在多个平台共同申请贷款及已经获得多个平台贷款的情况。

贷款申请人如果存在多平台贷款且贷款金额远超还款能力的，该环节一般会采取拒绝策略。

3. 公安不良名单验证

公安不良名单验证是将贷款申请人的身份信息与公安部门中记录的犯罪或违法记录人员名单档案进行比对，在一些重要的场景可以识别出曾经及现今仍存在风险的人员。

该数据服务仅对少数持牌金融机构及必要的场景开放，大部分金融机构是没有资格使用的。

贷款申请人如果在公安不良名单上，该环节一定会采取拒绝策略。

4. 民间征信黑名单

民间征信主要指持牌的个人征信机构，其汇总的是各类持牌金融机构、持牌征信机构等企业的个人征信相关信息。目前仅有百行征信、朴道征信及钱塘征信（还在审批中）三家个人持牌征信机构，各地的互联网金融协会也采集了部分民间征信数据。

贷款申请人如果在民间征信黑名单上，该环节一般会采取拒绝策略。

5. 央行征信黑名单

央行征信数据主要采集于正规金融机构的征信相关信息，包括银行、担保企业、金融服务企业、融资租赁企业、财务企业、小额贷款企业等。

贷款申请人如果在央行征信黑名单上，该环节一般会采取拒绝策略。

5.3.5 反欺诈评分

反欺诈评分通过同一业务场景下的存量用户在申请过程中填写的各类申请信息与采购过的第三方数据比对情况、还贷款情况综合形成相应的评分标签，再选择合适的算法模型，如逻辑回归，形成一个有效的评分体系。该评分可以在同类业务下对同类群体的欺诈行为进行相对准确的识别和判断。

1. 自研反欺诈评分

自研反欺诈评分一般存在两种情况。一种是该环节之前的数据来源不充分或者该金融机构认为没必要命中一个高风险条目就一棍子打死，期望通过该评分体系，对之前环节的数据进行相应的计算，算出来的分数对应其欺诈的概率，特别是一些高收益金融产品，其一般会通过贷后手段来弥补前端反欺诈环节审核不严的风险。这是因为有些群体欺诈是为了获得贷款，并不代表其不愿意还款。另一种是其采购了该贷款申请人的其他数据，这些数据并未在前面的环节使用，但在其分析体系表现出较好的欺诈识别能力，该评分更多的是一种反欺诈识别环节的补充。

2. 外部反欺诈评分

外部反欺诈评分是第三方金融机构、科技企业、数据企业针对欺诈相关的各种数据结合算法形成的行业普适性评分，大部分第三方反欺诈评分针对的是某个大行业，如银行、保险，很少会有针对银行个人小额贷款的反欺诈评分。因此，为了达到各行业均有效的目的，第三方反欺诈评分中使用的数据大多是各种严重不良名单数据，同时结合该机构本身的各种不良名单数据。

5.3.6　团伙排查

团伙排查针对的是熟悉反欺诈逻辑、有一定技术能力、熟悉各种欺诈辅助工具的黑产团伙。黑产团伙的欺诈行为一般呈现聚集性、短期高频且难以发现的特点，因此如何从大批量的贷款申请人中精确定位黑产团伙，是反欺诈环节中非常重要的一环。前面的各种反欺诈策略，也是在为团伙排查打好基础。

关系网络是团伙排查常用的技术手段，需要从批量的贷款申请人中找到其中存在关联关系的群体，分为监督模型和无监督模型两种情况。

在有足够的第三方欺诈标签数据的前提下，通过相关模型对历史数据得出"好"和"坏"标签，使用监督模型，通过挖掘出欺诈团伙的典型特征和行为模式，有效地识别出金融欺诈团伙。监督模型虽然在预测准确性上有不错的表现，但在实际情况中，"好"和"坏"相关的数据及标签往往很难得到。

在没有第三方的欺诈标签信息时，只能使用无监督模型中的异常检测方法实现异常关系网络识别。通过数据刻画出贷款申请人之间是否存在关系，在众多关系网中找出具有异常关系的特殊群体，如同一家工作单位、同一个居住区域、同一个紧密联系人等。

5.3.7 人工核查

人工核查在线下信贷场景属于必要的反欺诈审核环节，而线上一般会在大部分前端环节数据缺失过多的情况下利用人工干预进行核查，或者在数据比对异常，但用户反馈比对信息有误的情况下，进入人工核查环节。

人工核查阶段主要依靠人工电话对贷款申请人的相关信息（如身份信息、各类资质信息、历史行为信息）重新确认，另外审查人员会重点确认联系人的信息是否存在异常，并通过与联系人的沟通侧面印证贷款申请人相关信息的真实性。

第 6 章 *Chapter 6*

车险风险防控

市场上的通用车险风险评级一般是综合车险投保人相关数据、被保险人相关数据、车辆静态数据、车辆动态行驶数据等得到的。通常用数字或字母表示车险风险评级，比如 A、B、C、D、E 或者 1、2、3、4、5、6、7、8、9、10 等，每个字母或数字代表了潜在的风险大小。这个综合性风险评级与车辆的保险风险具有显著相关性。

通常认为车辆年行驶里程与车险风险具有显著的稳定相关性。比如相同条件下，行驶里程多的车辆风险比行驶里程少的车辆风险高（一辆车两个人开的时候情况会有所变化）。

风险评级中涉及的角度要么是离散型的（比如"性别"角度可以分为"男"或"女"），要么是连续型的（比如车辆年行驶里程）。保险企业对于连续型的角度通常做离散化处理，比如将年行驶里程分为 5000 公里以下、5000 公里以上 10 000 公里以下、10 000 公里以上 12 000 公里以下、12 000 公里以上 15 000 公里以下、15 000 公里以上 20 000 公里以下、20 000 公里以上等几个类别。

本章以 4.5 吨以下非营业货车和常规货车为例介绍车险风险防控及理赔反欺诈策略。

6.1　4.5 吨以下非营业货车车险防控

保险企业会利用精算咨询企业或者基于自身的承保理赔数据完成模型的建立，通过外部数据科技企业的风险评级提升自己已有定价模型的精准度，在这个过程中通常考虑的主要因素包括车辆使用性质、车辆种类、车身结构及地区情况。

1. 车辆使用性质

车辆使用性质分为营业和非营业。由于 4.5 吨以下货车目前已经不再办理营运证，很多车主为了少交保险费可能会告诉保险企业自己的车辆是非营业性的，但实际上是营业性的。保险企业识别车辆使用性质的权威数据包括车辆的动态驾驶数据、行驶里程、营运时长等，通过采购以上数据研判车主主动提供的使用性质。

2. 车辆种类

目前为车险定价时，会将货车分为 4.5 吨以下、4.5 ～ 10 吨、10 吨以上几类，本节只考虑 4.5 吨及以下的货车。考虑到货车投保后可能存在"大吨小标"的问题，可以将核定载质量作为参考基准，围绕核定载质量相关的数据维度扩展数据采集范围。

3. 车身结构

按照车身结构进行分类，货车可以分为普通货车、箱式货车、封闭货车、自卸货车、仓栅式货车和其他 6 个类别。

4. 地区

车险风险评级一定要考虑地区之间的差异，不然会出现严重的应用问题。针对 4.5 吨以下非营业货车进行风控评级时经常采用高速通行车辆的动态数据，高速通行里程、频次较高的车辆通常风险也较高。在考虑这个应用时，保险企业需要按照地区来确定高速通行数据的分类规则和风险系数，如果全按照统一的标准，就会出现某些地区车辆的风险突然上升的情况，导致保险企业分支机构的业务无法通过自核报价，因为系统认为其风险显著提高了。

围绕 4.5 吨以下非营业货车的高速动态通行数据进行风险评级时，需要考虑如下方面：

1）传统车险定价，如车辆车身结构、地区、车辆种类。

2）高速通行动态，如年高速通行里程、通行频次等。

如果将风险评级理解为一种高度概括的模型，那么它的本质是预测每一辆车购买特定车险产品后预期的纯风险赔付成本。

6.2　货车车险防控

近年来，中国成为全球第一大公路运输市场，整体货运周转量已达百亿吨公里。其中，轻中型卡车与重型卡车市场规模更是早已超过了万亿元，与此同时，货车保险市场也随之发展壮大。

从风险角度来讲，货车的保险风险与私家车的保险风险具有明显不同。货车作为一种生产工具，与私家车相比主要具有以下特点：一是运营时间长、暴露风险高；二是行驶道路复杂，危险路段占比高，事故发生率高；三是疲劳驾驶现象普遍，且驾驶员流动性大。以上特点均会造成货车保险业务复杂度高、风险大，监管机构很难准确评估货车保险市场上各保险企业所面临的真实风险。

在现有技术中，监管机构通常是通过货车的车型、车系、品牌、吨位、使用年限等因素，粗略地评估货车保险市场上的风险，而无法进行专业、系统的分析和预测。因此，监管机构既不能有效地监管风险，也不能改造风险、管理风险，故而造成货车保险赔付成本高、保险企业保费亏损等问题。

6.2.1　轨迹欺诈行为分析

根据车辆轨迹可分析出险时间段内的行驶状态，进而分析出车辆是否有欺诈嫌疑。

对于投保车辆，保险企业会通过内部系统采集投保人和被保险人的历史位置、行驶速度、行驶方向、行驶轨迹等信息。

对于投保人，需要上报出险理赔申报信息，出险理赔申报信息包括车辆的事故位置、行驶速度、行驶方向、行驶轨迹、事故涉及车辆的驾驶员信息和所述事故涉及车辆的驾驶行为信息。

将内部系统记录的投保车辆的行驶轨迹与投保人上报的行驶轨迹进行比对，如果超过保险企业预定的偏差值，则会认为用户上报的行驶轨迹存在欺诈嫌疑。

若保险企业内部系统未采集到出险当天车辆的行驶轨迹，则需要外采中交兴路及数据宝代运营交通大数据，通过北斗卫星及高速卡口采集的数据计算出车辆行驶轨迹，然后将这些数据作为权威数据与上报的数据进行比对，若偏差不大则可认为欺诈风险较小。

将投保人在出险时间段内的速度与第三方计算的实时速度进行对比，以核实投保车辆在出险后的时间段内是否有停驶状态，对车辆实时速度进行调整修正。最后，对车辆的损坏程度与所计算的行驶速度的匹配程度进行一致性判断，从行驶速度和损坏程度两个维度进行欺诈行为判断。

6.2.2 挂靠行为分析

车辆挂靠行为作为我国独有的一种经营方式在道路运输领域普遍存在。所谓车辆挂靠行为，是指个人出资购买车辆，以运输企业为车主登记入户，并以挂靠企业名义进行运输经营，由挂靠企业提供挂靠资格并收取相应的管理费或有偿服务费的经营方式。

挂靠车辆潜藏巨大的风险，由于挂靠车辆的产权大多不属于运输企业，经营权又承包或出租给个人，资本的逐利性使得挂靠车主把经济效益最大化放在第一位，从而不可避免地影响了公路运输业的健康发展。目前，我国道路运输经营主体多、企业规模小、运输组织松散、竞争能力和抗风险能力弱、市场混乱等现象依然突出。挂靠经营存在较多的安全隐患：挂靠企业对挂靠车辆难以有效管理，挂靠车主安全意识薄弱导致车辆交通事故频发；挂靠经营致使利益主体多元化，市场秩序混乱；挂靠经营追求的是单车经济效益最大化，诚信危机凸显；挂靠车辆产权关系不明晰、经营主体不明确，导致存在潜在的较大法律风险。

1. 卫星定位轨迹数据

卫星定位轨迹数据包括卫星定位纬度、卫星定位经度、卫星定位时间、卫星定位方向、卫星定位速度、卫星定位精度和卫星数。通过切分轨迹数据，可以获得车辆运输路线和行程经纬度两种特征信息。车辆运输路线和行程经纬度信息对判断车辆挂靠行为具有重要意义。车辆运输路线能够较好地反映运输企业对企业车辆运输路线的安排，行程经纬度能较好地反映车辆行程的起始位置。

2. 车辆属性信息

通过对车辆信息的采集，可提取车辆所属企业、车辆品牌型号、车辆购买时间和车辆车牌所在地 4 种车辆属性信息，这些信息均能够反映企业对车辆集中购买的情况，实现企业常规车辆与挂靠车辆的区分。

6.3　理赔反欺诈策略

在理赔过程中，为了提高反欺诈效果，保险企业一般有七个基本防范策略，可防范六类主要欺诈行为。

6.3.1　七个基本防范策略

1. 信息真实性

查看车架号和车牌号是否与保单、行驶证等相关信息吻合，可通过交通大数据中的行驶证要素核验接口进行判断。

2. 保单起止日比对

通过查验全国车辆首次上险日期获取最新承保日期，然后用该日期与保险企业内部的承保日期进行比对，计算首次上险日期与本次承保日期的天数差。正常情况下，新险种会在上一次险种保障期结束时生效，如果新的投保日与首次承保日期天数差较大，则存在出险后再投保的风险。业内还会统计保单起始期与保单终止期，若两者之差小于 10 天，则说明欺诈概率较大。

3. 夜间出险

根据理赔欺诈事件发生的时间区间统计，晚上 10 点至早上 6 点间小额理赔单方事故及双方事故的欺诈概率均较大，且存在出险地点相对偏僻，事故地无摄像头的情况。

对于该时间区间的理赔事件，保险企业只能利用重点关注名单，结合其他策略进行综合判断。当然，为了提高该策略的反欺诈能力，可以通过使用数据宝全国车辆高速通行及中交兴路 12 吨以上的两客一危车辆历史的北斗卫星出行轨迹、常出没地点等信息与出险地进行比对，研判本次出险是否属于非常出没区域出险。

4. 车辆多次出险

一般情况下，注销、撤案、拒赔等非正常案件报案次数大于 3 次的，欺诈概率较大，保险企业可以通过中国银保信的车辆出险理赔等数据对当前车辆进行全方位监控，触碰预警规则的可以着重加强反欺诈识别。

5. 老旧车型

欺诈团伙为了降低欺诈成本，一般会低价购买老旧车型进行投保，通过更换新配件出险方式进行欺诈。通过全国车辆首次上线日期查验，获取车辆初登日期，判断是否为车龄 8 年以上的老旧车型，防止欺诈行为。

6. 配件核验

在碰撞查勘环节，若出险碰撞部位与出险定损配件部位不一致，那么说明可能存在查勘有误或者内部人员欺诈风险。

在维修环节，如果存在通过更换处理代替原定修复流程，且更换新件费用比修复费用低的情况，则说明可能存在投保人用低价换件而按照高价修件索赔的欺诈风险。通过车辆配件接口获取配件信息，全国车辆首次上险日期可查询车辆初登日期，进而判断配件损耗情况，保险企业将整个维修过程的信息与配件信息进行比对，结合保险企业的智能定损监控识别算法，可以有效防范该环节的欺诈行为。

7. 配置核验

通过车辆配置接口获取配置信息，防止出现替换的配件低于原始车辆的情况。在理赔中经常出现低配车装高配件的情况，保险企业可通过车辆配置接口或逐步建立的车型配置数据库，实现根据车型匹配相应的配置，再通过配置查找相应的配件，补充同批次、同型号、分区域的平均配件价格，从而杜绝低配高赔的欺诈行为。

6.3.2　六类主要欺诈行为

欺诈类型包括套牌欺诈、碰撞痕迹不符、重复索赔、拼凑事故、旧件拼凑、事故后逃逸、揽责欺诈、驾驶资质不符、伪造事故证明材料、伪造损失类单据、车辆使用性质不符、换驾欺诈、酒后驾驶、无证驾驶、带伤投保、倒签单、虚假施救费、非承保标的等。

下面主要分享其中六类主要欺诈行为及其防范思路。

1. 套牌欺诈

若司机上报的车辆事故出险地点与交警事故认定地点经纬度不一致，则可能存在套牌风险。用交通大数据识别出的事故前后车辆行驶轨迹与事故认定地点进行比对，如是套牌车，则轨迹应该与事故认定地点在同一时间内是重合的。对于轨迹比对不一致的车辆，查勘人员应该对两地车辆是否一致进行进一步比对。

2. 拼凑事故

查看报案车辆与三者车辆的碰撞发生时间。若碰撞时间对不上，则可以结合两车案发前的轨迹情况进行综合研判。特别是在三者车辆保险过期或无车损险，且三者车辆长时间在案发路段区间无驶出轨迹时，若报案车辆在案发当天与三者车辆才有轨迹重合，则有可能三者车辆才是出险标的，其因无有效保险，所以找了有保险的车辆拼凑事故而虚假报案。

3. 揽责欺诈

揽责欺诈多发生于事故双方中无保险一方是出险主责人，另一方是有保险方主动揽责的情况。该类欺诈行为主要通过行车设备中记录的两车速度进行研判：其中一车速度较慢或为停放状态，另一车速度正常但发生碰撞后速度为0，行驶车辆碰撞停放车辆后，因停放车辆为有保险一方，为了获得赔偿它主动揽责，帮助出险主责车辆担责。

4. 倒签单

倒签单的主要特征为出险人延迟报案，途中投保。因而当报案出险时间与保险起期相近时，则说明先出险后投保骗保的概率大。

可通过与交通大数据中的车辆在当时时间区间的行驶状态、速度进行比对以确认出险时间，保险企业对出险人报案日与保险起期日的时间差进行综合判断，如果保报案日与保险起期日的时间相差不大，且均在碰撞时间后，则说明存在倒签单的欺诈行为。

5. 换驾欺诈

换驾行为一般是指主驾驶人因无资质或证件无效，在发生事故后找替代人员进行报案的行为。

可通过碰撞时间定位出险时间，如果报案时间比出险时间晚半小时以上，则说明存在换驾欺诈的概率较大。结合出事路段周边卡口摄像，可以比对驾驶人员照片，最终确认是否存在换驾行为。

6. 虚假施救费

虚假施救费是指事故车辆出险后相关人员申请的施救费理赔，但实际相关人员并未使用拖车，而是自行离去。

可通过溯源出险理赔时间后车辆的平均行驶速度及距离判断是否存在这类欺诈行为。如果在高速上则可查询卡口是否有出口记录，若有出口记录则可判断存在施救费欺诈行为。

第 7 章 *Chapter 7*

物流金融风险防控

中国人民银行、银保监会联合召开的金融支持实体经济座谈会明确要求加大对接触型服务业、小微受困主体、货运物流、投资消费等重点领域的金融支持。据物流行业研究机构统计预测，2025 年物流金融规模将达到 50 万亿元。物流行业的 2000 多万司机、百万级物流企业的融资需求均需要有能力的金融机构提供支持。本章将全面分析物流行业及司机群体的融资痛点，并提供有效的反欺诈及风险防控手段供金融机构参考。

7.1 行业需求及发展难点

7.1.1 资金需求及难点

物流行业的资金需求包括基础配套设施投入、线下网点建设、运输车辆以及人员投入。另外由于行业的特殊性，物流企业具有结算周期长、应收账款压力大的特点，尤其在业务旺期，客户规模越大，物流企业流动资金占压越大，因此企业可持续发展的现金流需求也越大。

小微物流企业流动资金需求与头部物流企业差别不大，如它们都用垫资来满足日常运营中的工资支付、设备租赁费、燃油费、过桥过路费、购置车辆费和车辆维修费等资金需要。但小微物流企业处于物流产业链的最下游，大多数是由个体户在经营，具有自有资金池小、融资渠道少、账期长的特点，这些特点导致它们资金周转问题更大，融资需求非常迫切。

物流行业中的企业的资金需求点非常多，正常情况下如果有金融机构愿意提供金融服务，物流企业应该是非常欢迎的。但实际情况是整个物流行业的获贷率小于10%，90%的物流企业无法获得贷款。很多金融机构的金融产品进件门槛之一就是物流行业为禁入行业。整个物流行业的融资环境都如此不顺畅，那处于物流行业末端的小微物流企业普惠金融的需求就更难满足了。

在金融机构眼中，有足够数据的企业才具有准入资格，没数据的企业至少也要有资产。这里的数据指企业自身可以提供的经过标准化处理后的纳税、流水、应收等直观体现企业收入能力及持续经营能力的数据，随着互联网金融的崛起，更多金融机构可通过三方数据渠道获取能直接或间接体现纳税、流水、应收等的数据，并基于此来判断企业资质。在没数据的情况下，企业可用相关资产作为抵押，这也是企业获取贷款最为传统、最便捷的方式。

银行为常规物流企业提供金融产品，授信逻辑主要有如下3种。

1）**押品信用**：借款主体能提供合格足值押品，从而依据押品信用进行授信，也就是根据资产现有价值抵押折算后进行授信。

2）**主体信用**：银行通过借款主体可信的财务及运营信息来确定授信额度和风险定价。

3）**交易信用**：交易背景是真实的、连续的，通过评估的违约成本（行业声誉等）或锁定的交易资金作为还款来源并基于此进行放款。

这种授信逻辑简单有效，但如果是小微物流企业，资产和数据都相对较少，无法说明是否可持续运营。即使能提供一些相关数据，但由于交易信息极其碎片化，交易环节复杂，组织化程度低，交易信息没有统一标准，连最基本的运单的真实性都难以核实，因此金融机构认为小微物流企业缺乏最基本的交易信用。小微物流企业融资难点如图7-1所示。

7.1.2 小微物流货车司机画像

货车司机群体比较特殊，大多属于个体户，其普遍的资金需求包括买车贷款、自付运营费用（过路费、油费、维修费等）及日常生活费用。物流行业的企业账款周期普遍较长，常出现拖欠司机工资或垫资报销的情况，导致货车司机每月到账工资时间不稳定。

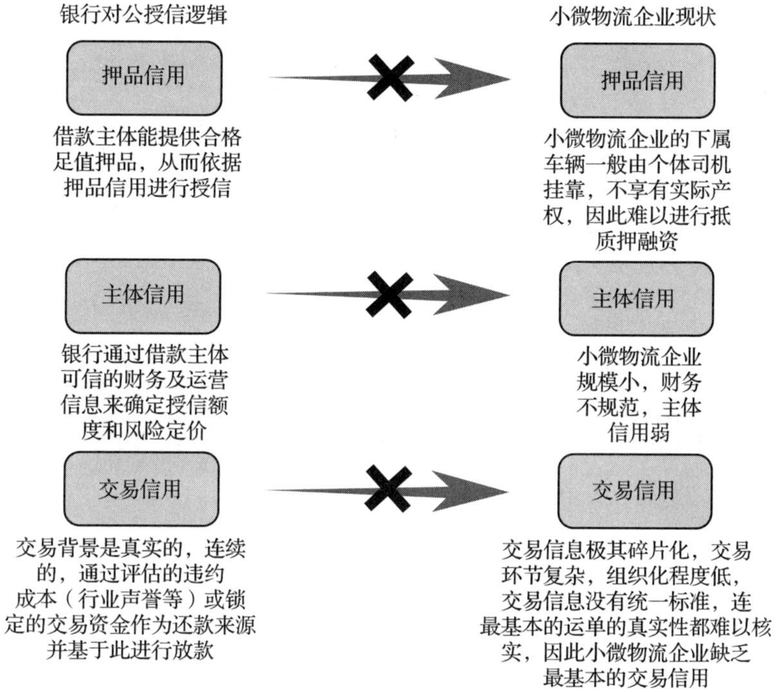

图 7-1　小微物流企业融资难点

银行对公授信逻辑　　　　　　　　　　小微物流企业现状

押品信用　　　　　　　　　　　　　押品信用

借款主体能提供合格足值押品，从而依据押品信用进行授信

小微物流企业的下属车辆一般由个体司机挂靠，不享有实际产权，因此难以进行抵质押融资

主体信用　　　　　　　　　　　　　主体信用

银行通过借款主体可信的财务及运营信息来确定授信额度和风险定价

小微物流企业规模小，财务不规范，主体信用弱

交易信用　　　　　　　　　　　　　交易信用

交易背景是真实的，连续的，通过评估的违约成本（行业声誉等）或锁定的交易资金作为还款来源并基于此进行放款

交易信息极其碎片化，交易环节复杂，组织化程度低，交易信息没有统一标准，连最基本的运单的真实性都难以核实，因此小微物流企业缺乏最基本的交易信用

针对小微物流企业的普惠金融普遍认为落地难度较高，那是否小微物流货运司机群体会好一些呢？金融机构将普惠金融归类为个人金融，而互联网的个人金融风控能力较成熟，网络货运平台汇集了大部分司机运营收入的数据，数据可得性较高。实际上，传统的金融机构发现该群体的欺诈坏账都超出其防范范围，所以只有少部分互联网银行及地方金融机构为这个群体提供金融服务。

金融机构眼里的小微物流货车司机画像如图 7-2 所示。

1. 整体资质相对较低

货车司机群体在金融机构的用户群中属于资质较低的群体。

2. 挂靠便捷但车企关系不稳定

据不完全统计，物流行业货车挂靠比例超 55%，受限于成本，自养车队只会维持一个常规数量。由于物流行业每年行情波动较大，因此通过挂靠车辆满足高峰期业务需求，是控制成本的较好方式。

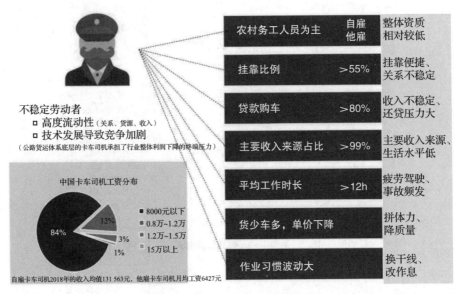

图 7-2 小微物流货车司机画像

车主借用挂靠企业的名义登记入户，获取道路运输资格，企业则收取一定的挂靠费用，为挂靠车主提供适于营运的条件。挂靠仅是一种形式上的隶属关系，卡车司机实际上仍然是自主运营的个体户。挂靠之所以成为一种支配性的行业制度，是因为国家政策倾向于运输业的集约化、规模化经营，故大部分地方政府明确要求货运车辆要挂靠企业。一方面，物流企业出于成本考虑，自养车越来越少，合作车和平台车越来越多，这意味着越来越多的司机属于"召之即来，挥之即去"的临时性雇佣司机，这也导致司机缺乏相对正规化的福利和保障制度的保护。另一方面，物流企业与客户之间的关系越来越趋向于理性化，交易就是交易，曾经附着于交易层面的关系属性则越来越淡薄。

3. 收入不稳定，还贷压力大

司机挂靠的前提是自己有车辆，而通过贷款购车成为挂靠司机的常用方法。货车单价普遍较高，对于货车司机这个群体来说，还贷压力非常大，按照行业的司机平均收入水平，还贷是比较困难的。

一方面，"挂靠"制度降低了货运市场准入门槛，货车司机通过挂靠企业可以很方便地取得运营资格，但也导致了货运市场上形成车多货少的恶性竞争格局；另一方面，"挂靠"制度导致货车司机成为中国"最大的债务工作群体",因为大部分货车司机是通过挂靠企业来申请银行贷款买车的,或者挂靠企业本身就经营放贷业务。货车司机出于还贷压力,不得不最大限度地自我压榨自己的劳动力以投入到货运业中,再加上近些年来的环境治理要求,货车的污染排放量、车型车体等技术标准更严格了,导致货车的使用周期比以往缩短了,货车司机必须不断更新其运输工具。这造成了货车司机运营成本的提高和还贷压力的上升。

4. 主要收入来源

行业挂靠现象普遍存在,55% 以上的货运司机通过注册成为个体户进行挂靠。挂靠是甲方市场,物流企业把控了挂靠的主动权,谁成本低就和谁合作,导致司机们只能竞价合作,主动降低收入水平。而 99% 的货车司机只有唯一的这一份收入来源。

5. 平均工作时长

货车是货车司机工作的工具,贷款买车的还贷周期短、还款压力大,司机需要每个月有稳定的收入才可以保障准时还贷。实现稳定会对货车司机找货的方式、接受的运价、行车的路线、驾驶的习惯、围绕工作的日常生活产生直接影响,这会进一步导致其更容易接受更不稳定、条件更为苛刻,但能够保持持续现金流收入的工作。长途订单司机期望可以缩短交付时间,往往依靠牺牲休息时间、长时间驾驶、超速等方式来提高效率,驾驶风险极大提升。

6. 货少车多,单价下降

挂靠现象之所以存在,是因为常规业务量自养车辆基本能满足,而特殊行情引起的增量需求需要挂靠群体去满足。

传统依靠微信群交换订单的方式属于片区范围订单分配,竞争相对少一些。由于网络货运的崛起,打破了传播范围,扩大了群体对象。原本几百米范围内的几台车抢单行为变成几公里范围内的几百台空闲车辆进行抢单,拼价格是货车司机唯一的竞争方式。

7. 作业习惯波动大

物流企业自有的货车司机一般都有固定的干线,但挂靠群体由于经常换挂靠企业,不同物流企业的订单来源不一样,所以运输干线也不是固定不变的。熟悉干线的群体,驾驶更顺畅、更安全,不熟悉干线的群体由于订单送货周期及时间问题,往往会延迟或小事故等。

基于以上 7 点，金融机构认为小微司机群体存在非常大的不确定风险。另外，金融机构注重的收入水平指标也不乐观。针对风险大且收入不高的群体，金融机构大概率是直接"敬而远之"。金融机构针对该群体如何实现风险防控呢？下面进行详细介绍。

7.2 风险防控逻辑

如果说头部物流企业是通过企业内对各合作伙伴的强合作关系及无比清晰的资金链、数据链，结合外部数据作为授信基础的，那么小微物流普惠金融依靠的是权威数据体系与第三方物流系统服务平台相结合的风险防控模式。

小微物流金融的对象比较下沉，主要针对的是小微物流企业、车队等群体。这类群体与头部物流企业的合作关系也不完全稳定，无法联合头部物流企业提供金融服务。针对这类企业，大多可以在物流行业的系统服务商内找到相对完整的能满足授信的经营数据，用于证明其营收水平及稳定性。但仅依靠系统服务商的数据维度及数据表现远远不够，金融机构对这类数据的真实性仍然存疑且数据覆盖率也达不到启用标准，因此还需要结合各类权威数据，如在交通运输部记录的高速卡口相关数据，ETC 通行过程产生的数据，在工信部记录的车辆大数据，在工商部或信用中国记录的企业信用情况及在司法部门记录的被执行、涉诉情况等。

数据足够多后，相应的风控能力模型可以通过系统服务商与金融机构联合实现或者再引入第三方风控企业共同打造，实现针对小微企业的初步识别判断，最后基于金融机构自身的风控能力做判断。

7.2.1 常用数据类型

常规的物流企业金融风控必备的数据包括订单合同数据、历史交易数据、财务报表数据、高速数据、银行征信数据、物流仓储数据、生产运营数据、法院数据、ETC 数据、工商市场监督管理数据、税务数据、中登动产融资数据及关检汇相关数据等，如图 7-3 所示。随着这两年数据的开放，高速卡口数据及 ETC 支付数据也被相关企业在物流普惠金融业务中使用，且得到很好的效果。

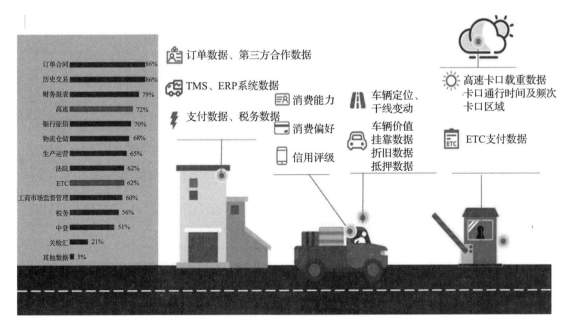

图 7-3　物流金融常用数据类型

7.2.2　通用数据应用逻辑

1. 日常运营

在物流企业的日常运营中，需要对新招的快递员、货运司机的身份进行验证，通过多方数据交叉分析，对司机运力、运输偏好及信用情况等进行判断，用于后续优化运力。而针对开展物流供应链金融的核心物流企业来说，以上数据也是必不可少的。在揽件收货及计件环节大多要对收、寄件人进行身份验证，后续发现危险物品方便追溯。而物流企业还有一个需要通过外部数据才能实现的重要功能，即对合作的第三方物流企业进行资质验证及货物安全管控。

2. 保险场景

在小微物流投保场景中，金融机构主要提供物流企业财险、货车险或货车司机相关保险服务，在提供服务前应对投保人、被保险人及受益人三方身份进行真实性确认，针对已有的数据给投保群体进行风险定价，特别是在商车险政策出台后，针对货车的财险产品定价空间更大了，因此不同的货车由于平常司机的不良驾驶行为等会导致保费不同。

针对大额订单，保险企业在保前会派专员进行线下的风险查勘，以降低线上数据不足而评估不到位的潜在风险。

保中一般关注出险概率，出险概率由司机历史的出险情况、日常的驾驶行为、运输路线等综合判断。反欺诈识别也会同步进行，司机群体在金融科技板块属于个人信贷场景，个人信贷的一大风险点是团伙欺诈及身份冒用等。当然，如果货车司机顺利获得投保资格，且风险指数稳定，则有可能获得保险企业意外险、加油贷贷款名额等增值服务。经过一段时间的保后观察，一些有前瞻意识的保险企业或助保机构会通过存量数据挖掘更多司机群体的其他需求，进而对新产品研发或新的增值服务提供数据支撑。

另外，得益于交通大数据的开放，保险行业推出了创新型保险——空载险，其针对的是因信息不对称致使配货时间长、空驶率高的行业情况。

一般的中小型制造企业没有自己的物流运输系统，它们需要物流企业提供货运服务，但在发货时为了货物的安全，很少直接委托社会车辆进行运输。根据企业体量大小、货物重要程度，这类企业有如下几种选择：

1）选择有过合作的熟车个体户代为运输，这仅适用于货运量不大的情况。

2）委托第三方物流企业代为运输和配送，这要求企业有较为稳定且大量的货源。

3）委托货代，一级货代可能还会进一步委托给二级货代。货代对运力资源市场的货运价格、运输路线、货车数量、信用保障水平较为了解，他们一般会选择信用水平较高的第三方物流企业或者熟车来完成运输和配送任务。

但从货主到最后实际货物运输方的多级传递过程中，信息不对称问题日渐凸显。货主找不到合适的运输车辆就会转给货代，货代在收取费用的同时也耗费了时间；而司机在完成一单货物运输后，回程无货可运，只能空载返回或者去附近的物流集散市场找货。货主和运输方的信息难以快速、准确地进行匹配，导致有人无车可用，有车无货可运，浪费了运力和时间，整体配货时间长、空驶率高，经营效率亟待提高。空载险的出现减少了空驶的成本损失。

3. 小微物流金融

小微物流金融风控体系与常规物流金融风控体系有着明显差别，主要是小微物流金融机构的金融产品额度不高，且主要通过线上全自动实现审核，所以可使用有效的线上数据源判断小微物流金融方案是否可行。

在客户申请环节，需要搭建全自动的准入模型，以识别身份冒用行为，对申请人的身份信息及车辆运营信息进行核验。同时进行准入规则判断，基于准入模型中的拒绝类规则，可前置筛选掉不符合条件的客群。

通过评分卡模型对准入后的客户进行资质评分，评分卡包括申请企业及主要关联人（股东或高管）关联企业的经营水平、稳定性、流动性、净资产等指标，按照评分有三类应对策略——拒绝、人工审核或通过。

接着通过现金流模型，基于收款现金流测算小微物流企业或个体户（司机）的经营情况以及现金流动性状况，围绕核心上下游测算额度账期，以此匹配或制定金融产品额度、利率及还款周期等。小微物流普惠金融基本上都是无抵押的信用类金融产品，额度不高，能获取现金流判断借还款能力即可，其他的信用数据相对容易获取。

贷中贷后也会有相应的监控指标，如资金流水稳定性、还款异常情况、互联网数据异常等。

坏账环节也涉及逾期催收、借助运营商失联修复等数据。

整个风险防控逻辑与个人金融反欺诈体系类似，只是核心数据换成了货车及货车司机。

4. 物流企业金融风险识别体系

（1）企业基本信用信息动态识别

企业基本信用信息动态识别包括企业基本信息识别和企业不良记录识别。

1）企业基本信息识别：通过企业工商登记信息以及企业道路运输经营许可信息，分析企业经营主体是否取得相应资质或证照，通过工商数据动态识别企业经营主体法人、股东变更情况，动态识别企业经营性质是否发生变更。

2）企业不良记录识别：通过查询企业税务信息、企业司法信息、企业运政信息以及企业网贷黑名单，分析企业是否有网贷黑名单，企业经营主体是否存在司法官司、仲裁等风险，若有以上风险情况则将导致企业违约风险上升。

（2）法人基本信用信息动态识别

法人基本信用信息动态识别包括法人基本信息识别、法人不良信息识别和法人风险预警。

1）法人基本信息识别：主要通过工商大数据识别法人持股或担任高管的企业的相关信息。

2）法人不良信息识别：主要识别法人及其持股或担任高管的企业是否存在司法不良信息，法人是否在央行征信及持牌征信中有逾期不良信息。

3）法人风险预警：对法人贷中贷后进行持续的不良风险预警监控，如若发现其在央行征信、持牌征信、司法等中出现不良行为则其违约风险上升。

（3）承运资质状态识别

承运资质状态识别包括承运人资质识别和承运车辆资质识别。

1）承运人资质识别：需要对承运人的身份证、上岗证、资格状态以及驾驶证信息进行查询，并持续动态监控驾驶人员资质状态，规避驾驶员在无照上岗的情况下出现交通事故保险企业拒赔的风险。

2）承运车辆资质识别：主要获取行驶证状态、车辆营运证信息、车辆入网核验信息，并持续动态监控车辆资质状态信息，规避车辆无资质违法上路的情况。

（4）企业经营业务真实性识别

企业经营业务真实性识别包括业务真实性识别和企业财务流动性风险识别。

1）业务真实性识别：通过交通大数据中的运单数据、车辆轨迹数据、车辆进出高速卡口数据、高速称重数据以及业务保单数据，再结合在业务中采集的起止地数据、车辆轨迹数据、车辆进出高速卡口地点数据、货物重量数据、高速称重数据、业务保险数据来校验业务真实性，规避因企业业务虚假导致违约风险上升的情况。

2）企业财务流动性风险识别：动态获取企业纳税数据，并从企业增值税专用发票数据、银行流水数据、业务数据汇总数据三个维度校验企业业务真实性及应收账款回款稳定性，分析、识别企业经营过程中的财务流动性风险。

5. 物流货车司机风险识别体系

按照互联网金融的体系建设思路，针对小微物流司机的金融产品体系及风控体系需要重点打造车主金融信贷数据体系及车辆运营数据库。

车主金融信贷数据体系包括车主的贷款数据、还款数据、个人信息（如姓名、身份证号等）、拥有的车辆的信息（如车辆牌照、车型、载重量等）及金融信贷数据（至少包括车主的贷款和还款数据）等模块。

车辆运营数据库包括车辆运营级别、车辆新旧程度、车辆行驶道路情况、车辆维修记录、车辆油耗记录、车辆违章记录等模块。

物流行业中的车主、供货方、收货方等角色的行为，与传统的互联网用户的行为明显不同。因此在个人金融反欺诈逻辑中用到的数据维度需要叠加以上提到的两大数据库中的数据，针对性地形成在借款期间可及时识别物流司机收入异常的能力。当物流司机的数据维度不足时，可将物流司机授信额度由所在企业统一分配，企业作为担保机构，企业经营流水作为还款来源。这时，反欺诈的重点在于使用企业经营数据来识别企业的贷款风险。

Chapter 8 | 第 8 章

小微企业金融风险防控

8.1　小微企业定义

《关于统一增值税小规模纳税人标准的通知》（财税〔2018〕33 号）中提到小规模纳税人的认定标准：年应征增值税销售额 500 万元及以下的企业可以申请作为小规模纳税人。小微企业由于贷款金额比一般个人贷款额度要高，所以其防范规则融合了申请人个人反欺诈及企业财务数据防控策略。小微企业的认定有以下三个参考标准：

1）《中华人民共和国企业所得税实施条例》第二十八条第一款提到，小型微利企业是指从事国家非限制和禁止行业，并符合下列条件的企业。

❑ 工业企业，年度应纳税所得额不超过 30 万元，从业人数不超过 100 人，资产总额不超过 3000 万元；

❑ 其他企业，年度应纳税所得额不超过 30 万元，从业人数不超过 80 人，资产总额不超过 1000 万元。

2）《关于实施小微企业普惠性税收减免政策的通知》（财税〔2019〕13 号）第二条提到：小型微利企业是指从事国家非限制和禁止行业，且同时符合年度应纳税所得额不超过 300 万元、从业人数不超过 300 人、资产总额不超过 5000 万元三个条件的企业。

3）国家市场监督管理总局旗下全国个体私营经济发展服务网小微企业库入库标准中

提到：注册资本或出资额（资金数额）在 500 万元人民币以下（含 500 万元人民币）的纳入小微企业库。新设立企业在核准登记后及时进行判定。当新设立企业注册资本（出资额）变更时，进行重新判定，符合条件的纳入小微企业库。本年度新设立的个体工商户，全部纳入小微企业库。

8.2　准入风险防控

小微企业的行业类型非常多，各行业均有其营业收入的区间范围，不同行业的营业收入区间又与各金融机构的小微金融产品的准入息息相关，因为不同金融机构基于其对不同小微行业的理解和风控数据的匹配度，针对该行业的历史违约率、贷后资产处理难度、准入后的授信额度和利率等推出的小微金融产品准入条件也是有区别的。因此在了解准入风险防控规则前，小微企业的划分标准是相关风控人员必须知悉的，《统计上大中小微型企业划分标准》中关于小微企业的相关内容如表 8-1 所示。

表 8-1　小微企业划分标准

行业名称	指标名称	计量单位	小型	微型
农、林、牧、渔业	营业收入（Y）	万元	$50 \leq Y < 500$	$Y < 50$
工业	从业人员（X）	人	$20 \leq X < 300$	$X < 20$
	营业收入（Y）	万元	$300 \leq Y < 2000$	$Y < 300$
建筑业	营业收入（Y）	万元	$300 \leq Y < 6000$	$Y < 300$
	资产总额（Z）	万元	$300 \leq Z < 5000$	$Z < 300$
批发业	从业人员（X）	人	$5 \leq X < 20$	$X < 5$
	营业收入（Y）	万元	$1000 \leq Y < 5000$	$Y < 1000$
零售业	从业人员（X）	人	$10 \leq X < 50$	$X < 10$
	营业收入（Y）	万元	$100 \leq Y < 500$	$Y < 100$
交通运输业	从业人员（X）	人	$20 \leq X < 300$	$X < 20$
	营业收入（Y）	万元	$200 \leq Y < 3000$	$Y < 200$
仓储业	从业人员（X）	人	$20 \leq X < 100$	$X < 20$
	营业收入（Y）	万元	$100 \leq Y < 1000$	$Y < 100$
邮政业	从业人员（X）	人	$20 \leq X < 300$	$X < 20$
	营业收入（Y）	万元	$100 \leq Y < 2000$	$Y < 100$
住宿业	从业人员（X）	人	$10 \leq X < 100$	$X < 10$
	营业收入（Y）	万元	$100 \leq Y < 2000$	$Y < 100$
餐饮业	从业人员（X）	人	$10 \leq X < 100$	$X < 10$
	营业收入（Y）	万元	$100 \leq Y < 2000$	$Y < 100$

（续）

行业名称	指标名称	计量单位	小型	微型
信息传输业	从业人员（X）	人	10 ≤ X < 100	X < 10
	营业收入（Y）	万元	100 ≤ Y < 1000	Y < 100
软件和信息技术服务业	从业人员（X）	人	10 ≤ X < 100	X < 10
	营业收入（Y）	万元	50 ≤ Y < 1000	Y < 50
房地产开发经营	营业收入（Y）	万元	100 ≤ Y < 1000	Y < 100
	资产总额（Z）	万元	2000 ≤ Z < 5000	Z < 2000
物业管理	从业人员（X）	人	100 ≤ X < 300	X < 100
	营业收入（Y）	万元	500 ≤ Y < 1000	Y < 500
租赁和商务服务业	从业人员（X）	人	10 ≤ X < 100	X < 10
	资产总额（Z）	万元	100 ≤ Z < 8000	Z < 100
其他未列明行业	从业人员（X）	人	10 ≤ X < 100	X < 10

8.2.1 禁入强规则

1. 所属地区

大部分金融机构的小微企业贷款对于企业所在地区有属地进件要求或者部分特殊区域不能进件的限制。

（1）属地经营原则

属地进件遵守企业属地经营原则，如2021年12月31日，央行发布《地方金融监督管理条例（草案征求意见稿）》（以下简称《条例》）。为促进地方金融规范有序发展，为督促当地金融组织以服务本地为使命和责任，《条例》主要从监督、执行、处罚等方面展开，再次重点强调地方金融组织持牌经营，不得跨省展业。

《条例》中地方金融组织的定义为：依法设立的小额贷款企业、融资担保企业、区域性股权市场、典当行、融资租赁企业、商业保理企业、地方资产管理企业，以及法律、行政法规和国务院授权省级人民政府监督管理的从事地方金融业务的其他机构。消费金融企业以及地方法人银行不在"地方金融组织"定义中。另外，《关于进一步规范商业银行互联网贷款业务的通知》中提到：严控跨区域经营，明确地方法人银行不得跨注册地辖区开展互联网贷款业务。

根据以上要求，若金融机构的注册地在上海，则其仅能服务上海区域注册的企业。

（2）禁入区域

一些金融机构并未明显受限，如全国性的商业银行，其省份企业遍布全国各地，属于无经营属地限制的。但有些区域由于政策限制或者历史违约较为集中且催收困难，会被列入禁入区域，即该区域虽属于金融机构可服务范围，但金融机构基本不愿意为该区域企业提供金融服务。

2. 所属行业

小微企业存在行业风险，其行业风险与当前的政策及大环境相关。政策如果不支持，大环境一般也不利于该行业企业扩大规模，无法保持良好的可持续发展。因此各金融机构根据政策及其多年沉淀的行业经验，制定相关的行业准入策略。

另外，金融机构将一些财务状况容易造假或者经营风险较大的行业列入禁入名单，如网吧、娱乐场所、虚拟货币及信贷业务等行业。

3. 营业状态

营业状态作为准入限制的一个条件来说相对容易理解，也容易区分。营业状态在工商系统上显示注销、吊销、清算及停业等异常状态的，直接拒绝即可。

8.2.2　准入评分卡六大规则

若禁入强规则命中其中一环规则，企业申请人会被拒绝，其他情况下，金融机构会结合准入评分卡规则进行判断。准入评分卡属于综合数据规则应用，其中包含 6 项规则，准入评分与 6 项规则的关系如下：

$$准入评分 = X * 成立期限 + X1 * 经营状态 + X2 * 营收规模 + X3 * 经营趋势 +$$
$$X4 * 经营收入集中度 + X5 * 收入负债比$$

其中，X+X1+X2+X3+X4+X5=100%，准入评分若高于 60 分，则直接禁入。

1. 成立期限规则

成立期限是一家企业是否具备稳定经营状态的主要特征，大部分金融机构对小额短期企业金融产品要求企业存续时间至少一年，而对大额金融产品至少要求企业存续时间超过 3 年。根据某行业机构统计，年营业收入达到 100 万元以上的机构存续时间超过 3

年的占比不足 50%。为了保障还款期内该企业还能存续，成立期限需要根据金融机构当前金融产品要求进行准入限制。

2. 经营状态规则

经营状态在准入阶段主要通过企业的财务数据或流水数据进行判断，而非在工商体系的登记状态。准入阶段的经营状态识别相对简单，如可以识别该企业最近一笔订单或者收款流水记录，如果该订单及流水超过 30（或 60、90）天（金融机构根据实际情况进行调整），则该企业近期并无实际经营或者近期经营情况不理想。

3. 营收规模规则

营收规模主要指近一年该企业的收入水平。小微企业的收入规模普遍不高，对于法人单独申请贷款的，该指标可以不用关注。但如果贷款授信额度较大，那该企业营收规模需要达到年 30 万元以上，因为 30 万元以下的营收连税务数据信息都查不到，无法达到有效风控的数据准入门槛，因此企业年营收规模小于 30 万元的可以作为禁入标准。

4. 经营趋势规则

对于符合放贷准入标准的企业，金融机构期望其能够有稳定的经营收入来源。如果经营收入波动较大，或者收入趋势不乐观，处于明显下降趋势，则该企业准入后风险较大。因此金融机构需通过企业的财务数据，分析其近 3、6、9、12 个月的销售收入同比增长情况，在大环境相对稳定的阶段（非疫情这类突发的全球性影响），原则上同比增长不应下降超过 30%，优质的企业经营应该可以持平甚至有明显的上涨趋势。

5. 经营收入集中度规则

经营收入集中度是在准入前期就从企业财务数据中挖掘出收入水平虽达标，但收入可持续状态不理想，甚至存在刷流水的异常情况。收入集中度的主要表现是申请贷款前 1～2 个月，其总体收入占近 1 年总收入的 90% 以上，该情况下无论是什么行业，都不足以表现其拥有良好且稳定的收入能力。这类企业大部分是空壳企业，为了获得贷款提前通过刷流水达到准入门槛，或者该企业主要依靠几家大客户，回款统一在某个时间段而非每个月稳定回款，收入状态非常不稳定。

6. 收入负债比规则

对于有上报财务信息的企业，金融机构在准入环节需要重点观察企业的收入负债比，这个指标不能代表其完整的负债情况，但结合央行征信及百行征信的负债数据，可以计算出相对准确的负债情况。对于负债率过高的企业，其现有的收入能力不足以应付其已有负债，如果准入后获得贷款，那么逾期概率是比较高的。收入负债比大于 70% 的企业，可以考虑放进拒绝策略。

8.3　反欺诈逻辑

小微企业金融反欺诈环节主要判断该申请企业的身份是否存在问题、其关联人或企业是否属于公检法黑名单、在征信体系是否存在风险信息、其财税数据中是否有欺诈高发的同类数据表现。

8.3.1　身份识别

1. 申请人身份

对于企业贷款申请人，除了需要通过身份证二要素、手机号三要素及银行卡四要素结合人脸识别比对进行判断外，还需要对其法人身份及高管身份进行验证。识别法人身份及高管身份需要通过工商体系的身份验证能力，市场上的公开数据是无法确认的。

除此之外，还要特别关注成为法人的时间，企业存续时间较长但成为法人的时间较短，其存在临时变更法人的风险行为，一般需要法人变更时间超过半年。

另外，法人身份证归属地涉及后续的属地经营策略问题，虽然属地经营主要限制的是企业经营地址与金融机构注册地址的匹配度，但法人身份证归属地也可作为一个地区禁入的指标，法人身份证归属地如果是禁入区域，贷后追偿成本较高且存在追偿无效的可能。

2. 企业身份

当企业贷款申请人以个人名义申请小额贷款时，金融机构一般不需要其提供太多与企业相关的材料。但如果其用企业作为贷款主体或增信条件，那就需要验证该企业与其自身的真实性，上面提到的工商体系的法人身份验证能力，市场上并没有非常好的验证手段，金融机构一般会向法人提供的对公账户进行打款，对公账户的验证相对简单，而法人能够得知打款金额，这间接体现了该对公账户与法人身份的一致性，验证了其身份的真实性，也就验证了企业的真实性。

另外，如果金融机构的企业金融产品明确限定了准入企业的纳税级别，对其缴税人身份有要求，如限定一般纳税人的，那小规模纳税人则无法准入。

8.3.2 黑名单识别

黑名单是反欺诈策略中的强执行策略，正常情况下只要命中其中一个黑名单，就说明其存在的风险行为远高于正常的贷款群体。虽然黑名单中的人员有改邪归正的可能，但批量审核的金融服务的确无法做到十全十美。

1. 法人黑名单

法人黑名单查询的是该法人是否在公检法等体系内属于黑名单，且该黑名单对应的行为类型属于金融机构历史违约群体中的高占比类型，是金融机构反欺诈需要高度关注的。

（1）失信被执行人

根据《最高人民法院关于公布失信被执行人名单信息的若干规定》的第一条：

被执行人未履行生效法律文书确定的义务，并具有下列情形之一的，人民法院应当将其纳入失信被执行人名单，依法对其进行信用惩戒：

（一）有履行能力而拒不履行生效法律文书确定义务的；

（二）以伪造证据、暴力、威胁等方法妨碍、抗拒执行的；

（三）以虚假诉讼、虚假仲裁或者以隐匿、转移财产等方法规避执行的；

（四）违反财产报告制度的；

（五）违反限制消费令的；

（六）无正当理由拒不履行执行和解协议的。

失信被执行人名单通过司法大数据可以查询，其由于也会进入征信系统，因此通过央行征信也可以查询。

（2）法人被执行人

法人被执行人是指在法定的上诉期满或终审判决后，拒不履行法院判决或仲裁裁决的当事人。该名单的法人不一定与金融机构有法律纠纷，但可能与其他企业或个人有纠纷，这些纠纷中有可以体现其信誉情况的，更值得关注。

（3）法人黄赌毒

在公安不良名单中可以查询法人是否存在黄赌毒等违法犯罪行为，该名单人员属于金融机构大概率禁入的，特别是近期犯罪的人员。

2. 企业黑名单

当企业贷款申请人以企业的营业收入作为还款来源时，金融机构需要识别该企业是否属于失信及被执行人名单。

（1）企业失信被执行人

全国失信被执行人名单包含自然人、法人或其他组织，通过司法大数据及央行征信数据均可以查询该企业是否属于失信被行人。当然保险起见，对于该企业关联企业，如果某一关联企业属于失信被执行人，那么该企业主体也存在较大违约风险，因为其可能已经用关联企业进行贷款申请。另外，贷款的资金可能用于其他失信企业的经营或者还贷。

（2）企业被执行人

企业被执行人与法人被执行人类似，查询该企业及关联企业是否存在被执行情况，若存在，则可能会影响其后续的正常经营。

3. 征信数据异常

企业征信报告可以体现该企业的历史逾期行为、风险评级情况、近期是否存在多头借贷或者黑产中介等。

如央行企业征信报告中的经营贷未结清逾期金额项，如果金额不为 0，则代表其存在逾期行为。另外，法人的个人征信报告中被追偿信息过多，也属于异常情况。

风险评级可以以央行企业征信报告中近两年内五级分类项是否出现过次级、可疑、损失类贷款为依据。根据《贷款风险分类指导原则》（2001 年 12 月 24 日银发〔2001〕416 号）文件，这三项均为不良贷款表现。次级指借款人的还款能力出现明显问题，完全依靠其正常营业收入无法足额偿还贷款本息，即使执行担保，也可能造成一定损失。可疑指借款人无法足额偿还贷款本息，即使执行担保，也会造成较大损失。损失指在采取所有可能的措施或一切必要的法律程序之后，本息仍然无法收回或只能收回极少部分。

另外，如果央行企业征信报告及个人征信报告最近 1 或 3 个月内查询次数较多，代表该企业及法人存在明显的资金需求，且尝试在各个机构进行了贷款准入申请，但贷款申请没批下来，其可能存在信用风险或者有黑产中介帮其尝试进行多头借贷操作，该风险行为值得关注。

除以上指标外，央行企业征信报告中的欠税行为也值得关注，特别是欠税次数过多的，该企业信誉多少存在问题。

4. 企业财务数据异常

（1）税务评级

根据 2014 年的《纳税信用管理办法（试行）》及 2018 年的《关于纳税信用评价有关事项的公告》，税务评级分为 A、B、M、C、D 五级。具体评级标准如下：实际生产经营期满 3 年，且年度评价指标得分在 90 分以上的企业，为 A 级。年度评价指标得分在 70 分以上不满 90 分的企业，为 B 级；评价年度内无失信行为且年度评价指标得分在 70 分以上的新设立企业，为 M 级；年度评价指标得分在 40 分以上不满 70 分的企业，为 C 级；年度评价指标得分在 40 分以下或者直接判级确定的企业，为 D 级。为了保障企业风险可控，税务评级为 C 级及以下的企业属于风险较高的群体。金融机构通过银税互动或者税务大数据渠道可以获得企业纳税报告，其中体现了税务评级信息。

（2）滞纳金次数

近 12 个月内滞纳金次数越多，可侧面反映该企业的信用情况。滞纳金次数超过 3 次的企业，其信用情况需要金融机构重点关注，并自行决定是否需要把阈值再调高。

（3）报税频次

每月按时报税，体现了企业经营正常及无偷税漏税的意图。按时报税的企业，在税务数据体系也会有更多的数据信息给予金融机构作为风险评估参考。因此，企业如果近半年报税次数有缺失的，其可能存在经营不稳定的风险。

8.3.3　空壳企业防控

空壳企业因其造假成本低、申报周期快、隐蔽性高的特点常被用于避税、洗钱、非法集资及骗贷等违法犯罪行为中，是不法分子主要的作案手法。本节主要围绕骗贷风险防控进行讲解。

1. 空壳企业骗贷现象普遍

在银行信贷业务中，借款企业的经营时间需要达到一定标准才有准入资格。假设一家企业只成立了几个月，其与旗下相关空壳企业通过伪造经营流水的方式达到了银行信贷产品进件的其中一个条件，然后通过收购另外一个已成立一年以上的空壳企业来重新确定注册时间，法定代表人、股东、企业名称、经营范围、经营场所等进行了相应变更，掩盖了其真实经营状况，两家企业包括法人也无法院等不良记录，这时申请贷款的成功率就相对提高了。

另外，通过空壳企业联合担保的模式骗贷的现象也很普遍。担保的目的是通过伪造合作订单，以担保企业增信的方式提高贷款成功率及授信额度。该情况下一般选择一家经过长期包装、资质尚可的企业为贷款主体，另外一家或多家担保企业为注册资金较高的空壳企业，相互签订大额采购合同订单，通过订单合同预收金额及合作空壳企业担保，实现骗贷。

以企业法人及高管身份申请大额信用卡，属于企业融资的一种替代方式。信用卡的风控比信贷业务风控相对要弱，多家信用卡的获得概率也较大，同时通过空壳企业办理POS 机具就可以实现无实体经营的信用卡套现。除了自身套现外，还可以通过提供 POS机套现、代还服务为他人套现，赚取手续费。而在这个过程中，空壳企业的银行流水也得到了"美化"，后续再通过该空壳企业申请贷款，可以获得更多的非法资金。

2. 空壳企业风险防控

（1）注册地址关联分析

从注册地址分析，空壳企业主要有三大明显的特征：注册地址雷同、注册地址位于居民区、注册地址存在区域规律（特别是高危地址）。

识别空壳企业主要依靠工商体系的全量数据，结合金融机构存量的企业授信数据，通过对注册地址的省、市、区、路、号等多维度进行模糊匹配，或是将不同的路/号转换成园区、街道、小区等信息进行模糊匹配，对注册地址相似的企业进行疑似空壳标注，并综合其他线上数据表现进一步比对。如果对应区域有线下网点，可以直接派人去现场实地走访。

高危地址通常指科技园区、招商园区、自贸区等，地址挂靠嫌疑较大。另外，对地址内容进行分析也可以发现问题，如更改大小写、增减文字、调整顺序、注册工商机构相同或者归属同一行政区域、异地经营等。

（2）身份特征关联分析

1）人员关联分析。空壳企业之间一般会存在同一个法人或不同法人但同一高管交叉任职的情况。依靠工商体系的数据通过法人或高管身份证信息进行比对，可准确挖掘关联关系。不同空壳企业的法人、高管之间也可能存在身份证归属地是同乡、互为通讯录紧密联系人等特征。

相同法人或高管，也可能是其身份证信息被冒用，不法分子使用他人身份证信息同时申请办理多个空壳企业。

2）联系方式关联分析。空壳企业之间存在企业固定电话、法人、企业邮箱等联系方式相同，也存在邮箱号段类似或者有相似特殊符号的邮箱的情况。

针对手机号，可以通过运营商的二要素验证，验证该手机号是不是法人的。而针对企业邮箱，正规企业的邮箱都有自己的企业邮箱域名，空壳企业的邮箱大多是QQ、163等通用邮箱。

另外，还需要关注企业号码是工商中介、财税代办等企业或人员联系方式，或者没有企业联系方式，或者空号等情况。

（3）注册时间关联分析

关联的空壳企业如果用时间序列来分析，可以发现大部分都是在一个较短的连续时间周期内（例如一周内）完成注册，仅少数是离散型的，这是因为不法分子为了降低注册造假成本，大多会选择一个时间周期进行批量注册办理。

另外，由于空壳企业用途比较明确，小额骗贷场景的注册时间都不超过一年，而大额骗贷或洗钱场景的注册时间会比较长，也是为了应对风控手段。

（4）经营情况关联分析

1）异常经营及违法经营分析。存在异常经营及违法经营的非空壳企业，存在较大的风险。常见原因的有以下 4 种：

❑ 企业未在规定的期限公示年度报告信息；
❑ 企业未按照工商部门责令的期限公示有关企业信息；
❑ 企业公示信息隐瞒真实情况、弄虚作假；
❑ 通过登记的住所或者经营场所无法联系企业。

如是"通过登记的住所或者经营场所无法联系企业"这一情形需要特别关注。

2）经营活动合理性分析。

❑ 注册地址不合理。经营范围内容与其所在注册地产业服务内容不匹配，如搞传统布匹批发的企业注册在水果园区。
❑ 主营业务不合理。如主营业务是餐饮，但网上找到的企业宣传广告都是信贷融资。
❑ 注册资金不合理。主营业务是金融相关的，但注册资金才不到 10 万元，大多空壳企业的注册资本都非常低。
❑ 经营用电不合理。如果该企业属于生产制造型企业，即使是小作坊，那么其用电水平也与其他行业不一样，且每日用电时长及用电峰值总量可代表其生产订单的多寡，如果该企业每月基本没什么用电，但销售额非常可观，则其存在明显的不合理情况。
❑ 招聘行为不合理。如是人力密集型业务，但网上找不到任何的招聘信息。
❑ 软实力不匹配。如是高精专企业，却无任何的软著及专利信息。
❑ 其他行为不合理。如企业名称多为生怪僻字，无实际寓意，方便工商快速过审；企业注册类型多为信息咨询类、网络科技类、外贸类、软件服务、个体广告部、批发部等，虚构合同订单较方便。

当然，以上分析的特征仅可作为空壳企业识别的重要辅助方式，准确识别空壳企业还需要综合考虑各维度数据并结合企业的形态特征加以判断。如果金融机构能通过银联体系或者银行联盟体系的企业间的资金流水情况、税务大数据中的纳税情况、公安体系的经侦云等数据能力综合分析，则会更准确。事实上，市场上的企业征信机构及依靠工商公开数据进行产品加工的服务机构也是按照以上分析逻辑进行相应的疑似空壳企业定位，辅助经侦部门及金融机构共同打击洗钱及骗贷等违法犯罪行为。

8.4　授信逻辑

小微企业的授信逻辑非常复杂，基于企业的基本情况、行业情况、财务情况及负债情况等，不同区域、不同类型的金融机构，旗下的不同信贷产品的授信要求及逻辑都会有差异。

授信的最终额度公式如下：

授信额度 ≥ 企业申请额度 * （X* 基本情况 + X1* 行业情况 + X2* 财务情况 – X3 负债情况）

其中，X+X1+X2 ≤ 100%，0 ≤ X3 ≤ 100%。

8.4.1　基本情况

对于小额信用产品，即使没有足够的财务数据及其他辅助数据，仅靠企业的基本情况也可以作为授信策略的一部分。如果是大额信用产品，则仅靠基本情况是不足以达到授信门槛的。

金融机构可以根据企业的营业期限、股东背景、注册资金、知识产权数量等基本情况制定授信策略。如营业期限越长的、股东背景有国资的、注册资金超过 1000 万元的、知识产权数量位于同类企业前 30% 的，那其获得的授信额度就越高。而该策略仅适用于一些额度较低的特殊行业的企业。

8.4.2　行业情况

当小微企业的财务指标数据不足或缺失严重，并不足以得出相对明确的授信区间时，可以考虑该小微企业的行业及业务类型、所在的注册地 GDP 排名、所在地的核心资源及政策是否对其有利好等较易得的辅助指标。如果小微企业所在行业及业务是政府鼓励的行业类型及朝阳产业、在注册地得到过政府的嘉奖或补贴、注册地 GDP 排名靠前且核心资源及政策均利好其所在行业，那么这些均属于可以提高授信额度的影响因子。

8.4.3　财务情况

利用企业的经过会计师事务所审计的资产负债表、利润表和现金流量表中的财务数据，进行收入及负债两大维度的分析，可以计算出该企业的收入规模与增长情况。

1. 收入规模与增长

（1）销售收入规模及增长

计算近一年的销售收入总金额，可以作为该企业贷款授信额度的最高限值。

计算近一年的销售收入总金额的增长或减少的百分比，以年为单位，得出该企业的年度经营趋势，增长则利好，减少则需要结合大环境进行综合分析。如果是特殊情况影响则可以适当调整，如果大行业没问题，但其处于下降趋势，则会影响授信额度。

（2）订单规模及增长

计算近一年的订单数量及同比增减情况，目的是：与销售收入结合来看单价的合理性；看产品的竞争力，如果产品价格低，可能存在产品同质严重的问题，后续利润会越来越薄；印证客户忠诚度及判断销售趋势。

（3）近期销售收入规模及增长

计算近 3 个月销售收入及同比，可看出近期的企业经营情况及增长趋势；计算环比，可看出季度的增长趋势，增长趋势上涨则授信额度可以适当往上调，下降则下调。

2. 经营稳定性

经营稳定性主要通过计算变异系数来衡量销售收入的稳定性、订单量的稳定性及老客户的稳定性，以此获得相对准确的稳定性趋势，与收入规模相结合进行未来收入的预测，这样得到的结果更合理。

（1）月销售收入稳定性

利用变异系数［（收入标准差 / 收入平均数）*100%］公式，分别按月统计近一年、两年的销售额，对每月销售额的变异系数值进行对比，可以得到更准确的月销售收入波动范围。当变异系数值不超过金融机构设置的阈值时，该企业的月销售收入相对稳定。月销售收入相对稳定的背后，也代表了其并无明显的季度或者集中性的回款情况。

（2）月订单量稳定性

利用变异系数［（订单数量标准差 / 订单数量平均数）*100%］公式，分别按月统计近一年、两年的订单数量，对每月订单数量的变异系数值进行对比，可以得到更准确的月订单量波动范围。当变异系数值不超过金融机构设置的阈值时，该企业的月订单量相对稳定，月订单量稳定的背后是客户需求的稳定性。

当然订单量的稳定还需要结合退货的占比，如果退货的占比较高，则该订单存在刷单的风险或者产品质量不高，订单量虚高或许仅是其营销能力较强。

（3）月老客户稳定性

利用变异系数［（老客户付费数量标准差 / 老客户付费数量平均数）*100%］公式，分别按月统计近一年、两年的老客户付费数量，对每月老客户付费数量的变异系数值进行对比，可以得到月度老客户付费数量波动范围。老客户相对稳定的背后，表示该企业的产品、服务及客情等都有利于维系老客户关系，且产品质量相对稳定。

8.4.4 负债情况

企业及申请人的负债情况直接影响其授信额度，相对全面、可信的负债数据通过央行征信报告即可获得。

（1）征信体系负债数据

央行及持牌机构的企业征信报告的信贷记录明细中展示了企业的被追偿业务、未结清中长期借款、短期借款、未结清贴现、未结清银行承兑汇票、信用证、保函、未结清授信协议等相关内容，对以上数据进行简单统计可获得该企业在持牌机构体系内的负债总体情况。该环节如果可以获得该企业申请人关联的各个企业的综合负债情况，会相对更完整。

（2）征信体系负债表现

如果企业及申请人负债比例不高，但其还款表现一般，那么为了保险起见，在授信环节可以适当降低额度。

通过央行及持牌机构的企业征信报告数据可查询其现有逾期金额、近两年最长逾期天数、近两年连续逾期期数、近两年累计逾期期数等。

金融数据要素
发展展望

金融数据不仅是支持金融行业各业务顺利开展的核心资源，也是金融行业最重要的生产要素之一。

中国人民银行印发的《金融科技发展规划（2022—2025年）》指出，要加强金融数据要素应用为基础，将数据元素注入金融服务全流程，推动金融科技从"立梁架柱"全面迈入"积厚成势"的新阶段。

毕马威中国金融业主管合伙人张楚东在腾讯发布的《2022金融科技十大趋势展望》中指出，对金融机构来说，需要全面加强数据能力建设，在保障安全和隐私的前提下推动数据要素有序共享与综合应用，充分激活数据要素潜能，有力提升金融服务质效。但如何开展外部数据的寻源与构建契合业务价值实现的数据挖掘和应用能力，仍然是不得不跨越的数字能力门槛。

金融机构要加强金融数据要素能力的建设，将外部可用、可信、有效的数据元素应用于金融服务全流程，既需要了解现代数据要素开放、共享、流通、交易的新方式和新路径，也需要时刻把握新数据要素的潜在来源及价值，这样才能借助金融数据要素的价值在金融场景服务过程中时刻保持高水准的风险防控能力及盈利水平。

本篇将从新数据、新逻辑两个方面进行分享。

新 数 据

金融行业各场景的有序发展都离不开数据,除了第3章提到的数据来源外,金融行业从业者可以关注在新技术背景下,未来有哪些有效数据是可用于金融风险防控。本章主要介绍车联网数据和工业互联网数据,这两项数据后续分别会有统一的官方数据服务机构。如何使用好这些数据提升现有的金融风险防控能力、挖掘新的金融业务场景,值得从业者认真思考。

9.1 车联网数据

传统汽车金融风险防控依赖的数据采集渠道为车主手机及车载 GPS,通过手机端及车载 GPS 数据分析车主的身份、驾驶行为等。随着车联网的兴起,车载设备如摄像头、车载娱乐设备等越发丰富,各类配件也配有数据采集模块,如座位调整、方向盘转动速度、油门及刹车频率和习惯等均可采集,人车画像也达到前所未有的丰富。车联网数据采集来源如图 9-1 所示。

车联网信息服务相关的数据基于其属性或特征,按照数据主题可以分为六大类:基础属性类数据、车辆工况类数据、环境感知类数据、车控类数据、应用服务类数据和用户个人信息。

图 9-1　车联网数据采集来源

9.1.1　基础属性类数据

基础属性类数据是指车联网信息服务相关主体的基础属性数据，可细分为车辆基础属性数据、车联网移动终端应用软件基础属性数据和车联网服务平台基础属性数据等。

（1）车辆基础属性数据

车辆基础属性数据指与车辆的某些特性相关的数据，包括车牌号、发动机号、车架号、车辆品牌和型号、标识、车辆颜色、车身长度和宽度、外观等。

（2）车联网移动终端应用软件基础属性数据

车联网移动终端应用软件基础属性数据指车联网移动终端中与车联网信息服务相关的应用软件的属性类数据，包括应用软件的开发商、类别、版本、大小等。

（3）车联网服务平台基础属性数据

车联网服务平台基础属性数据指与车联网服务平台的规划设计、建设运维等阶段相关的数据，包括车联网服务平台的开发商或运营商、平台服务器和操作系统等的品牌和版本、平台主机及软件的配置信息等。

9.1.2　车辆工况类数据

车辆工况类数据是从车联网信息服务的角度出发，与车辆实际运行特征或车辆实际系统操作有关的数据，包括动力系统、底盘系统、车身系统、舒适系统、电子电气等相关的运行状态、系统工作参数，以及整车控制器等相关的工况数据。比如整车控制器（如水泵控制信号、气压传感器报警、电机制动有线信号等）、发动机系统（如转矩、燃油消耗率）、冷却系统（如冷却剂温度等）、变速箱系统（如车辆起步、加速、减速等）、安全系统（如安全气囊状态、安全带使用状态等）、底盘系统（如可调空气悬架状态、转向系统、制动防抱死系统、胎压监测等）、舒适系统（如车内空调开启、座椅调节、车窗系统、车内灯光使用等），以及其他辅助系统等反映车联网自身状态的数据信息。其中，电动汽车的"三电系统"（电机电控、动力电池、整车控制器）相关的运行数据也属于车辆工况类数据。

车辆工况类数据从车辆运行特征的角度划分，分为车辆运行工况类数据和车辆静态工况类数据。

1. 车辆运行工况类数据

车辆运行工况类数据指车辆在运行工况下的特征数据。以动力系统和底盘系统为例，其运行工况类数据是与发动机系统、冷却系统、变速箱系统的运行工况和重要工作参数等相关的数据，通常包含驻车怠速、行车怠速、车辆起步、平缓加速、急加速、无制动减速、轻微制动减速、中制动减速、重制动减速、紧急制动减速、轻踩油门、轻放油门等。

2. 车辆静态工况类数据

车辆静态工况类数据指车辆系统在模态行驶工况下的数据，如匀速度、匀加速度、匀减速度、一定时间内的平均油耗、加油频率等。

9.1.3　环境感知类数据

环境感知类数据与车辆所处的外部环境相关，如车联网信息服务中与车辆进行通信或交互的外部设备、终端、行人等相关的数据信息，包括车通信中的车辆位置、行驶速度，红绿灯信息、道路基础设施相关的测速雷达、摄像头等采集的信息，道路行人的具体位置、行进方向、行进状态、速度、距离、有无发生碰撞的可能相关的状态数据，以及针对电动汽车获取的充电桩等设备相关的数据。

9.1.4　车控类数据

车控类数据是指车联网信息服务过程中与车辆操控直接相关的指令数据，主要包括智能决策车控类数据和车辆远程操控类数据两类。

（1）智能决策车控类数据

智能决策车控类数据与车辆自动驾驶或智能辅助驾驶行为相关，基于环境感知和智能决策等系统处理之后，实现对车辆的智能控制行为的数据，包括线控制动与驱动、线控转向、自动变速、底盘一体化控制等相关的数据。

（2）车辆远程操控类数据

车辆远程操控类数据是指借助于车联网 App、车联网服务平台等载体，对车辆实施的远程操作和控制类指令数据，包括远程开关门锁、远程开关空调、远程开关车窗、远程开关车灯、远程开关车喇叭、远程开关车辆后备箱、远程启动或制动车辆、远程控制车辆熄火、远程诊断等。

9.1.5　应用服务类数据

应用服务类数据与车联网各主体间的信息交互密切相关，包括信息娱乐类数据、交通安全管控类数据及涉车服务类数据等。

（1）信息娱乐类数据

信息娱乐类数据是指车联网提供的与信息娱乐（如多媒体下载、广播、网站浏览等）相关的数据。

（2）交通安全管控类数据

交通安全管控类数据是指交通安全、交通管理相关的数据，如道路交通安全预警、紧急救援、车辆远程监控管理等。

（3）涉车服务类数据

涉车服务类数据是指基于车辆自身状态和环境感知数据，通过数据分析处理等技术和管理手段获取的，与车辆维修、保养、二手车、金融保险和相关电商等后市场服务相关的数据。涉车服务类数据与车辆、驾驶员等行为数据密切相关，如：与汽车驾驶行为密切相关的车辆行为数据（包括汽车行驶速度、油耗、加油频率、转向等信息，以及车主的急加速、急刹车、急变道等驾驶行为）；出行行为数据（包括车辆出行时间、出行路线、出行位置等数据，通过这些数据可以分析出车主的出行目的及出行习惯等）；与车载娱乐系统等相关的行为数据（如DVD、音频、广播、电视等多媒体使用记录，通过这些数据可以分析出车主的某些个人爱好、行为习惯，如喜欢听的音乐、广播等）。

9.1.6　用户个人信息

《车联网信息服务用户个人信息保护要求》将用户个人信息分为用户身份证明类信息、车联网信息服务内容类用户数据信息和用户服务相关信息三大类。

1. 用户身份证明类信息

（1）用户自然人身份和标识信息

1）用户基本资料：姓名、证件类型及号码、年龄、性别、职业、工作单位、地址、民族、国籍、电话号码等。

2）用户身份证明：身份证、军官证、护照、机动车驾驶证、社保卡等证件影印件。

3）用户生理标识：指纹、声纹、虹膜、脸谱等。

（2）用户虚拟身份和鉴权信息

1）普通车联网信息服务身份标识和鉴权信息：电话号码、账号、邮箱地址、用户个人数字证书，以及服务涉及的密码、口令、密码保护答案、解锁图案等。

2）车联网交易类信息服务身份标识和鉴权信息：各类交易账号和相应的密码、密码保护答案、解锁图案，系统或平台中登录的个人银行账号、交易验证码、动态口令、交易信息等。

2. 车联网信息服务内容类用户数据信息

（1）用户服务内容信息

1）驾驶及行车安全服务类信息：智能辅助驾驶相关服务场景下的车辆驾驶行为、行经路线等信息；车联网在车辆防碰撞（如碰撞预警、紧急刹车预警、变道预警、车辆失控预警、异常车辆预警等）、行车编队辅助和防撞人或物等服务中相关的用户个人信息。

2）生活服务信息：车联网生活服务相关的内容信息，如个人数据文件、邮件服务、广播服务、网页浏览、购物、在线音乐和视频服务、天气预报及推送、社交服务、移动办公服务等用户个人信息。

3）交通出行管理服务信息：车联网在交通动态信息通知服务（如信号灯信息推送、红绿灯车速引导、闯红灯预警等信息）中相关的用户个人信息；车联网在交通管理（如车辆信息动态交换采集、违法信息抓拍上报、停车诱导和管理、交通流量疏导、交通应急信息发布等）服务中相关的用户个人信息。

4）涉车服务信息：车联网在涉车服务（如 UBI 保险和交易、分时租赁和约车拼车、车辆检修保养救援）中相关的用户个人信息。

5）行业营运服务信息：车联网在行业营运服务中相关的内容信息（如公交、物流、港口、景区等运营车辆管理），如车况和位置信息上报、远程控制、越界和超速预警、特定区域特定路线特定行业下自动驾驶等相关的用户个人信息。

（2）用户资料信息

1）联系人信息：通讯录、好友列表等用户资料数据，车内蓝牙配对复制的联系人列表。

2）用户私有资料数据：用户云存储、终端、SD 卡等存储的用户文字和多媒体等资料数据信息。

3）信息服务内容衍生信息：基于定位及导航服务内容分析获取的车辆活动轨迹、精准定位信息、个人生活习惯、健康状况等资料。

3. 用户服务相关信息

（1）用户服务使用信息

1）业务订购、订阅关系：业务订购信息、业务注册时间、修改、注销状况信息等。

2）服务记录：车联网信息服务平台、智能网联汽车及车联网智能终端中存储或缓存的直接或间接产生的用户操作记录，如信息服务中涉及的照片、音频、视频、通话记录等；浏览新闻或购物访问的网址列表；娱乐软件记录、汽车远程操控指令记录、语音服务的系统备份信息、网页购物记录等。

3）日志：反映用户操作记录的日志信息、日志文件等。

4）交易服务信息：如交易信息、消费记录、流水记录等。

（2）用户车辆基本标识信息

车辆基本标识信息如车辆类型、车辆品牌、车辆型号、车辆底盘型号、发动机号、燃油种类、车牌号、发动机号、车辆识别代码（VIN 码）等。

（3）用户设备、系统和平台信息

设备、系统或平台信息如硬件型号、设备唯一识别码 MEID、MAC 地址、SIM 卡 IMSI 信息等。

9.2 工业互联网数据

传统工业的数据采集均靠人工记录，从材料采集、运输、存储、加工生产到出库的数据采集都是缺失的，更别说各机器设备的运行记录了。数据的缺失影响经验的积累及效率的提升。随着 5G 网络传输速度的提升及信息传感器、射频识别技术、全球定位系统、红外感应器、激光扫描器等各种装置与技术的成熟，两者在工业的融合形成了工业互联网。工业互联网属于新一代信息通信技术与工业经济深度融合的新型基础设施、应用模式和工业生态，其通过对人、机、物、系统等的全面连接，构建起覆盖全产业链、全价值链的全新制造和服务体系。

金融机构服务于传统工业依赖的数据仅有订单数据、用电数据，侧重于相关设备的当前估值作为授信基础参考值。而工业互联网时代，金融机构可用的数据精确到各设备的运转及生产效能数据、企业的实际生产情况及未来生产情况，并且能在贷后实时监控生产经营的稳定性。数据维度的丰富及细化，为金融机构对工业企业的贷前、贷中、贷后服务提供了更多可能。

《工业互联网数据安全保护要求》中提到，工业互联网数据主要包括工业互联网设备数据、应用系统数据、知识库数据、企业数据、用户个人数据五大类。

9.2.1　工业互联网设备数据

工业互联网设备数据是指工业互联网业务中的工业现场设备、智能设备、智能装备等工业互联网设备在运行过程中所采集或产生的各类数据，以及与设备配置和管理相关的各类数据。工业互联网设备数据分为工业传感数据、设备运行状态数据、设备配置数据、设备日志数据四类。

（1）工业传感数据

工业现场设备所采集的各类参数数据，包括通过传感器采集的温湿度、电流、电压、功率、高度、速度、位置等。

（2）设备运行状态数据

与工业现场设备的实时运行状态相关的各类参数数据，包括设备运行监测数据、设备故障数据等。

（3）设备配置数据

工业现场设备正常运行所需的配置数据，包括设备使用的 IP 地址、连接设备所使用的协议、需要采集的数据所处的内存地址或寄存器等。

（4）设备日志数据

工业现场设备运行过程中所生成的日志数据，包括设备登录日志、运维操作日志、故障告警日志等。

9.2.2　应用系统数据

应用系统数据是指工业互联网业务中各类应用系统在运行过程中所产生的各类数据，以及与应用系统配置和管理相关的各类数据。应用系统数据分为生产控制数据、生产管理数据、系统配置数据、系统日志数据四类。

（1）生产控制数据

工业互联网业务中与生产控制过程相关的应用系统所产生的各类数据，包括 SCADA、

DCS 等系统的计算或分析结果、控制指令、告警数据等。

（2）生产管理数据

工业互联网业务中与生产管理过程相关的应用系统所产生与存储的各类数据，包括 MES、ERP、工业互联网平台、工业 App、标识解析系统等所产生与存储的生产计划数据、生产管理数据、设备台账数据、生产工艺数据、产量与原材料用量数据、产品生命周期管理数据、资产标识数据等。

（3）系统配置数据

应用系统正常运行所需的配置数据，包括系统使用的 IP 地址、端口号、系统账号信息等。

（4）系统日志数据

应用系统运行过程中所生成的日志数据，包括系统登录日志、运维操作日志、故障告警日志等。

9.2.3　知识库数据

知识库数据是指为指导或保证工业互联网业务正常或最优运行所需要的各类数据，可分为标准文件数据、计算模型数据、环境数据三类。

（1）标准文件数据

标准文件数据包括国家和行业标准、电子期刊、专家知识库、数据案例和相关政策信息等。

（2）计算模型数据

计算模型数据包括模型计算指标、权重、计算过程等。

（3）环境数据

环境数据包括地理信息数据、气象数据等。

9.2.4　企业数据

企业数据指为满足工业互联网业务运营需要及支撑企业业务运行的各类相关数据，

可分为企业基础信息数据、企业运营数据两类。

（1）企业基础信息数据

企业基础信息数据包括企业名称、企业商标、企业纳税人识别号、企业规模、企业收入、所属行业、所在地区等相关数据以及营业执照等相关文件。

（2）企业运营数据

企业运营数据包括企业在工业互联网平台上维护的自身组织架构、用户信息、用户权限信息，以及在工业互联网平台上基于业务形成的不同企业间关系（如供应商、客户、合作伙伴、竞争对手等）等相关数据。

第 10 章 *Chapter 10*

新 逻 辑

金融行业的发展离不开全流程的风险把控，而全流程风险的有效把控，需要高质量数据的支持。高质量数据的有效供给需要有足够多的数据源方愿意开放数据，同时要考虑全面"断直连"要求下，征信机构作为金融行业数据来源的官方背书，在数据流通链条中的新"定位"。

在现行数据安全与合规发展背景下，数据已成为第五大生产要素，依法建设的合规交易流通场所，承担着促进全域数据特别是高质量数据的流通交易职责，是赋能数字经济发展的重要一环。

本章围绕合规数据流通的市场、政策、技术及场所四个方面进行分享。

10.1 合规数据交易流通的市场背景和政策背景

互联网时代的高速发展，助力了互联网金融的高速发展，金融业务的服务基本不受空间及时间限制。而移动互联网时代，移动设备成为互联网金融的主要业务载体，同时支撑着互联网所有的业务场景。

相关政府部门及央企、国企为了满足金融行业发展过程中的信用体系建设及金融风险防控对于数据的需求，数据的开放一直在可控的范围内进行。

可控的合规数据完全满足不了不受空间及时间限制的移动互联网金融业务，大量的数据泄露，数据安全与流通应用的合规性逐渐提上日程。

合规数据流通的政策背景与市场背景息息相关。政策的出台是为了帮助合规数据合法合理地开放流通，市场的发展也进入了数据时代，无数据不发展可能是现在整个行业的共识。而金融行业作为其中一大重点行业，其良好的发展离不开信用体系的建设，信用体系的建设需要各类相关数据的支撑。

2000—2019 年，这 20 年可以看作国内数据要素市场化的摸索期，而 2020 年是合规数据市场化高速发展的开始。摸索期在第二篇的十大数据源开放背景中可以看到其对应的政策，而高速发展得益于三大基本法正式实施。三大基本法分别为《数据安全法》《个人信息保护法》《网络安全法》。

各省围绕三大基本法的核心思想及要求，根据各自的情况陆续出台了鼓励数据要素市场化——成立数据交易中心（所）的直接或配套政策法规及实施方案，如《北京国际大数据交易所设立工作实施方案》《上海市数据条例》《深圳经济特区数据条例》等。三大基本法对各市场主体的数据采集、采购、存储、处理、共享、交易及应用的整个数据生命周期的安全及合规提出了明确要求。

10.2　合规数据交易流通的技术要求

目前对于合规数据的交易流通所使用的技术，行业内普遍认可的是隐私计算体系相关技术。市场上常见的技术包括多方安全计算、联邦学习、同态加密及差分隐私等，基于这些隐私计算技术的数据服务包括隐秘（匿踪）查询、隐秘求交、隐秘统计、联邦建模等。用以密码学为主的技术替换传统的加密 API 的交互技术，通过供需双方 1∶1 或多对多的形式，规避传统的第三方数据交易服务机构的参与可能存在的数据缓存及外泄风险。

数据安全需要有相应的技术支持，如《数据安全法》第二章第十六条规定，国家支持数据开发利用和数据安全技术研究，鼓励数据开发利用和数据安全等领域的技术推广和商业创新，培育、发展数据开发利用和数据安全产品、产业体系。国务院办公厅印发的《要素市场化配置综合改革试点总体方案》中探索"原始数据不出域、数据可用不可见"的交易范式，在保护个人隐私和确保数据安全的前提下，分级分类、分步有序推动部分领域的数据流通应用。

按照隐私计算体系的能力，的确可以实现以上要求。但现有的市场化接受程度高，学习成本低，数据有效性高，且数据安全可以通过数据分级分类使产品形态合规化后达到相应效果，隐私计算体系现有的架构及能力还无法很好地解决技术的对接及应用门槛，供需双方接受该技术还需要很长一段时间。

另外，合规数据交易场所的存在是为了提高合规数据源市场化流通交易的速度，而隐私计算安全技术提高了数据合规流通交易的安全性的同时，在一定程度上形成了反作用力——市场化难度大大提升，并限制了合规数据交易场所的核心价值——流通。隐私计算技术作为现今各大数据交易场所的标配技术，还有很大的优化空间。

10.3　合规数据交易场所

合规数据交易场所属于交易场所的种类之一，2014 年以来全国各地陆续成立了至少 20 家数据交易相关的企业。各地均对数据交易有相关的政策要求，近几年成立的数据交易相关企业若不符合政策要求，都是清理整顿的对象。而新设立的交易场所暂时没有放开，2020 年后陆续成立的数据交易场所，基本是通过重组而来的。

数据交易场所基于官方背景，联合律所、第三方数据合规审核机构，引入互联网仲裁机制，制定数据采集、处理、流通交易应用相关合规要求及制度，保障进场交易的数据源提供商的数据合规性，进场采购的数据需求方资质、场景及用户授权合规，对配套的技术、运营服务机构也有严格的筛选机制。

10.3.1　数据开放、算力与数据交易场所建设

在相应的政策背景下，部分省级政府积极响应国家政策，建设政府公共数据开放平台，优先将一些非敏感、可公开的数据进行统一开放，给予市场企业更多使用政府数据的机会及渠道。从 2015 年至 2021 年上半年，全国已经有 18 个省政府建设了公共数据开放平台，另有 174 个地方政府建设了公共数据开放平台。

同时，各地省政府为了更好地对数据进行管理，陆续设立了具有数据垂直管理职能的大数据管理机构，该类机构名一般为大数据管理发展局，当然也有部分省份直接将该

管理职能放在了已有的省大数据中心、信息中心或经济和信息管理局中。

截至 2019 年，全国已有 23 个省份成立省级大数据管理机构，超过 20 个城市成立市级大数据管理机构。当下各级政府正在如火如荼地推进智慧城市建设，大数据无疑是关键中的关键。然而，从各地智慧城市、数字政府建设的具体实践来看，最大痛点和瓶颈也正是数据的匮乏。各地数据匮乏的核心症结在于，各级部门未能充分认识到大数据的重要性，缺乏汇集大数据的意识和动力，也缺乏相应的大数据相关机构。大数据管理发展局的成立，表明当地政府已充分认识到大数据的重要性，也能真正敦促各级各部门更重视大数据建设。各级政府机构拥有海量的原始数据，如气象、人口、环境、土地等公共数据，安全、海关、旅游等管理数据，教育、医疗、金融等服务数据，这些数据构成了社会发展与运行的基础。

当数据在具体的单一政府部门时，产生不了任何价值，但如果将这些数据进行关联分析，将产生巨大的社会价值和经济效益。通过新设立的大数据管理发展局，以有效措施切实打破各部门之间的"数据孤岛"，数据联网之后可以在各个部门之间同步交互、共享，这样不仅能够提升效率，而且能够帮助相关部门提升现代治理能力。

无论是大数据管理机构的成立还是公共数据开放平台的建设，均体现了一个明确的信号——数据的管理开放已得到政府的高度重视，数据的开放程度将会越来越高，除了公共数据外，政府内可开放的数据如何更好、合规地服务于市场经济，成立权威可控的官方数据交易场所是唯一的解决路径。而数据交易场所通过市场化运作，可以通过市场化数据需求反推政府及企业参与到数据开放流通的建设中来。

按照数据交易场所的发展历程，2020 年以前是数据交易场所 1.0 阶段，2020 年后是数据交易场所 2.0 阶段。

根据相关资料进行筛选，合规数据交易场所如表 10-1 所示。

表 10-1　合规数据交易场所

	数据交易中心	成立时间	数据交易所	成立时间
1			贵阳大数据交易所	2015 年 4 月
2	武汉长江大数据交易中心有限公司	2015 年 7 月		
3	华东江苏大数据交易中心	2015 年 11 月		
4	杭州钱塘大数据交易中心	2015 年 12 月		
5	广州数据交易服务平台（注销）	2016 年 3 月		

（续）

	数据交易中心	成立时间	数据交易所	成立时间
6	上海数据交易中心	2016 年 4 月	上海数据交易所	2022 年 1 月
7	西咸新区大数据交易所有限责任公司	2016 年 4 月		
8	浙江大数据交易中心	2016 年 5 月		
9	深圳南方大数据交易有限公司	2016 年 12 月	深圳数据交易所	2021 年 12 月
10	河南中原大数据交易中心有限公司	2017 年 2 月		
11	潍坊市大数据交易中心（注销）	2017 年 4 月		
12	青岛大数据交易中心有限公司	2017 年 4 月		
13	河南平原大数据交易中心	2017 年 11 月		
14	山东数据交易有限公司	2019 年 10 月		
15	广西大数据交易中心	2020 年 6 月		
16	华南（广东）国际数据交易中心	2021 年 11 月		
17	西部数据交易中心	2021 年 12 月		
18			北京国际大数据交易所	2021 年 3 月
19			湖南大数据交易所	2022 年 1 月

由表 10-1 可知，数据交易场所 1.0 阶段基本以数据交易中心为主，2.0 阶段以数据交易所为主，交易中心一般仅能服务本地，交易所可以服务全国甚至跨境，发展更具竞争力。

在数据交易场所 1.0 阶段，大部分交易场所实际上并无活跃的数据交易，盈亏平衡无法实现。其中，广州数据交易服务平台主体及潍坊市大数据交易中心主体进行了注销，其他家虽然未注销，但大部分基本业务也是停滞的。

在数据交易场所 2.0 阶段，陆续成立的北京国际大数据交易所、上海数据交易所、湖南大数据交易所及深圳数据交易所等，不仅在服务边界及职能范围上有了更大的突破，在数据安全合规流通上也有多方安全计算、联邦学习等新型技术，期望可以以技术手段助推数据合规开放及交易。数据交易的产业角色及各角色间的合作模式也被重新定义。

10.3.2　数据交易场所需要具备的五大要素

一家成功的数据交易场所需要具备五大要素，即成熟的政策环境，数据交易场所牌照资质，成熟的系统、技术及制度，领先的数据产品研发能力，市场潜在规模。

1. 成熟的政策环境

自 2014 年以来，我国大数据行业的发展大致可以分为预热、起步、落地及深化 4 个阶段，如图 10-1 所示。

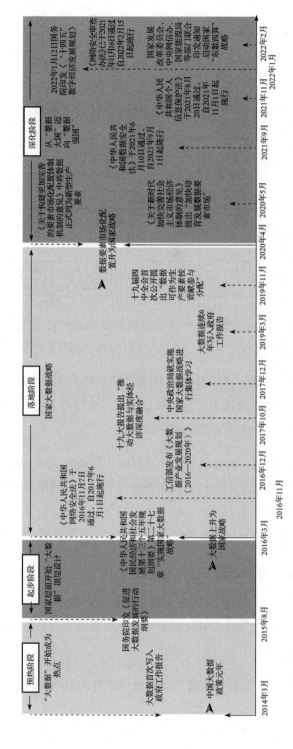

图 10-1　大数据行业 4 个阶段

（1）预热阶段

2014 年大数据首次写入政府工作报告，被大数据行业从业者认为是中国大数据政策元年，"大数据"开始成为热点。

（2）起步阶段

2015 年 8 月国务院印发《促进大数据发展的行动纲要》，国家层面开始"大数据"的顶层设计。

第一家数据交易所——贵阳大数据交易所也在 2015 年正式成立，部分地方政府已经在规划并设立数据交易中心。

（3）落地阶段

大数据上升为国家战略，2016 年 3 月《中华人民共和国国民经济和社会发展第十三个五年规划纲要》提出，把大数据作为基础性战略资源，全面实施促进大数据发展行动，加快推动数据资源共享开放和开发应用，助力产业转型升级和社会治理创新，加快政府数据开放共享。

国家层面已经陆续出台数据与实体经济、产业发展相关的政策文件，相关部门也积极出台相关规划文件。如 2016 年 12 月工信部发布的《大数据产业发展规划（2016—2020 年）》中提到：数据是国家基础性战略资源，是 21 世纪的"钻石矿"。党中央、国务院高度重视大数据在经济社会发展中的作用，党的十八届五中全会提出"实施国家大数据战略"，国务院印发《促进大数据发展行动纲要》，全面推进大数据发展，加快建设数据强国。2017 年 10 月 18 日，习近平总书记在中国共产党第十九次全国代表大会上提到了推动大数据与实体经济深度融合相关内容。2019 年 11 月十九届四中全会首次公开提出健全分配机制，数据可作为生产要素按贡献参与分配。

（4）深化阶段

大数据战略经过不断的尝试落地，数据的重要性得到了前所未有的认可。2020 年 4 月，中共中央国务院印发《关于构建更加完善的要素市场化配置体制机制的意见》，这是中央关于要素市场化配置的第一份文件，数据作为一种新型生产要素首次正式出现在官方文件中。至此，数据要素市场化配置上升为国家战略。数据行业的基本法《中华人民共和国数据安全法》于 2021 年 6 月 10 日通过，自 2021 年 9 月 1 日起施行，给予了数据行业从业机构更清晰的数据安全边界与数据流通应用的平衡点。《中华人民共和国个人信息保护法》于 2021 年 8 月 20 日通过，自 2021 年 11 月 1 日起施行，这是第一部与个人信息相关的法律文件。

数据安全与边界的清晰化给予了各地方政府及各行业企业积极参与数据要素市场化的信心，打消了过去边界不清晰背景下各方都不敢开放数据的顾虑。

2022 年 1 月 12 日国务院印发了《"十四五"数字经济发展规划》，其中重点强调了严厉打击数据黑市交易，营造安全有序的市场环境。

以上发展历程用一句话可以概括：政策层面对于数据要素的认可及支持毋庸置疑，如何保障在数据安全的基础上，加快数据开放及流通交易，需要有官方权威的数据交易场所作为主体，制定相应的规则引领行业合规发展。

2. 数据交易场所牌照资质

现阶段并无专门针对数据交易场所设立及管理相关的政策文件规定，各地设立数据交易场所时主要参考《国务院关于清理整顿各类交易场所切实防范金融风险的决定》（国发〔2011〕38 号）、《国务院办公厅关于清理整顿各类交易场所的实施意见》（国办发〔2012〕37 号）等文件。

《国务院关于清理整顿各类交易场所切实防范金融风险的决定》中提到：为规范交易场所名称，凡使用"交易所"字样的交易场所，除经国务院或国务院金融管理部门批准的以外，必须报省级人民政府批准；省级人民政府批准前，应征求联席会议意见。未按上述规定批准设立或违反上述规定在名称中使用"交易所"字样的交易场所，工商部门不得为其办理工商登记。清理整顿期间，不得设立新的开展标准化产品或合约交易的交易场所。各省级人民政府要尽快制定清理整顿工作方案，于 2011 年 12 月底前报国务院备案。

《国务院办公厅关于清理整顿各类交易场所的实施意见》中规定：各省级人民政府应按照"总量控制、合理布局、审慎审批"的原则，统筹规划各类交易场所的数量规模和区域分布，制定交易场所品种结构规划和审查标准，审慎批准设立交易场所，使交易场所的设立与监管能力及实体经济发展水平相协调。凡新设交易所的，除经国务院或国务院金融管理部门批准的以外，必须报省级人民政府批准；省级人民政府批准前，应取得联席会议的书面反馈意见。清理整顿前已设立运营的交易所，应当按照下列情形分别处理：

一是省级人民政府批准设立的交易所，确有必要保留，且未违反国发 38 号文件和本意见规定的，应经省级人民政府确认；违反国发 38 号文件和本意见规定的，应予清理整顿并经省级人民政府组织检查验收，验收通过后方可继续运营。各省级人民政府应当将上述两类交易所名单分别报联席会议备案。

二是未经省级人民政府批准设立的交易所，清理整顿并验收通过后，拟继续保留的，应按照新设交易场所的要求履行相关审批程序。省级人民政府批准前，应取得联席会议的书面反馈意见。

根据以上规定，现阶段各省其实并无条件设立新交易所，因为现在还处于清理整顿阶段，这也是数据交易场所 1.0 阶段大部分数据交易相关企业被注销的原因。各省现新设立的数据交易所（中心），均是结合了其省级交易所管理相关规定，通过已有的存续的产权或技术等类型交易所进行重组更名或者新设立控股企业承接原交易所的业务，并将经营范围调整为支持数据交易。

3. 成熟的系统、技术及制度

各地数据交易场所的正常运营需要成熟的系统、安全合规的技术及配套的运营制度。最近两年陆续设立的新型数据交易场所的系统、技术及制度都差不多，都参考了《中华人民共和国数据安全法》《中华人民共和国个人信息保护法》等相关规定进行规划与建设，因此各大数据交易场所的核心模块无太大差异，有差异的地方是制度、产品、市场及服务等方面的沉淀。

此处以北京国际数据交易所为例介绍其系统、技术及制度相关内容。

北京国际数据交易所主要建设了数据信息登记平台、数据交易平台、数据运营管理服务平台、金融创新服务平台、数据金融科技平台。

1）数据信息登记平台。利用区块链技术、数据安全沙箱、多方安全计算等方式，对进场的数据进行上链登记，并发放数据登记证书，实现数据的可溯源。

2）数据交易平台。主要依靠区块链技术为供需双方形成智能合约，通过多方安全计算、数据安全沙箱为供需双方提供数据交互。这个过程中会有配套的报价、询价、竞价、定价机制及交易服务流程。

3）数据运营管理服务平台。制定数据中介服务机构运营管理制度，严格数据中介服务机构准入，培育专业的数据中介服务商和代理人；建立全链条数据运营服务体系，为市场参与者提供数据清洗、法律咨询、价值评估、分析评议、尽职调查等服务。

4）金融创新服务平台。探索开展数据资产质押融资、数据资产保险、数据资产担保、数据资产证券化等金融创新服务；提供质押标的处置变现、风险代偿和评价估值服务；积极争取国家先行先试政策支持，在中国人民银行指导下，探索央行法定数字货币在本所数据交易支付结算中的应用，打造符合数据交易特征的支付结算体系。

5）数据金融科技平台。将以上沉淀的技术能力、服务能力形成标准化产品体系，提升内部运营能力。通过接入北京市交易场所监管系统、北京市交易场所登记结算系统，纳入北京市数据跨境流动安全管理试点，实现对交易过程、资金结算的实时监测。

4. 领先的数据产品研发能力

（1）数据源

在整个数据市场中，流通的数据源可以简单分为国有数据、企业数据、公开数据及个人数据，如图10-2所示。

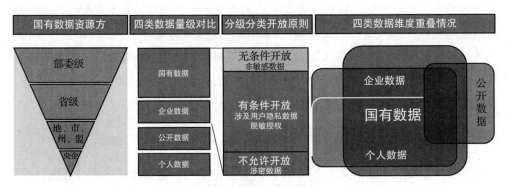

图 10-2　数据源分布情况

1）国有数据：国有数据的资源方主要包括部委、省、地、市、州、盟等相关政府机构部门及央企。

其中政府数据简单理解为政府在运作过程中采集到的数据，因为政府相关部门职能的不同，采集到的数据维度类型也是不同的。

政府数据分散于各个部委、厅局委办局的各系统中，由各部委、厅局委办局各自保管，通过设定特定部门、成立全资子企业来对外提供数据出口，统称为国有数据。

虽然国有数据源类型非常丰富，但根据相关数据条例、法规政策要求，国有数据的开放流通可以分为三级，分别为无条件开放、有条件开放和不允许开放。非敏感数据一般是无条件开放的，如政务公共数据平台上的低门槛使用数据集；涉及企业、用户隐私数据的，属于有条件开放的类型，需要经过脱敏、加密、去标识等手段且在服务过程中得到相关用户的授权才能流通；而涉及国家机密的数据，是不允许开放的。

2）企业数据：主要指企业在正常运营过程中，通过为客户提供产品及服务，合规合理、有度地采集到并留存下来的客户自动或被动提供的相关数据，以及整个运营过程中各类产品及服务产生的其他相关数据。行业巨头的数据量级及维度都是领先的，因此其在业务服务类型及能力上都远超其他跟随者，企业业务覆盖人群越广，积累的数据就越多，形成良性循环。而体量不够大的企业只能做垂直细分场景。企业数据用得好的产品如阿里的借呗花呗、京东的白条等。

3）公开数据：简单理解为从搜索引擎能搜索到的及各类网站上公开的信息，当然有一大部分公开数据属于政府公开的数据。公开数据做得较好的企业如天眼查、企查查等。

4）个人数据：个人私有的或能够在特定场合收集到的信息数据。

从可用数据来看，国有数据的占比是最高的。政府掌握大部分的企业经营数据，涵盖了大部分的个人数据。政府数据暂未覆盖的是企业运作过程中比较隐秘的未公开数据、个人私有的独特数据。

数据的分级分类是数据交易流通过程中需要重点关注的，同时数据的确权工作也是数据交易场所积极研究并期望有最优落地方案的，但短期内数据的完整确权工作还无法得到实现。数据确权难的主要原因是国有数据、企业数据、公开数据及个人数据是相互间重叠、环环相扣的，哪个是真正的源头，该数据的各种权力如何与源头绑定，是现在各行业学者都在研究的事情。在数据完整确权还没得到很好解决的前提下，用户端的授权是最有效、合规的方式。

（2）产品形态

各地数据交易场所的产品形态主要有4种：API、数据集（包）、数据报告和数据应用。

1）API：API是最常见的数据产品形态，数据资源方根据数据需求方的要求，结合自身数据维度及相关合规要求，提前设置好数据产品的出入参数及相关响应示例，通过API的方式提供给数据需求方对接使用。数据的传输由数据需求方发起，按照API的要求将入参以明文或加密的形式传输给数据资源方，数据资源方根据要求返回相关内容。

2）数据集：一般只适用于无敏感的统计型数据，通过标准化、结构化数据形态进行交易，一般为表格或文本格式。传输过程一般不加密，使用场景无过多限制。数据需求方拿到数据集后需要自身对数据集内容进行解读分析，进行进一步的拆解处理操作。

3）数据报告：数据资源方根据数据需求方的要求，提供基于统计、建模、分析等处理后的数据报告产品，报告内容一般包含经过处理后的数据表格、图表及相关解读或结论，界面相对友好，可读性强，但可视化的界面基本是固化的，不太利于数据需求方做二次处理，如要进行二次处理，一般需要通过API取得格式化的字段信息。

4）数据应用：数据应用是具备筛选、自主分析、数据处理等多种权限及功能，集API、数据集及可视化于一体的综合性数据产品服务。数据需求方在数据应用操作端可以完成数据选取、处理、分析、策略配置及建模等全流程工作，以获取最优的结果。

（3）产品研发全流程

现存的合规数据交易场所可以交易的产品来源分为两派：一派为打造数据合作商生态（简称"数商"）的企业，引入数据资源方、数据技术服务商、数据运营服务商等角色，由数据资源方提供数据或数据产品，数据技术服务商研发数据产品，数据运营服务商提供相应的服务；另一派为合规数据交易场所引入具备完整丰富的数据类型产品打造经验及运营变现经验的代运营服务国资参股或控股企业，由该企业主要进行数据产品研发及变现，以数商的模式引入部分优质企业，实现"两条腿"走路。整个产品研发流程的综合优化参考数据宝数据要素全生命周期管理平台，主要体现了数据产品研发需要具备的四大能力及八大路径。

四大能力

能力1：需要充分了解部委、地方委办局厅局、央企/国企及各类特殊数据资源结构化及非结构化的数据，以及在各个行业细分场景下的数据需求对应哪种数据产品形态。

能力 2：了解产品需求、产品形态要求及落地周期限制，有效区分结构化和非结构化的数据，并制定批量或实时处理流程规则，以及各处理环节均灵活的处理机制，处理完的数据要达到数据资产的最低要求。

能力 3：在初级产品研发环节，需要具备数据脱敏、去标识及加密等模块化处理能力，形成通用的标准化数据产品模块，以直接对外满足各行业的数据需求方的场景需求，同时支持进一步的商品化打造。

能力 4：针对垂直细分场景的数据产品能力需求，为了提升行业客户对数据产品的满意度及可用性，需要将初级产品进一步处理，将通用的数据产品模块进行多源组合，形成针对细分场景下的商品化数据产品或者综合性数据产品解决方案。

无论是初级产品还是商品化数据产品，均支持数据需求方通过多方安全计算的方式进行安全交互计算，获得期望的结果。

八大路径

研发路径主要包含数据治理、数据清洗、数据质检、搭建主数据模型、数据资产建设、数据分级、产品加工及商品化落地 8 个步骤。

1）数据治理：分为单源数据治理、省部数据交叉治理及数据融合商品化治理。单源数据治理主要针对关联性不强的单一数据来源进行单独治理，按照数据治理标准即可，是市场上数据治理机构的常规流程。省部数据交叉治理主要通过引入部委数据，通过部委的全国性数据能力为同条线的省、市、县相关委办局或厅级数据进行交叉治理，双向印证，有利于提升区域数据治理的效果。数据融合商品化治理主要基于商品化成熟的数据经验反推治理规则，并将不同源但具有关联性的部、省、央企/国企数据进行融合治理，达到现阶段下最优的数据效果。

2）数据清洗：按照常规至少包括非空检核、主键重复、非法代码清洗、数据格式检验及非需求数据清洗等。

3）数据质检：需要对 ODS 数据、主题数据及集市数据依次进行完整性、唯一性、准确性、及时性及一致性等处理。

4）搭建主数据模型：结合业务实体模型、特征模型、属性模型、编码规则、校验规则及引用规则等综合判断处理。

5）数据资产建设：一般会建设标准库、主题库、元数据、标签库、实体库及群组库等，各库严格按照数据资产的核心要求进行搭建。

6）数据分级：需要根据《中华人民共和国国家安全法》《网络安全法》《数据安全法》《个人信息保护法》及《民法典》对于个人数据/信息及企业相关的敏感数据处理的要求和底线，从数据安全和数据价值两个方向进行处理，并分别按照高、中、低三级策略规划分级路径，平衡数据安全与数据价值两者的关系。

7）产品加工：可以分别根据数据源多寡进行模型规则选择，如单源数据产品模型及多源数据产品模型。不同的模型选择决定了该产品的数据组合规则，无论哪种模型均可以通过自动化建模方式对相关数据进行初筛、分箱、特征选择及算法参数调整等。产品模型处理完成后，进入产品形态规则，自动化上线发布数据产品成品或者进入商品化处理缓冲模块。

8）商品化落地：商品化场景主要分为政务、商业及民用场景，不同场景下的需求均对数据形态产生影响。其中，商业场景下，至少包括六大商品化通用场景策略，如多源身份验证、反欺诈、风险评估、风险定价、资质评估及智慧运营。商品化的落地场景如图 10-3 所示。

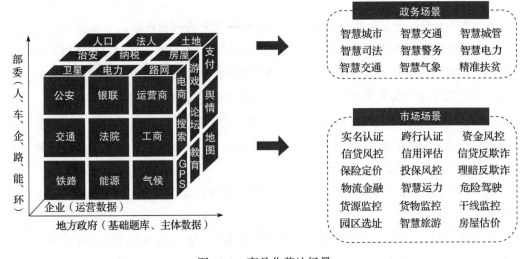

图 10-3　商品化落地场景

5. 市场潜在规模

在第二篇中分享了 14 类合规数据源开放的时间及背景，在 2013 年互联网金融还没高速发展之前，仅有公安部、银联、央行征信及企业组织代码中心在限定数据服务上进行了相应的开放。到 2013 年前后，移动互联网时代的高速发展推动了互联网金融的高速发展，行业可用的合规数据资源也陆续增多。但由于一些机构的数据敏感度，只提供给单个用户自行查询，如人社部早期并未提供市场化的数据服务。

由于这些数据在互联网金融的用户资质评估、额度判断、反欺诈等环节均属于刚需、有效的数据，因此市场上的一些金融科技企业、技术企业研发了支持用户提供账户和密码自动登录到相关页面爬取用户的公积金、社保、信用卡流失等数据的工具，并进行非法缓存，形成伪合规数据产品对外服务。

一些移动设备的服务企业、第三方支付企业擅自将用户数据打包对外提供非法服务，导致了用户数据泄露严重，黑市上个人敏感数据随处可见。非合规数据行业（数据黑市）的发展曲线基本与非合规的互联网金融发展相似，在 2019 年年底出现了大幅度下滑，如图 10-4 所示。

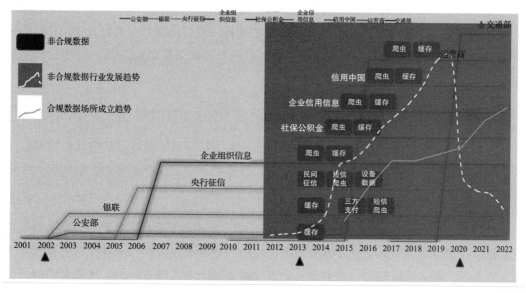

图 10-4　数据行业发展趋势

实际上互联网金融行业的发展及对各类数据（包括黑市数据）的应用，是各合规数据机构很好的参考，而数据要素市场的潜在规模也坚定了部分合规数据机构开放的决心。

2015—2017 年合规数据交易场所的发展速度较快，但在 2018—2019 年基本停滞，这个阶段的合规数据交易市场并未达到打击非合规数据市场的目的。到 2019 年年底，非合规数据交易场所的发展势头终于下行，更有利于数据交易场所发展的相关政策陆续出台，数据安全交互技术也逐渐成熟，几大核心城市开始发力新设或升级数据交易所。

据国家工信安全中心测算数据显示，2020 年我国数据要素市场规模达到 545 亿元，预计到 2025 年，规模将突破 1749 亿元，整体上进入高速发展阶段。

10.3.3　六大数据交易场所介绍

1. 北京国际大数据交易所

（1）交易所简介

北京国际大数据交易所（以下简称"北数所"）是北京市落实建设"国家服务业扩大开放综合示范区"和"中国（北京）自由贸易试验区"数字经济领域的重点项目，以及北京市创建"全球数字经济标杆城市"的六大标杆工程之一。2020 年 9 月 18 日，经北京市人民政府同意，北京市地方金融监督管理局、北京市经济和信息化局印发《北京国际大数据交易所设立工作实施方案》。在市委市政府的指导下，由北京金融控股集团有限公司发起，在 2021 年 3 月 30 日注册成立了"北京国际大数据交易有限公司"，作为北数所的运营主体。

（2）相关政策

2017 年 1 月 23 日，北京市经济和信息化工作会上提出推动制造业与互联网融合发展，成立两化融合服务联盟，建成北京工业大数据创新中心，稳步推进北京国际大数据交易中心建设。

2018 年 11 月 9 日，北京市金融工作局印发的《关于首都金融科技创新发展的指导意见》提出按照市场化原则，推动政务数据、社会数据、商业数据与金融数据的开放共享和互联互通，推动建设服务金融科技行业发展的金融大数据服务平台，规范发展金融数据交易。

2020 年 9 月 18 日，北京市地方金融监督管理局、北京市经济和信息化局印发的《北京国际大数据交易所设立工作实施方案》提出整合数据要素资源、规范数据交易行为，推动数据要素的网络化共享、集约化整合、协作化开发和高效化利用，建设国内领先的大数据交易基础设施及国际重要的数据跨境交易枢纽。

2020 年 9 月 21 日，国务院印发的《中国（北京）自由贸易试验区总体方案》提出探索创制数据确权、数据资产、数据服务等交易标准及数据交易流通的定价、结算、质量认证等服务体系，规范交易行为。

2020 年 9 月 21 日，北京市商务局印发的《北京市关于打造数字贸易试验区的实施方案》提出以"服贸会"平台为载体，做好数据交易专区工作，建立完善数据交易平台，探索数据流通的相关机制，形成可推广可复制的数据交易政策经验。

2020 年 9 月 22 日，北京市经济和信息化局印发的《北京市促进数字经济创新发展行动纲要（2020—2022 年）》提出：组建大数据交易所，建立健全数据交易规则、安全保障体系和平台监管机制，开展数据交易商业模式创新试点，推动数据交易供给侧和需求侧双向驱动改革；培育数据市场，推动多行业、多领域、跨部门、跨层级数据有序流通，实现数据资源化、资产化、资本化；构建数据交易生态，实现数据价值最大化，释放数据红利，提升数字经济效益。

2021 年 7 月 30 日，中共北京市委办公厅、北京市人民政府办公厅发布的《北京市关于加快建设全球数字经济标杆城市的实施方案》提出：高标准建设北京国际大数据交易所。交易所参与数字丝绸之路建设，汇聚国际数据资源，探索数据交易规则、技术实现路径和商业模式，提供面向全球的数据价值发现、数据资产交易服务；围绕明文数据交易和基于隐私计算的数据交易方式，搭建数据交易系统；加快数据交易规范化运营和试点化推进，通过建立北京市数据资产评估中心实现高价值数据的开发利用和安全流通，对高价值敏感数据分级分类制定特定交易规则和交易机制；吸引央企、互联网龙头企业、金融机构、数据中介服务机构等建立数据交易联盟，在数字金融、数字化健康服务、自动驾驶、工业互联网等垂直领域先行实现数据交易。

2. 上海数据交易所

（1）交易所简介

2021 年 11 月 25 日，上海市经济信息化委会同浦东新区等单位筹建的上海数据交易所（简称"上数所"）举行了揭牌成立仪式，早期成立的上海数据交易中心是上数所的股东之一。上数所的成立是为贯彻落实《中共中央国务院关于支持浦东新区高水平改革开放打造社会主义现代化建设引领区的意见》中"建设国际数据港和数据交易所"的任务。

上数所基于"不合规不挂牌，无场景不交易"的基本原则，构建"1+4+4"体系，即紧扣建设国家级数据交易所"一个定位"，突出准公共服务、全数字化交易、全链生态构建、制度规则创新"四个功能"，体现规范确权、统一登记、集中清算、灵活交付"四个特征"，面向数据流通交易提供高效便捷、透明安全的数据产品交易服务，同时引导多元主体加大数据供给，培育数据合规评估、资产评估、安全审计、交付服务等第三方专业服务，形成"数商"新业态。

（2）相关政策

2021年4月23日，中共中央国务院发布的《中共中央国务院关于支持浦东新区高水平改革开放打造社会主义现代化建设引领区的意见》提出建设国际数据港和数据交易所，推进数据权属界定、开放共享、交易流通、监督管理等标准制定和系统建设。

2021年6月16日，上海市人民政府办公厅印发的《上海市服务业发展"十四五"规划》提出：重点发展数据加工分析、数据安全保障、数据流通交易等大数据服务，支持教育、医疗、金融、政务等领域的大数据应用，推动数据成为服务业发展的核心要素，促进数字经济发展，保障社会民生；引导培育大数据交易市场，支持建设大数据交易平台，充分释放数据要素价值。

2021年10月24日，上海市人民政府办公厅印发的《上海市全面推进城市数字化转型"十四五"规划》提出：面向数据确权、登记、流通、交易等全链条服务，构建以数据交易所为核心的新型数据服务基础设施体系；围绕数据控制权、使用权、收益权，实现数据确权，加强数据合规性审查，形成数据权益的交易、登记和清算机制，提供数据交易的备案统计、信息发布、违约鉴定等服务。

2021年11月25日，上海市第十五届人大常委会第三十七次会议表决通过了《上海市数据条例》（以下简称《数据条例》），自2022年1月1日起正式施行。《数据条例》第六十七条规定：本市按照国家要求，在浦东新区设立数据交易所并运营；数据交易所应当按照相关法律、行政法规和有关主管部门的规定，为数据交易提供场所与设施，组织和监管数据交易；数据交易所应当制定数据交易规则和其他有关业务规则，探索建立分类分层的新型数据综合交易机制，组织对数据交易进行合规性审查、登记清算、信息披露，确保数据交易公平有序、安全可控、全程可追溯。

2021 年 12 月 31 日上海市人民政府办公厅印发的《上海市知识产权保护和运用"十四五"规划》提出：建立数据知识产权保护行业规范，加强数据生产、流通、运用、共享等各环节的知识产权保护；探索数据授权、运用和保护，促进数据交易所、技术交易所、知识产权交易中心联动发展，加快构建数据要素市场。

3. 深圳数据交易所

（1）交易所简介

2020 年 10 月，中共中央办公厅、国务院办公厅印发《深圳建设中国特色社会主义先行示范区综合改革试点实施方案（2020—2025 年)》，明确要求深圳"研究论证设立数据交易市场或依托现有交易场所开展数据交易"，并将该事项列入综合改革试点首批授权事项清单。2022 年 1 月，国家发改委、商务部发布《关于深圳建设中国特色社会主义先行示范区放宽市场准入若干特别措施的意见》，明确提出支持深圳放宽数据要素交易和跨境数据业务等相关领域市场准入，审慎研究设立数据要素交易场所，加快数据要素在粤港澳大湾区的集聚与流通，建立数据资源产权、交易流通、跨境传输、信息权益和数据安全保护等基础制度和技术标准。

设立数据交易平台及数据交易主体是深圳发挥改革示范引领作用、深入贯彻落实中央重大改革任务的生动实践，也是深圳推动数据要素流通、促进数字经济发展、打造数据要素市场国家级示范样板点和核心枢纽节点的重要举措。为贯彻落实中央赋予深圳的重要改革任务，深圳市政府联合国家信息中心共建深圳数据交易所筹建领导小组，并由深圳市发改委协调各单位主体成立筹建专班，积极推动作为未来深圳数据交易所的运营主体的深圳数据交易所有限公司（以下简称"深数交"）的注册成立。在深圳市政府与国家信息中心的指导下，由深圳交易集团有限公司、深圳市智慧城市科技发展集团有限公司及深圳市福田新一代产业投资服务有限公司三方合资建立的深圳数据交易所有限公司于 2021 年 12 月 1 日正式注册并落户福田河套深港科技创新合作区。

2022 年 2 月 12 日，《深圳市探索开展数据交易工作方案》在中共深圳市委全面深化改革委员会第二十四次会议上正式通过，标志着深数交作为未来深圳数据交易所的运营主体，将探索开展数据交易，持续推动深圳数字经济高质量发展，创新完善数据交易规则、技术路径、标准规范和商业模式，坚持合规发展，构建安全可信、可控可追溯的数据流通监管体制，保障数据要素安全有序规模化流动，为全国加快培育数据要素市场积累经验。

2022 年 11 月 15 日，深圳数据交易所揭牌。

（2）相关政策

2016 年 11 月 22 日，深圳市人民政府办公厅印发的《深圳市促进大数据发展行动计划（2016—2018 年）》提出培育大数据交易新业态。交易所支持以国有企业控股、混合所有制和市场化运作方式，建设大数据交易中心，提供数据交易和数据应用服务，促进数据资源流通交易；推动前海蛇口自贸片区加快建设面向港澳和国际的大数据交易服务平台，培育发展数据运营商。

2018 年 7 月 12 日，深圳市人民政府办公厅印发的《新型智慧城市建设总体方案》提出：推动数字经济快速发展，大力推动政府数据和公共事业数据的开放，充分释放数据红利，支持社会第三方开展基于开放数据的增值开发和创新应用；建设大数据交易所，促进数据资源流通交易，打造一个协同开放的智慧城市开源数据创新服务平台，推动全社会数据的共享交易增值，激发大众创业、万众创新活力，提升数字经济产业活力。

2021 年 1 月 8 日，深圳市工业和信息化局印发的《深圳市数字经济产业创新发展实施方案（2021—2023 年）》提出：制定出台深圳经济特区数据条例，探索完善数据产权和隐私保护机制，加快培育数据要素市场，促进数据要素融通，深化"数字政府"改革，构建以数据为关键要素的数字经济产业创新发展模式；着力解决数据开发利用中的个人隐私保护、数据要素产权配置、数据安全管理等关键问题，保障数据主体的数据权利与数据安全；鼓励和引导数据要素市场主体共享、开放与民生紧密相关的数据资源，依法开展数据交易活动，挖掘数据要素商用、政用、民用价值。

2021 年 6 月 29 日，《深圳经济特区数据条例》第六十五条提出：市人民政府应当推动建立数据交易平台，引导市场主体通过数据交易平台进行数据交易；市场主体可以通过依法设立的数据交易平台进行数据交易，也可以由交易双方依法自行交易。

第五十六条规定：市人民政府应当统筹规划，加快培育数据要素市场，推动构建数据收集、加工、共享、开放、交易、应用等数据要素市场体系，促进数据资源有序、高效流动与利用。

2021 年 7 月 11 日，广东省人民政府印发的《广东省数据要素市场化配置改革行动方案》提出：推动深圳先行示范区数据要素市场化配置改革试点；支持深圳数据立法，推进数据权益资产化与监管试点，规范数据采集、处理、应用、质量管理等环节；支持深圳建设粤港澳大湾区数据平台，设立数据交易市场或依托现有交易场所开展数据交易。

4. 湖南大数据交易所

（1）交易所简介

2022 年 1 月 11 日，湖南大数据交易所在长沙市天心经开区试运营，并接受了长沙市重大项目建设观摩团的检验。该交易所是中部地区第一家新型大数据交易所。

湖南大数据交易所从最初设想到最终建成，历经近 4 年。2018 年 5 月，长沙市政府与国家地理空间信息中心签订战略合作框架协议，明确重点支持湖南大数据交易中心等6 项合作共建任务。2019 年，湖南地理信息产业园年产值达 72 亿元，基本具备了数据交易的雏形。2020 年，《湖南省交易场所总体规划（2020—2025 年）》出台，湖南大数据交易中心正式列入总体规划，并成为湖南省数字新基建 100 个标志性项目之一；当年 7 月，湖南大数据交易中心大楼项目在天心经开区启动。2021 年 1 月，项目主体开始施工，8月主体封顶，12 月，湖南大数据交易中心改名为湖南大数据交易所，并在战略合作伙伴数据宝的配合下对外提供数据交易服务。

（2）相关政策

2018 年 5 月，长沙市政府与国家地理空间信息中心签订了《合作共建地理空间大数据产业基地框架协议（2018—2025 年）》，明确了共建地理空间为特色的大数据交易中心等内容。

2019 年 1 月 24 日，湖南省工业和信息化厅发布的《湖南省大数据产业发展三年行动计划（2019—2021 年）》提出加快湖南地理信息大数据交易所建设，支持建设跨行业、跨地区的数据交易平台，以交易促进数据共享和流动。

2020 年 10 月 13 日，湖南省地方金融监督管理局印发的《湖南省交易场所总体规划（2020—2025 年）》提出：鼓励依法合规构建湖南省大数据交易平台，开展面向应用的数据交易市场试点，探索建立市场化的数据资源定价机制、交易机制，建设大数据安全保障体系和标准符合性评估体系，推动区域性数据资源的汇聚发掘及创新应用。

2021 年 1 月 29 日，湖南省第十三届人民代表大会第四次会议批准的《湖南省国民经济和社会发展第十四个五年规划和二○三五年远景目标纲要》提出：加快"天心数谷"和湖南大数据交易中心等一批公共服务、重点行业和大型企业数据中心建设；加快数据资源开发利用，推动政府数据共享，促进社会数据融合，扩大基础公共信息数据有序开放，发掘和释放数据资源的潜在价值。

2021 年 9 月 15 日，长沙市发展和改革委员会发布的《长沙市国民经济和社会发展第十四个五年规划和二○三五年远景目标纲要》提出：加快"天心数谷"和湖南大数据交易中心建设，打造数字经济产业高地、人力资源服务高地和长株潭产城融合生态园区，建设成为长沙南部最富吸引力的产业新城；建设湖南大数据交易中心，培育壮大数据采集、挖掘、处理、应用等产业，面向工业、交通等数据资源丰富的重点行业领域，推动跨行业大数据整合集聚应用，打造贯穿大数据全产业链条的生态体系。

5. 广西大数据交易中心

（1）交易中心简介

根据《中共广西壮族自治区委员会广西壮族自治区人民政府关于深入实施大数据战略加快数字广西建设的意见》《中国 - 东盟信息港建设实施方案（2019—2021 年）》文件精神，云上广西网络科技有限公司以"1 云池、1 平台、2 中心、3 体系"的总体框架统筹建设壮美广西经济社会云，实现云资源、经济数字、社会数据的"聚通用"。

根据《广西壮族自治区数据中心发展规划（2020—2025 年）》对于建设中国 - 东盟大数据交易中心、统筹政务数据和社会数据资源交易流通的要求，云上广西网络科技有限公司建设了壮美广西经济社会云·大数据交易中心（简称"交易中心"）作为经济社会云的核心，并邀请数据宝负责代运营工作，通过省部数据融合，实现数据价值评估、数据资源变现等能力。

交易中心自 2020 年 11 月正式上线试运营以来，整体运营情况达到预期营收目标。

截至 2021 年 5 月，广西大数据交易中心整合了包括公安部、银联等近 50 家部委数据资源，其中多种独家及类独家数据资源，可使用数据量级上千亿，基本覆盖市场主流数据需求，并先后支持银行、保险、证券多家企业实际业务的上千万次数据电子认证，实现了市场化应用。

截至 2021 年 11 月，平台累计交易额突破 2000 万元。在项目运行期间，交易中心申报并获得广西壮族自治区 2020 年第二批数字广西建设标杆引领重点示范项目，以及 2020 年度华为鲲鹏应用创新大赛优胜奖等荣誉。

交易中心已于 2022 年初开始筹划申请省级数据交易所牌照事宜。

（2）相关政策

2019 年 4 月 1 日，广西壮族自治区大数据发展局印发的《2019 年全区大数据发展和政务服务工作要点》提出：整合广电云、融合媒体云等行业和社会云资源，推进经济、社会数据资源汇聚共享；统筹协调各部门推进行业云建设；强化经济、社会大数据的"聚通用"，建设壮美广西经济社会云。

2019 年 6 月 27 日，广西壮族自治区人民政府办公厅印发的《中国 – 东盟信息港建设实施方案（2019—2021 年）》提出：重点推进中国 – 东盟大数据交易中心、梧州大数据清洗加工基地等一批项目建设，引导政府相关部门有序开放政务数据资源，鼓励支持市场主体积极开展数据资源脱敏处理、清洗加工、在线交易和大数据分析挖掘利用，探索大数据利用新模式，拓展大数据商业应用和公共服务合作空间。

2020 年 7 月 13 日，数字广西建设领导小组印发的《广西壮族自治区数据中心发展规划（2020—2025 年）》提出：推动中国 – 东盟大数据交易中心建设与发展，统筹政务数据和社会数据资源交易流通，推动大数据资源在粤港澳大湾区以及周边省市的跨域交易流通，推动大数据资源在一带一路沿线国家的跨国交易流通，促进跨领域、跨区域、跨国界大数据合作。

6. 华东江苏大数据交易中心

（1）交易中心简介

华东江苏大数据交易中心成立于 2015 年 11 月 12 日，是在"国家大数据战略"背景下，经国家批准的华东地区首个领先的跨区域、标准化、权威性省级地方政府大数据资产交易与流通平台，旨在结合政府数据资源、企业数据资源，打造成为国内一流的地方政府大数据交易中心。数据宝作为华东江苏大数据交易中心的股东方及运营方，为其搭建了数据资产代运营平台，将打基础、建品牌、树标杆、建设流通实验室等作为前期的工作重心，数据宝和华东江苏大数据交易中心就数据资产变现、市场拓展等方面开展细致合作。

（2）相关政策

2016年9月14日，江苏省政府办公厅印发的《江苏省大数据发展行动计划》提出：形成大数据资源、技术、产品、应用、安全、交易六位一体、全面推进的良好局面；建成10个省级大数据产业园，建成一批大数据产业（交易）中心。

2020年11月26日，江苏省政府办公厅印发的《省政府办公厅关于深入推进数字经济发展的意见》提出：研究数据要素市场运行机制，搭建基于区块链等技术的数据安全共享与开发平台、数据资源交易平台，探索建设数据交易中心，启动数据资本化试点。

2021年8月10日，江苏省政府办公厅印发的《江苏省"十四五"数字经济发展规划》提出：因地制宜建设以数据资产登记、数据交易流通为主要业务的数据交易机构，鼓励有条件的地区开展数据交易试点，积极参与国家数据要素市场化配置改革试点示范。

2021年8月31日，江苏省政府办公厅印发的《江苏省"十四五"金融发展规划》提出：探索建设数据交易中心、数据资源交易平台等载体，加强资产数字化、数字资产交易等方面的标准和技术模式研究。

2021年8月31日，江苏省政府办公厅印发的《江苏省"十四五"数字政府建设规划》提出：培育壮大华东江苏大数据交易平台，加快建设有较大影响力的大数据交易中心，建立数据要素交易定价机制、利益分配机制和流通交易规则。

10.3.4 合规数据交易场所的意义、原则和趋势

1. 意义

非合规数据交易市场的数据流通路径复杂多样、杂乱无章，如图10-5所示。由于供需双方自由交易，且目前并无可信的方式支持溯源，因此大量的黑市数据在数据交易市

场流通，非合规数据提供方隐藏在合规数据提供商中，而数据的需求机构中也存在着非合规数据应用场景。

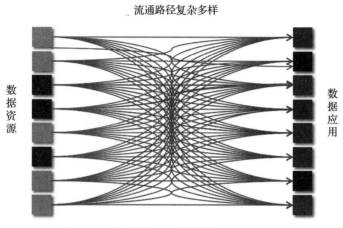

图 10-5 非合规数据交易市场的混乱状态

自由混乱的数据交易市场，导致供需双方的真实合规身份认定需要花费大量的时间及精力成本，效果无法保障。由于非合规的数据成本非常低下，形成了劣币驱逐良币的现象。而且合规数据需求方采购非合规数据源时，非合规数据源的准确率、更新时效及综合性能都无法保证，数据失效导致的风险无法准确识别，对于合规数据需求方来说，造成的损失是无法估量的。

合规数据交易场所为供需双方提供了可信的数据流通全流程的保障机制及措施，对进场交易的供需双方的资质、身份、场景等方面都进行了验证，并且通过数据资产凭证、智能合约、隐私计算等多种技术保障数据从进场到交易的合规、安全。此外，为无法直接进场交易的敏感数据资源部分提供了安全的流通交易方式，在满足市场需求的同时，尽可能地实现各类各级数据源的合规开放，最大化地实现数据的市场价值。

合规数据交易场所在市场早期起到了监督引导作用，中后期起到了数据流通的可持续保障作用。整个数据交易市场链条清晰明了，供需双方身份、资质、场景等也公开透明，如图 10-6 所示。在可信的数据市场交易体系下，数据流通效率大大提升。

2. 原则

根据合规数据交易场所的意义，结合北京国际大数据交易所及上海数据交易所的原则，合规数据交易场所的通用原则为不合规不挂牌，无场景不交易，数据可用不可见，用途可控可计量。

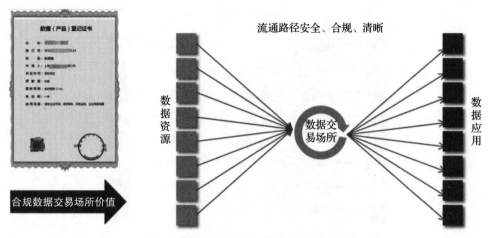

图 10-6　合规数据交易场所的有序状态

不合规不挂牌指的是进场前，对于需要进场的数据资源方的合规性及数据来源合规性进行全面验证，不合规者不允许进场挂牌。"挂牌"这个动作其实代表了数据交易场所的合规性及权威性。

无场景不交易指的是进场后，数据需求方需要通过数据交易场所采购数据产品服务时，在其资质满足要求的前提下，需要有匹配的、合适的、合规的场景证明，才能进场采购。

数据可用不可见指的是交易中为保障数据资源方的数据特别是敏感数据的安全，利用隐私计算技术，不用数据出库即可通过数据交易场所为数据需求方的特定场景需求提供数据服务，且该服务是有效的。另一方面是保障数据需求方的用户数据安全。在常规的数据产品服务过程中，数据需求方的用户数据需要通过明文或加密方式给到数据资源方，用于查询对应的数据，这时数据需求方的数据也存在一定的泄露风险，利用隐私计算技术，可以实现在数据资源方无法知悉数据需求方的用户数据的情况下，数据服务得到落实。

用途可控可计量中，可控指的是在交易完成后的结算环节，在限定场景的数据交易过程中，通过相关技术及数据分析可以对该数据的使用权限进行调控，防止数据在非限定场景下使用。可计量指的是在隐私计算的环境下，数据服务产生的相关成本可以得到准确计量，保障数据交易双方的权益。

3. 趋势

笔者根据自己多年数据交易、相关交易场所建设及代运营的经验，总结出现阶段全国各地的数据交易场所的共同趋势：优先盘活辖区数据，优先服务辖区企业；积极引入全国数据，争取服务辐射全国。

1）优先盘活辖区数据，优先服务辖区企业：现阶段各地的数据交易场所基本是以省级为单位，其成立需要经过辖区内人民政府支持、部际联席会议审批通过，上报金融办申报成立相关主体。同时，各地数据交易场所为了保障数据资源的合规性，前期准入的数据资源方大部分是当地的相关委办局及央企/国企，这类机构部门及企业起带头作用，积极性较高。

2）积极引入全国数据，争取服务辐射全国：近期成立的数据交易场所的服务对象实际上是全国范围的，大部分央企/国企的服务也是辐射全国，服务的范围代表其数据采集的覆盖范围，而数据采集的覆盖范围也代表了其数据能服务的范围。因此为了更好地满足本地企业的数据需求，数据交易场所需要积极引入拥有全国性合规数据资源的机构及企业。